W0230957

Beiträge
zur Geschichte des Darßes
und des Zingstes

von
Gustav Berg

„Meinen Eltern und Großeltern gewidmet"

2. verbesserte und vermehrte Auflage

Schriftenreihe des
Vereins zur Förderung der Heimatpflege
und des Darß-Museums e.V.

Nr. 1

Gustav Berg

© **SCHEUNEN-VERLAG 1999**

Nachdruck, auch auszugsweise, nur mit Genehmigung des Herausgebers

Layout und Typografie: *Andreas Ciesielski*
Druck und Bindung: *Euroregion Pomerania*

ISBN: 3-929370-83-2

INHALT

VORWORT

Mit der Kennzeichnung als „Beiträge zur Geschichte des Darßes und des Zingstes" ist der äußere Rahmen des Büchleins umschrieben. Es will versuchen, das Wichtigste der Geschichte kurz darzustellen, ohne den Anspruch zu erheben, den Stoff erschöpft zu haben. Brauchbare Vorarbeiten waren die Hinweise Dr. Baiers und die Veröffentlichungen des Stettiner Heimatforschers Hans Sund. Das vielfach angeführte Buch des Hauptmanns v. Wehrs enthält wertvolle Bemerkungen über die Zustände seiner Zeit; für die zurückliegenden Jahrhunderte ist es unzuverlässig, weil es sich auf die längst überholten Darstellungen von Micraelius stützt. Dasselbe gilt von den „Aphoristischen Nachrichten" des Pastors Dr. Hückstädt in Nr. 110 der Stralsundischen Zeitung vom Jahre 1886, worin Thomas Kantzow als Kronzeuge dient. Damit sollen Hückstädts Verdienste um Prerow nicht geschmälert werden. Im Gegenteil! Ebenso ist die Wirksamkeit des Darßer Dichters Johann Segebarth zu würdigen.

Zu besonderem Dank bin ich noch Herrn Pastor D. Pleß dafür verpflichtet, daß er trotz Überlastung durch kirchliche Arbeiten Zeit gefunden hat, eine Schilderung der unter seiner Leitung vorgenommenen Erneuerung des Innern der Prerower Kirche zu entwerfen.

Berlin - Weißensee, im Juni 1934

Gustav Berg

VORWORT ZUR 2. ERWEITERTEN AUFLAGE

Vor über 50 Jahren wurde die Erstausgabe dieses kleinen Buches geschrieben, die 1934 im Verlag des Wielandhauses in Prerow erschien.

Schon bald war dieses für die Geschichte und Forschung unserer Heimat so wertvolle Buch vergriffen.

Gustav Berg beabsichtigte eine erweiterte Neuauflage, für welche er weitergehende Forschungsergebnisse zusammentrug, von den 30er Jahren bis zu seinem Tod 1970.

Zu seinem großen Kummer konnte und durfte dann, durch den Zweiten Weltkrieg und die schwere Zeit danach, eine Herausgabe nicht erfolgen.

Mit schwindenden Kräften im hohen Alter sah er, daß es ihm nicht mehr gelingen würde, einen Druck vorzubereiten. Er äußerte den Wunsch, daß seine Nichte - Frau Frischat - dafür eine Möglichkeit finden möge, damit seine Arbeit nicht als Makulatur ende.

Es gab 1989 - 91 erste, diesbezügliche Absprachen mit der damaligen Leiterin des „Darß - Museum" Prerow, Frau H. Trauschies. Auch deren Kraft reichte nicht mehr aus und sie starb vor der Verwirklichung des Vorhabens.

Jetzt haben wir im „Förderverein des Darß-Museum" diese Aufgabe übernommen.

Ich sehe es als ehrenvollen Auftrag an, dies Vermächtnis von Gustav Berg in seinem Sinn zu erfüllen.

Diese wissenschaftlich anerkannte, bedeutende Arbeit verdient es, nicht in Vergessenheit zu geraten. Sie ist wertvolles Gut unserer Heimatgeschichte, das in aufwendigster, jahrelanger Mühe zusammengetragen wurde und muß durch seine Veröffentlichung für die Zukunft erhalten werden.

Mit Hilfe meiner Söhne René und Dirk habe ich das z. T. handschriftliche, aus losen Blättern bestehende Manuskript durch Übertragung in den Computer zum Druck vorbereitet.

Prerow, 1998

Hans-Jürgen Roloff

1. ERDGESCHICHTLICHES

Der Darß und der Zingst sind jüngere Bildungen. Die ältesten Teile verdanken ihre Entstehung der letzten Eiszeit. Als sich darauf das Küstenland senkte (Litorinasenkung) und die niedriger gelegenen Teile vom Meere überflutet wurden, wie z. B. die Gebiete der Bodden, blieben hier drei Landkerne zurück: das Fischland, der Altdarß mit Bliesenrade und die Sundische Wiese. Die Prerowbank können wir nach Prof. Deecke als eine untergetauchte Insel auffassen.

Nach der Litorinasenkung setzte eine Umgestaltung der Küste ein. Die Meeresbrandung nagte an den Ufern. Besonders stark arbeitete sie an der Westküste des Fischlandes. Der sandige Geschiebelehm stürzte ab und wurde von der Strömung nach Norden verfrachtet. So wurde allmählich eine Landbrücke zum Altdarß hergestellt, der Vordarß.

Wie das Festland an der Westseite, wurde der Altdarß an seiner Nordküste „abgehobelt". Diese alte Küstenlinie ist noch heute gut zu erkennen. Es ist der Steilabfall an der Großen Buchhorster Maase, im Volksmunde „de Woar" genannt. Nachdem der Zwischenraum zwischen Fischland und Altdarß ausgefüllt worden war, führte die nach Norden gerichtete Strömung die Sinkstoffe über den Altdarß hinaus und lagerte sie ihm vor. So wurde der Neudarß gebildet und der Altdarß dem Einflusse der Brandung entzogen. Während die Westküste immer mehr zurückwich, wuchs das Land im Norden ständig ins Meer hinaus. Im Schutze des auf diese Weise entstandenen Hakens an der Nordwestseite des Altdarßes setzte sich die Anlandung ostwärts über die Mündung des Prerower Stromes fort. Diese Neubildung ist noch nicht abgeschlossen. Eine Dünenkette setzt sich vor die andere. Dazwischen wurden langgestreckte Niederungen eingeschlossen, sogenannte Riegen, die z. T. noch Wasser enthalten, z. T. versumpft sind. Die Seen an der Westküste - von Darßer Ort im Norden, bis Esper Ort im Süden - sind Überreste solcher Strandseen. Ihre Namen sind alten Darßer Bewohnern noch geläufig als

11

Sandkrü-, Teerbrenner-, Brand-, Norder- und Süder-Bramhaken (Pramhagen)-, Tiefe Stück- (Dirksee), Schmalreff- und Heidensee. Die Dünenketten heißen Horste oder Reffe. Ihre Rücken benutzte man als Wege. So gibt es noch heute einen Teerbrenner-, Hochreff-, Großen und Kleinen Mittelweg, Wurzel-, Stemsen-, Trocken- und Tiefen (Nassen-)- Stückweg. Die beiden Langseer Wege laufen zu beiden Seiten des verlandeten Langen Sees.

Auch bei der Anlage des Dorfes Prerow ist man diesen Dünenketten gefolgt und hat die Häuser reihenweise auf solchen Rükken aufgebaut, so den „Berg", die „Brake", den „Remel", die „Stems", den „Wurzelweg" und den „Großen" und „Kleinen Mittelweg".

Die Grenze zwischen Alt- und Neudarß ist schon früh als eine alte Strandlinie erkannt worden. 1711 spricht das Prerower Kirchenbuch vom „niken Darß" und Hauptmann v. Wehrs schreibt 1819: *„Früher schäumte das Baltische Meer bis an den von Arendshop nach Prerow führenden Mecklenburger Weg, welcher den Darß von Westen nach Osten fast in der Mitte durchschneidet. Man kann daher den Darß in zwei dem Ursprung nach voneinander verschiedene Hauptteile teilen ..., die der Mecklenburger Weg auf der äußersten nördlichen Kante des südlichen Darßes von einander scheidet".*

Die nördliche Küstenlinie verlief 1696 von Prerow aus westwärts in der Richtung des Weges nach Darßer Ort. Dieser Weg schlängelte sich damals auf seiner ersten Hälfte am Strande hin. Unter Zuhilfenahme der Schwedischen Landesaufnahme von 1696 konnte Otto den Landgewinn berechnen, den der Darß bis 1912 an seiner Nordwestecke bei Darßer Ort zu verzeichnen gehabt hatte, nämlich in 216 Jahren 2.100 m, also durchschnittlich 10 m in einem Jahre. Bei dieser Berechnung ist allerdings zu bemerken, daß die gegenwärtige Prerower Kirche nicht als Fixpunkt dienen kann, da sie erst in den Jahren 1726 - 28 erbaut worden ist. Das alte Gotteshaus hat „weiter östlich" gestanden. Hurtigs Ansichten sind die Ergebnisse von Forschungen, die sich besonders auf Bohrungen stützen. Sie unterscheiden sich von der Otto´schen Darstellung. Danach hat in unserer Gegend eine Eiszunge eine

Mulde mit darunter liegenden eiszeitlichen Ablagerungen (Ton und Mergel) geschaffen. Diese liegen im Altdarß 10 - 11m, in Prerow 16 - 18 m unter dem Meeresspiegel. Auf dieser Grundlage bildeten sich die heidesandigen Auflagerungen des Altdarßes und die jüngeren dünensandigen des Neudarßes, beide mit einer ganzen Reihe von Formengruppen.

Professor Solger macht sogar den Versuch, das Alter der Dünenketten zu bestimmen, welche dem Neudarß das Rückgrat verleihen. Unter Berücksichtigung der von Bruckner festgestellten fünfunddreißigjährigen Klimaschwankungen, kommt er bei 131 Dünenzügen im m-Gestell des Darßer Waldes (gegen 121 bei Otto) auf 4.500 Jahre. Die ältesten Reihen wären demnach am Ende der jüngeren Steinzeit entstanden, also in einer Zeit, wo der Altdarß schon von Menschen bewohnt oder doch wenigstens besucht gewesen ist, wie vorgeschichtliche Funde beweisen.

Schwieriger als an der Buchhorster Maase ist es, den östlichen Verlauf der alten Küste und damit die Grenze zwischen Alt- und Neudarß zu ermitteln. Bei dem Chausseebau zwischen Prerow und Wieck 1928 konnte man deutlich wahrnehmen, daß südlich des Ravenhorster Dammes schon alter Boden liegt, erst recht noch weiter südlich, am damals eingeebneten „Spälmannsbarch". Dagegen tritt im „Hausstättenberg" im Wiecker „Ort" Neudarßer Boden zutage. Unter einer schwachen Torfdecke lagert dort scharfer Sand mit grobem Korn und vielen kleinen abgerollten Steinen, wie man sie am Weststrande findet. Ähnlicher Sand findet sich weiter westwärts. Am Lychensee wurde 1928 bei der Anlage eines tiefen Grabens, unter einer schwachen Humusdecke mit einer 5 cm starken Sandschicht, eine 50 cm starke Torfschicht durchstoßen, worauf Schlick und dann Sand zum Vorschein kamen. Dieser Sand barg einzelne Bernsteinstücke. Hier befinden wir uns schon im Gebiet der früher breiteren Verbindungen mit dem offenen Meer, das bei starken Nordoststürmen wieder in mächtigen Strömen durch das Neuland hindurchflutete. Durch den Rücklauf des Prerower Stromes entstand am Einfluß in den Bodstedter Bodden ein Delta.

Die Insel Zingst, anfänglich eine Dünennehrung, welche sich vom Darß aus nach Hiddensee angesetzt hatte und so die Binnengewässer einrahmte, steht wieder unter dem Einfluß einer starken Abtragung, die vom Zingster Strande bis zur Hohen Düne bei Pramort reicht. (So liegen die Grundmauern des alten Forsthauses von Straminke heute im Seeschlage.) Östlich davon haben wir wieder eine Landzunahme, welcher der „Bock" seine Entstehung verdankt. Diese natürliche Landzunahme wurde dadurch künstlich vergrößert, daß die Staatliche Wasserbauverwaltung den Baggersand aus dem Gellen hier ablagern und nach dem Ersten Weltkriege einebnen ließ. So entstanden über 100 ha Neuland. Es schützt das dahinterliegende Festland vor Sturmfluten. Dieses Neuland, heute auf 150 ha angewachsen, wurde aufgeforstet. Neben Kiefern und Birken pflanzte man Erlen, Pappeln, Ebereschen und die schwedischen Mehlbeeren an. Auch der Sanddorn und der Besenginster sind vertreten. Das Gelände beherbergt sogar Wildschweine.

Die Bodden, nach der Litorinasenkung als Meeresbuchten noch frei mit dem offenen Meere in Verbindung stehend, wurden mehr und mehr abgeschlossen und erhielten ihre jetzige Form. Im Schutze der Nehrung verlandeten die seichten und stillen Boddenteile, es bildeten sich die weiten Wiesenflächen am Prerower Strom und auf der Insel Zingst.

Alles in allem: Die ständig abtragende Tätigkeit des Meeres an der einen und die aufbauende Arbeit an der anderen Stelle hat die Gestalt unseres Ländchens im Laufe der Jahrtausende stark verändert, jedenfalls stärker als die Sturmfluten, so verheerend diese auch für die Bewohner gewesen sein mögen. Außerdem sind die Nachrichten älterer Chronisten wie auch der Kirchenbuchschreiber über die Wirkungen der Überschwemmungen mit Vorsicht aufzunehmen. Davon soll später die Rede sein.

14

2. VORGESCHICHTLICHES

Die Darstellung der Vorgeschichte wird erschwert durch ungenaue Fundberichte, mangelnde Betreuung und Verluste der Funde. Wenn die Funde außerdem an verschiedenen Stellen aufbewahrt werden, führen sie meistens ein Dornröschendasein. Es sei hier darum noch einmal die Bitte ausgesprochen, Funde den zuständigen Behörden anzuzeigen, dafür zu sorgen, daß sie der Wissenschaft bekannt werden und der Allgemeinheit erhalten bleiben. Zu jedem Fundstück gehört selbstverständlich ein genauer, anschaulicher Fundbericht, damit man sich ein Bild von der Lagerung und den Begleitumständen machen kann. Ohne diese Angaben verlieren sie an wissenschaftlichem Wert. Auch dieses Mal kann nur eine kurze Übersicht gegeben werden. Sie soll die Augen für diese Dinge öffnen und zur sachgemäßen Behandlung anregen, wie es die neue Verordnung zum Schutze und zur Erhaltung der ur- und vorgeschichtlichen Bodenaltertümer v. 28.4.1954 vorschreibt.

Die Funde selbst, so spärlich und zusammenhangslos sie zu sein scheinen, beweisen, daß der Darß in der Vorzeit von Menschen bewohnt gewesen ist. Ob diese Besiedelung nur vorübergehend oder von längerer Dauer war, konnte bisher noch nicht festgestellt werden. Angelockt wurde der vorzeitliche Mensch durch den Wildreichtum des großen Waldes und den Fischreichtum der Gewässer, wozu auch der große Waldsee, die spätere Buchhorster Maase, gehörte. Darum ist es erklärlich, daß die meisten Funde aus dieser Gegend stammen, wie es auch mit einiger Sicherheit anzunehmen ist, daß im Umkreise dieser Wiese im Walde noch mancher „Schatz" verborgen liegt und auf den Zufall und das wachsame Auge wartet, die ihn entdecken, und auf eine sorgsame Hand, die ihn vor Zerstörung schützt. Es ist natürlich, daß der Altdarß ältere und zahlreichere Funde aufzuweisen hat als der Neudarß.

Zu den gänzlich verlorengegangenen Stücken muß man leider die Sammlung von Tongefäßen und Steinwaffen des Försters Ost rechnen. Dieser Forstmann, der auch um die Anpflanzung des Dorfes Prerow mit Baum- und Strauchwerk seine Verdienste hat, (der Vorgarten des Forsthauses Süd-Prerow legt heute noch Zeugnis davon ab) hatte allerlei gesammelt, als bei der neuen Jageneinteilung Wege angelegt und Gräben gezogen wurden. Seine Funde hat er 1887 dem Pfarrarchiv übergeben, damit sie vor Vernichtung bewahrt blieben. Dort befindet sich die Sammlung nicht mehr, auch konnte bisher nichts über ihren Verbleib festgestellt werden.

Noch weniger sind wir unterrichtet über vorgeschichtliche Funde, die auf der Prerowbank bei Darßer Ort gemacht worden sein sollen. Die erste Nachricht darüber findet sich in einem Aufsatze von Pastor *Dr. Hückstädt* in der Stralsundischen Zeitung 1886 (Nr. 10). Danach sollen dort nicht bloß Feuersteingeräte und bearbeitete Tierknochen, sondern auch Bronzen hervorgeholt worden sein. Diese Mitteilung wurde dann von anderen Schriftstellern übernommen. Die Steingeräte und bearbeiteten Tierknochen könnten der Zeit vor der großen Landsenkung (Litorinasenkung), also der sogenannten mittleren Steinzeit angehören, vorausgesetzt, daß sie aus ursprünglicher Lage gehoben wurden. Dazu passen dann aber nicht die Geräte der viel späteren Bronzezeit. Weil der Bericht also recht widerspruchsvoll ist, kann man nicht viel mit ihm anfangen.

Noch unsicherer steht es mit den über 1.500 Feuersteinsplittern die *Dr. L. Janssen* 1914 am Südufer der Prerower Strommündung, also in der allerjüngsten Landbildung, aufgelesen hat und die er wegen ihrer Kleinheit (bis zu 3mm) als chirurgische Instrumente, Geräte zur Tätowierung und Amulette der Menschen am Ende der älteren Steinzeit deutet.

Auch die Funde, welche *Prof. Deecke* am Strande zwischen Prerow und Zingst gesammelt hat, sind ungeklärt geblieben.

Damit kommen wir auf das Gebiet umstrittener und fragwürdiger Funde. Hierher gehört auch ein Bericht im Heimatbuch Stralsund-Franzburg aus dem Jahre 1937 über „riesige Mengen" von Steinwerkzeugen, die im Brandungsgeröll der Küste bei Sundischer Wiese hervorgetreten sind: Klingen, Schaber, Spitzen und Bohrer. Sie mußten z. T. von den Saugscheiben des Blasentangs gelöst werden. Der Finder setzt sie in die letzte Zeit der Altsteinzeit (Magdalénien) und nimmt an, daß sie vom Plantagenetgrund stammen, der vor der großen Landsenkung von Menschen bewohnt gewesen sein soll.

Sicheren Boden betreten wir bei den Funden, welche Frau *Alm* mit großem Eifer auf der Wiecker Feldmark, besonders auf dem Acker des Bauerngutes *Fründt*, gefunden und zusammengetragen hat. Sie waren zuletzt im Schulhause zu Wieck aufbewahrt. Es handelt sich dabei um große runde Schaber, große Klingenkratzer, Klingen, Spalter und Bohrgeräte, die teilweise im Wasser abgerollt waren. Die Funde gehören dem Ausgang der mittleren Steinzeit (8.000 - 3.000 v. Chr.) an, wo die Menschen hier als Jäger, Fischer und Sammler lebten. Daß sie schon feste Wohnsitze besaßen, ist wahrscheinlich.

Am zahlreichsten sind die Funde aus der jüngeren Steinzeit (3.000 - 2.000 v. Chr.), als unsere Vorfahren schon seßhafte Bauern mit Ackerbau und Viehzucht waren. Zu diesen gehören:

1.) Funde der Almschen Sammlung: Bruchstücke von geschliffenen Beilen und Meißeln und herzförmig ausgebuchtete Pfeilspitzen.

2.) Die meisten Funde, die im Stralsunder Museum aufbewahrt sind, und

3.) die Funde, die sich in den Schulsammlungen der Darßer Ortschaften befanden oder sich z. T. noch befinden Beile, Meißel, Lanzenspitzen, Schaber und Messer.

So z. B. befinden sich noch in Born 4 Beile der jüngeren Steinzeit, darunter ein spitz-dünnackiges, eine frühe Form; 2 Lanzenspitzen (eine fand man 1935 auf der Wiecker Pferdekoppel); 1 Messer, gefunden 1935 im Jagen 51.

Im Heimatmuseum Prerow sind aufbewahrt: 1 Kernbeil, gefunden im März 1953 von der Waldgemeinschaft Darß im Jagen 70 bei Kulturarbeiten; es lag 40 cm tief. Sodann von der Fundstelle Wieck (Grundstück des Herrn Pahnke, vorher Almscher Besitz):

1 Rundschaber, Klingen, Abschlagsplitter und Spitzen. Von Born: ein dünnackiges und ein dicknackiges aus Felsgestein. Von Bliesenrade: 1 Feuersteinmeißel.

Leider fehlen oft die Fundberichte, so daß man nicht immer mit Bestimmtheit sagen kann, ob die Werkzeuge auf dem Darß gefunden oder vom nahen Fischland verschleppt worden sind. Jedenfalls lieferte diese Gegend, reich an Funden aller Art aus verschiedenen Zeiten, den hier bei uns fehlenden Werkstoff: Feuer- und Felsgesteine und Ton.

Beim Chausseebau kam in der Nähe der Wiecker Försterei ein dicknackiges Beil zum Vorschein. Es war 20 cm lang, am Nackenende 2,5 cm, an der Schneide 5 cm breit. Förster Gutzmann übergab es der Schulsammlung in Wieck. 1920/21 fand Herr *v. Wedelstädt* auf seinem Grundstück am Bernsteinweg in Prerow, also im Boden des Neudarßes, eine kunstvoll gearbeitete Lanzenspitze aus Feuerstein. 1935 entdeckte der Dünenarbeiter *Voss* bei den Rabattenarbeiten im Dünengelände zwischen Zingst und Sundischer Wiese ein sorgfältig hergestelltes prismatisches Messer in 1,50 m Tiefe. Es ist 9 cm lang. Ob wir die Funde der Sammlung Smiterlöw in Franzburg hierher rechnen können (2 Schaber und 1 Säge), ist nicht ganz sicher. Diese steinzeitlichen Geräte wurden am Weststrand gefunden.

Bei den Funden aus der Bronzezeit (2.000 - 800 v. Chr.) bewegen wir uns wieder auf ganz unsicherem Boden.

1928 wurde an dem Wege von Prerow nach Born am M-Gestell im Jagen 140 eine vorzeitliche Grube entdeckt. Sie war angeschnitten worden, als man eine alte Düne abgefahren hatte, um den Weg damit auszubessern. Unter 15 cm Rohhumus (Trockentorf) lag eine Schicht von 30 cm Bleichzone („Bleisand"), und darunter befand sich eine Grube von 50 cm Durchmesser. In der Grube lagen 35 größere und kleinere Feuersteine, mehrere faustgroße Felsgesteine (sonst auf dem Altdarß sehr selten), 7 kleine unverzierte Tonscherben und ein 10 cm langes prismatisches Messer. Es war durch feine Schläge an beiden Rändern sorgfältig gedengelt und so zu einer Säge oder Raspel ausgearbeitet worden. Die Scherben scheinen einer späteren Zeit, der Bronzezeit, anzugehören. Die Funde übergab der Finder dem Stralsunder Museum.

1897 wurden auf dem Sandrücken der Buchhorster Maase Tongefäße aus der Erde gehoben, die nach dem Berichte der späteren Bronzezeit angehören könnten.

Ungefähr zur selben Zeit stieß man nördlich des neuen Ahrenshooper Weges, im Jagen 82, bei dem Ziehen eines Grabens durch den vermoorten Sumpf und bei einer Neuanpflanzung auf dickwandige Tongefäße. Leider fehlt auch hier der Fundbericht. Sollten sie Leichenbrand (Knochenreste und Asche) enthalten haben, wie es den Anschein hat, so hätten die Waldarbeiter einen richtigen Gedanken gehabt, als sie die Stelle „Friedhof" nannten. Später hat man ihr den Namen „Mönchsfriedhof" beigelegt. Schade, daß man die nach der letzten Abholzung dort emporgewachsenen, wundervoll geformten Wacholder nicht als Naturdenkmäler geschützt hat. Sie hätten ein stimmungsvolles Bild gegeben. Jetzt werden sie von der Kiefernschonung erdrückt.

1888 lieferte Lehrer *Richter* aus Sinzlow einen ganzen und einen halben „Steinkeil" an das Museum in Stettin ab und gab als Fundort den Darß ohne nähere Bezeichnung an.

Im Stralsunder Museum befinden sich aus der jüngeren Steinzeit des Darßes: Von Born ein dicknackiges Feuersteinbeil, abgeliefert 2.1.1886, ein Feuersteinmeißel mit zungenförmiger Schneide, am 8.8.1878 abgegeben und ein am 2.1.1886 abgeliefertes kleines dicknackiges Feuersteinbeil; von Prerow ein dicknackiges Feuersteinbeil mit geschweifter Schneide (17.3.1890) und zwei herzförmige Pfeilspitzen.

Bei der Sammlung der Frau Alm lag das Bruchstück einer Kanne mit langem Halse, ausgeweitetem Bauche und schmalem Henkel am Umbruch. Sie war aus rötlichbraunem gut geschlemmtem Ton hergestellt und hatte eine glatte Außenseite. Dem Anschein nach gehört sie der jüngeren Bronzezeit an.

Für die folgenden Zeiten: Eisen- und Völkerwanderungszeit besteht eine große Lücke. 1930 fand man „auf dem Darß" eine Gürtelschnalle aus Bronze, die man der Völkerwanderungszeit zusprechen kann. Weil aber nähere Angaben zu diesem Funde fehlen, ist diese Anmerkung fast wertlos. Es ist kaum vorstellbar, daß der Darß in diesen Jahrhunderten nicht bewohnt gewesen ist.

Auffällig ist, daß von der wendischen Besiedelung so wenig Überreste vorhanden sind. Wie alt die Hertesburg ist, muß erst durch eine wissenschaftliche Forschungsarbeit festgestellt werden. Außer den Funden, die *Prof. Petzsch* auf der „Schwedenschanze" bei Ahrenshoop machte, fehlen Nachweise der wendischen Töpferei. Hier handelt es sich um spätwendische Scherben (1.000 - 1.200 n. Chr. Drehscheibenarbeit). Diese Dinge locken geradezu zu einer ordentlichen Ausgrabung.

Der Wendenzeit können wir jedoch die arabischen Münzen zurechnen, die 1873 bei Prerow zum Vorschein kamen. Der Bericht über diese Entdeckung stammt von *Dr. Baier*, dem 1907 verstorbenen Gründer und Leiter des Provinzialmuseums in Stralsund. Danach wurde im Frühjahr 1873 bei den Deicharbeiten nach der großen Sturmflut vom 13. November 1872 am Nordostende des Papensees, also östlich vom Prerower Strom, einen Fuß tief im Boden ein irdenes Gefäß mit über 70 arabischen Münzen gefunden. Da der Finder einige für sich behalten hatte, war ihre Zahl nicht mehr genau festzustellen. Abgeliefert wurden 72 Stück, wovon der größere Teil nach Stettin, der kleinere ins Museum zu Stralsund gekommen ist. Vom Gefäß war leider nichts mehr aufzufinden gewesen. Es war zertrümmert worden. Neben den Münzen lagen einige viereckige, ringförmig gebogene, 4 - 6 mm dicke Silberstäbe, die sämtlich zerbrochen waren. Zum Funde gehörte noch ein Denar (Pfennig) Karls des Großen aus Dorstadt (Dürstedt, Provinz Utrecht). Die arabischen Münzen bestimmte man als sogenannte Sassaniden, Ommaijaden und Abbassiden aus dem 7. - 9. Jahrhundert. Sie deuten auf Handelsbeziehungen hin, welche die Wendenländer mit dem Kalifenreiche in Mesopotamien in der Zeit von 750 - 1.000 n. Chr. besaßen. Das Geld ist jedenfalls auf uralten Handelswegen über Rußland und die Ostsee ins Wendenland gekommen. Eine Abbildung befindet sich in der Schrift „Kultur und Kunst der Slaven in Deutschland vom 7.

- 13. Jahrhundert" von *Joachim Herrmann*, Berlin 1965.

Es ist nun bemerkenswert, daß ein ähnlicher Fund schon im 16. Jahrh. Aufsehen erregte. So lesen wir, daß 1587 Bauern auf dem Darß (ohne nähere Ortsangabe) beim Ackern drei verschiedene Silbermünzen gefunden hatten, die in die Hände des bildungs- und sammlungsfreudigen Herzogs *Philipp II.* gelangten. Auf der einen war keine Schrift zu erkennen. Auf der anderen sah man abgegriffene Schriftzüge und Zeichen, die der sprachkundige Theologe *Johann Olearius* als syrisch-arabische Buchstaben erkannte, ohne ein Wort oder einen Gedanken feststellen zu können. Diese Erklärung erschien dem Herzog nicht glaubwürdig. Wie sollten syrische und arabische Münzen nach Pommern und dem Darß in diese unangebaute Gegend kommen? Fragte er ungläubig. Sechs Jahre später erklärte *Protasius Marstaller* dieselben Stücke für magische, von Räubern geprägte Siegel. Diese Auslegung erschien dem Fürsten wahrscheinlicher, denn daß Räuber in dieser Gegend gehaust, wäre bekannt. Davon zeuge noch ein Turm mit doppeltem Graben, die Hirtzborg, die ursprünglich gegen Räuber erbaut und später von ihnen besetzt worden sei. Sie hätten des Nachts durch angezündetes Licht Schiffe aus Dänemark, Lübeck und anderen Orten irregeführt, hierher gelockt und dann überfallen. Durch diese und spätere Funde wurde der Herzog zum Studium der Münzkunde angeregt und sein Sammeleifer neu belebt. Soweit der Bericht.-

Hier wird ganz unbefangen ein Zusammenhang der Münzen mit der Hertesburg, dem „Ollen Slot" hergestellt. Was es mit den Seeräubern für eine Bewandtnis hatte, werden wir später sehen. Die Fundstelle von 1873 liegt an einem alten Schiffahrtswege nach Barth. Nach diesen Münzfunden muß er schon in slawischer Zeit eine Rolle gespielt haben.

3. DÄNISCH - WENDISCHE KÄMPFE

Die älteste geschichtliche Begebenheit, die mit dem Darß in Verbindung gebracht wurde, ist die bekannte, aber sehr sagenhafte Seeschlacht bei der Insel Swälder im Jahre 1.000, wobei der norwegische König *Olaf Tryggveson* von seinen Feinden in einen Hinterhalt gelockt wurde und er, die Niederlage vor Augen, den Tod in den Wellen suchte. Früher glaubte man, die Örtlichkeit dieses Treffens bei den Gewässern südlich von Hiddensee gefunden zu haben; heute verlegt man den Ort weiter nach Osten (Greifswalder Oie). Der Darß kommt hier nicht in Frage. Allerdings sind die Angaben der Quellen über den Schauplatz, wie auch bei den späteren Ereignissen recht ungenau und lassen den Deutungsversuchen viel Spielraum.

Durch Nachprüfung und Vergleich der Quellen und der Verhältnisse in den Gewässern für derartige Unternehmungen, kommt *Prof. Aßmann* bei der Bestimmung der Örtlichkeiten zu anderen Ergebnissen. Nach ihm fand der Kampf im Jahre 1 000 zwischen Stralsund und Altefähr statt. Mit Swälder (Swold) ist der Dänholm gemeint. Der Plünderungszug von 1166 endete ebenfalls bei Swold, nämlich am Dänholm. Und schließlich muß nach ihm die Seeschlacht von 1184 zwischen Stahlbrode und Palmer Ort stattgefunden haben. Portus Darsinus muß dann in der Bucht bei Palmer Ort gesucht werden.

Nachdem die Wenden die dänischen Inseln jahrzehntelang durch Raubüberfälle heimgesucht hatten, rafften sich die Dänen unter ihrem klugen und tapferen Ratgeber *Bischof Absalon* zur Gegenwehr auf. Diese bestand darin, daß man Gleiches mit Gleichem vergalt und die slawischen Küsten verheerte. Der Plünderungszug von 1159 spielte sich in unserer Gegend ab. Die Dänen landeten auf Hiddensee und wählten auf Anraten eines Kundschafters die Lande Barth zum Ziele ihrer Unternehmung. Gegen Abend fuhren sie in einen „Fluß". Weil er seicht und enge war, mußten sie ihre Flotte zu je drei Schiffen auseinanderhalten und leise rudern. In der Morgendämmerung gingen sie an Land, durchschritten den Küstenwald und drangen in die Fluren und Dörfer ein, und zwar in zwei Abteilungen. Der König zog mit einer Schar auf der einen Seite eines Gewässers (palus), der Bischof mit der zweiten auf der anderen Seite. Flammen und Rauch der angezündeten Siedlungen dienten zur gegenseitigen Verständigung. Die schlaftrunkenen Bewohner, von dem Pferdegetrappel geweckt, glaubten anfangs, ihre Fürsten *Bogislaw* und *Kasimir* wären im Anmarsche; aber als sie die Köpfe aus den Häusern steckten, wurden sie durch Speerwürfe und Schwerthiebe der Dänen eines anderen belehrt. Nach dieser Brandschatzung kehrte man zu den Schiffen zurück. Die Beute war so groß, daß man damit 60 Schiffe beladen konnte, d. h. wenn man den dänischen Berichten glauben darf.- Es liegt nun nahe, bei dem „seichten Flusse" an die Neue Aue und bei dem Gewässer an die Grabow und den Barther Bodden zu denken. Es ist jedoch auch nicht ganz ausgeschlossen, daß der Prerowstrom als Einfallstor gedient hat. Ob er damals tief genug und schiffbar war, läßt sich heute nicht mehr feststellen. Die Tiefen haben im Laufe der Jahrhunderte gewechselt. Ob die Hertesburg damals schon bestand, ist bisher noch nicht erwiesen. Sollte sie schon vorhanden gewesen sein, so wäre ein Angriff der Dänen in dieser Richtung unwahrscheinlich gewesen, oder sie hätten die Feste in ihrem Berichte erwähnt. Darin sind sich alle Forscher einig, daß mit der „provincia barta (barca)" das Land Barth gemeint war.

Im nächsten Jahr erschienen die Dänen wieder an der pommerschen Küste. Waldemar fuhr zu einer Besprechung mit *Heinrich dem Löwen* nach Rostock. Bei der Rückfahrt segelte er an der wendischen Küste entlang nach Osten, also auch am Darß vorbei, um die slawischen Seestreitkräfte bei Swälder zu erwarten. Als diese jedoch die dänischen Segel erblickten, flohen sie (dieses Mal ist mit Swälder das Gewässer bei Barhöft - Byr - gemeint).

1166 fand ein ähnlicher Plünderungszug in die Lande Tribsees statt. Als sich der Abzug durch heftigen Gegenwind verzögerte, lagerte die dänische Flotte an der Mündung eines Flusses, wieder Swälder genannt. Das kann am Greifswalder Bodden gewesen sein. Alle Ortsangaben sprechen aber mehr für die Bodden südlich des Darßes. Man muß jedoch an die Recknitz und an eine Einfahrt bei Ahrenshoop denken, wenn man Barthe und Barther Bodden ausscheidet.

Diese Strafzüge in die pommerschen Küstenländer wiederholten sich auch dann noch, als die Dänen 1168 die Jaromarsburg auf Arkona erobert hatten. So hören wir noch einmal von einer Seeschlacht zwischen Dänen und Wenden, die Pfingsten 1184 stattfand. Der pommersche Herzog Bogislaw hatte dazu 500 Schiffe aufgeboten. Der harte Kampf endete damit, daß Bogislaw mit weniger als 50 Schiffen entfloh, während die Dänen die übrigen versenkten oder erbeuteten. Damit war die wendische Seeherrschaft für immer gebrochen. Der Darß kommt hier als Schlachtstätte nicht in Betracht, weil die genaue Ortsangabe Darsin (portus darsinus), jetzt Ludwigsburg, unzweideutig auf die dänische Wieck im Greifswalder Bodden hinweist.

Die „Danenkuhle" bei Pramort soll ihren Namen nach einem gestrandeten dänischen Segelschiff erhalten haben.

4. BESIEDELUNG

Durch die wendischen Niederlagen wurde Rügen dänisch und gehörte seitdem zu Roeskilde. Wegen der Unzuverlässigkeit der pommerschen Fürsten löste König *Knut von Dänemark* den westlichen Teil Neuvorpommerns von Pommern ab und unterstellte diese Länder seinem Lehnsmanne, dem Fürsten *Jaromar von Rügen*. Dazu gehörten auch die Lande Barth mit dem Darß und Zingst. Kirchlich wurden diese Länder zu dem Sprengel des Bischofs von Schwerin geschlagen. Aus allen Berichten läßt sich kein klares Bild über die Zustände im Lande gewinnen. Jedenfalls setzte nach der Niederwerfung der Wenden eine starke Einwanderung der Deutschen ein, die besonders von den deutschen Klöstern gefördert und sogar von den slawischen Fürsten begünstigt wurde. In den folgenden Jahrhunderten werden auch der Darß und der Zingst mit Deutschen besiedelt worden sein. Wie stark die wendische Bevölkerung gewesen ist, läßt sich leider nicht mehr sagen.

Vom strengen Winter des Jahres 1323 haben wir die kaum glaubliche Mitteilung, daß eine Verbindung über Eis vom Darß zu den dänischen Inseln bestanden habe. Auch im langen Winter 1928/29 war die Ostsee bis zur dänischen Küste zugefroren.

a) Ortsnamen

Früher hat man sich oft den Kopf darüber zerbrochen, was die Namen Darß, Zingst usw. zu bedeuten hätten. Darüber kann man in den älteren Schriften allerlei Ergötzliches nachlesen. Heute herrscht keine Meinungsverschiedenheit darin, daß die meisten Ortsnamen slawischen Ursprungs sind. Der erste, der auf diese Zusammenhänge hingewiesen hat, war *R. Baier*, dem auch das Verdienst gebührt, zuerst wertvolle geschichtliche Nachrichten über den Darß gesammelt zu haben. Er machte diese Hinweise bei der Besprechung eines völlig verunglückten Buches: *„Die Halbinsel Darß-Zingst mit besonderer Berücksichtigung des Ostseebades Prerow"* von Seminarlehrer *Genz* aus dem Jahre 1882. Diese

25

Anmerkungen Baiers sind dann in spätere Darstellungen der Darßer Geschichte übernommen worden, wie auch die entsprechenden Erzählungen des Hauptmanns *v. Wehrs*.

Darß wird von darce = Dornbusch abgeleitet. Der Name Darß kommt übrigens in Pommern und Mecklenburg öfter vor, z. B. auf Rügen, bei Massow und bei Stargard in Hinterpommern und als Daarze bei Parchim in Mecklenburg.

Zingst wird Senisce sein, was mit Heu erklärt wird. Schon die ältesten Urkunden bezeugen, daß es den Namen Heuort oder heuwicze mit Recht getragen hat.

Dem Namen Prerow, früher auch Prerau geschrieben, liegt prerova von rov, rovu, „Graben", zu Grunde. Der Namen wird auch als Durchbruch, Neutief gedeutet. Einen Ort Prerau gibt es auch in Böhmen an der Stelle, wo die Betschwa, ein Nebenfluß der March, das Gebirge durchbricht. Als Flurname kommt prerova u. a. häufig in der Oberlausitz vor. In den frühesten Urkunden ist mit „der Prerow" stets der Prerower Strom gemeint. Straminke, in allen möglichen Schreibweisen vorkommend, wird von strumin = kleiner Bach, Bachriß, abgeleitet. Dieser Wasserlauf muß also schon in slawischer Zeit bestanden haben oder entstanden sein.

Born erinnert an borina = Föhrenwald.

Slawischen Ursprungs sind auch die Namen: Kirr (Strauch, Busch); Lychen (poln. lichy = schlecht, elend); Swinbrod (Schweinfurt = Überfahrt); Im Kemnitz (steiniger Untergrund).

Auffällig ist, daß die Namen der wichtigsten Orte und verschiedener Wasserteile aus der Slawenzeit stammen, während die überaus zahlreichen Flurnamen deutschen Ursprungs sind. Bezeichnend für die Zurückdrängung des Wendentums ist die Sorge des 1303 gestorbenen Fürsten *Witzlaw II.* für seine slawischen Untertanen. Als er z. B. 1290 der Stadt Barth eine Wiese auf dem Zingst (Müggenburg) schenkte, machte er es der Stadt zur Pflicht, daß die nahe der Stadt und in der Barther Wieck wohnenden Slawen die Weiden der genannten Wiese zu ihrem Nutzen friedlich und beständig brauchen dürften. Ebenso verpflichtete er in seinem Vermächtnis von 1302 seine Erben, dafür Sorge zu tragen, daß die Slawen in Michelsdorf, Bresechevis und in der Wieck bei Barth die ihnen gewährten Freiheiten genössen. Seinen Gläubigern verpfändete er dabei die Insel Darß und seine Hebungen in Stralsund.

b) Flurnamen

Ausführlich auf die Darßer Flurnamen einzugehen, würde den Rahmen dieses Buches sprengen. Man sollte sie sammeln und für die Zukunft festlegen. Hier können nur einige herausgestellt werden, die in den Gemarkungen unserer Dörfer mehrfach auftreten. Butterberg (Butterwieck). Der Butterberg, ein mooriges Wiesengelände, südlich Prerow, ist weder ein Berg, noch hat er etwas mit Butter zu tun. Diese rätselhafte Bezeichnung scheint aus dem alten deutschen Wort biunde (biwende) = Gehege, Eingehegtes, entstanden zu sein. 1625 hieß diese Stelle Butterort, 1696 in der schwedischen Landesaufnahme Butterwärk. Die Butterwieck, eine Wasserfläche auf dem Zingst am Prerower Strom, gehört jedenfalls auch hierher. So bedeutet „Kraug" (Slottenkraug, Schlörenkraug = Ecke, Winkel) am Wege von Prerow nach Born, wo auch der älteste Weg nach Wieck abzweigt, ein eingefriedetes Stück. „De Säg, Seeg" (nicht Segge) bei Prerow und bei Wieck sind sumpfige Wiesen. Die „Specken" sind alter Knüppeldamm in feuchtem, moorigem Gelände. Die „Kavelhorsten" erinnern an die Aufteilung der bei der Ablösung von der Forstverwaltung überlassenen Ländereien. Sie wurden ausgelost, wobei man sich in früheren Zeiten des Kavelholzes bediente. Die „Remels" sind Höhenrücken in der sonst niedrigen Umgebung. Sie waren mit Dorngestrüpp und anderen Sträuchern bewachsen.

c) Besiedlung der Insel Zingst

Von der Besiedelung der anderen Teile wissen wir so gut wie nichts; nur über den Zingst besitzen wir einige Anhaltspunkte. Im Jahre 1292 verkaufte der Fürst Witzlaw II. dem Kloster Neuenkamp (Franzburg) zu der geschenkten Insel Hiddensee die ganze Insel Zingst, wie sie vom Salzmeer, dem Prerowfluß (hier zum ersten Male erwähnt), der Neuen Aue und Preznitz begrenzt wird, ausgenommen die der Stadt Barth geschenkte Wiese. Außerdem wurde dem Kloster gestattet, mit zwei großen (Waden) Netzen in den Gewässern um die Insel Zingst zu fischen. Nur die Jagdgerechtigkeit behielt sich der Fürst vor. Die Kaufsumme betrug 2.000 Mark. Davon wies das Kloster dem Fürsten 90 Drömt (1 Drömt = 12 Scheffel) Getreide in den Mühlen der Stadt Stralsund an und 60 Drömt in seiner eigenen Mühle, zusammen 1.600 Mark. Den Rest von 400 Mark bezahlten die Mönche so pünktlich, daß der Fürst ihnen noch die kleine Insel Schabe, zwischen See und der neuen Aue gelegen, mit allen Rechten übereignete. Es bedurfte noch mancher Verträge, ehe das Kloster den neuen Besitz bereinigt, d. h. sich mit den Voreigentümern auseinandergesetzt hatte. Die Mönche gingen sofort mit voller Kraft an die Bewirtschaftung des neuen Landes. Es hatte einen starken Waldbestand, der wohl dem heutigen Osterwalde im Forste Straminke ähnlich sah und Eichen und Buchen aufwies, untermischt mit Hülsen (Stechpalmen, Ilex), Elsbeeren, Wildobst und reichem Unterholz. Der Wald wurde gerodet und in Ackerland umgewandelt. Die Klosterleute legten jedoch keine geschlossenen Dörfer an, sondern einzelne Ackerhöfe, die einem Hofmeister unterstellt und von Laienbrüdern bewirtschaftet wurden. Daß sie dabei den Jagdgründen zu nahe kamen, nimmt nicht wunder. Die Streitigkeiten, die sich daraus ergaben, wurden 1304 in der Weise beigelegt, daß das Kloster nochmals 1.000 Mark zahlte und der Fürst seine Jagdrechte behielt, wofür er den Mönchen völlige Freiheit und Schutz ihrer Arbeiten zusagte. Daß die Rügenschen Fürsten großen Wert auf die Darßer und Zingster Jagd legten, geht auch aus späteren Urkunden hervor. So bestätigte 1383 *Wratislaw VI.* der Stadt Stralsund alle Rechte in ihren Besitzungen, auch das Jagdrecht auf alles Wild, ausgenommen den Darß, den der Fürst „to der herrscher hege" vorbehielt. 1305 erwarb das Kloster die Zingster Besitzung der Brüder *Dotenberg*, die in einigen Wiesen, Holzungen und Äckern bestand, für 2.000 Mark. Die Dotenbergs mußten versprechen, daß sie, solange sie nur eine von ihren 13

28

Hufen in Glöwitz besäßen, jährlich 60 Fuder Brennholz zu liefern hätten. 1336 entsagte *Godekin v. Dotenberg* allen Ansprüchen auf die Insel Zingst. 1306 sah sich das Kloster genötigt, eine unrechtmäßig angeeignete Wiese, die der Stadt Stralsund gehörte, zurückzugeben (die Sundische Wiese). Sie grenzte an die Besitzung der Stadt Barth und erstreckte sich fast an den Wald im Westen, im Norden bis an die Dünen und im Osten bis an den „Bach" Nige Owe. Als Ersatz für die ein Jahrzehnt benutzte Wiese erhielt Stralsund das Recht, auf dem Gellen, einem klösterlichen Besitze, eine „Lucht", also einen Leuchtturm zu errichten, wozu das Kloster Wache und Beleuchtung zu stellen hatte. Dafür durfte das Kloster ein Erbe kaufen, eine Baustelle in der Stadt, die von allen Lasten frei sein sollte. In demselben Jahr überließ *Heinrich von der Osten*, Marschall des Fürsten von Rügen, dem Hiddenseer Kloster neben Gütern in Zarrenzin eine Hufe Heuwiese auf dem Zingst gegen eine auf Lebenszeit zu zahlende jährliche Rente von 60 Mark. 1368 entstand ein Streit mit den Brüdern *Hans Pribe, Pribe Schutte und Reinecke Schutte* wegen des Rademerswerders auf dem Zingst, der damit endete, daß die drei alle Ansprüche aufgaben. Erneute Ansprüche des *Henneken Zuber* wurden 1388 durch *Wratislaw VI.* zurückgewiesen.

In späterer Zeit haben sich die Mönche auch deutsche Ansiedler herbeigerufen und neben ihren Ackerhöfen Dörfer angelegt. Dadurch wurden die Wenden verdrängt oder mit den neuen Ansiedlern verschmolzen.

Das Hiddenseer Kloster besaß die Insel bis 1441. Damals veräußerte es diesen Besitz an Herzog *Barnim VIII.* Für 5.000 Mark, wofür er dem Kloster verschiedene Dörfer und Hebungen auf der Insel Rügen verpfändete.

Ähnlich wie auf dem Zingst mag die Besiedelung des Darßes vor sich gegangen sein, nur, daß hier ein fürstlicher Hagemeister die Ortschaften gründete. Jedenfalls erhielten die deutschen Bauern den Grund und Boden als erbliches Eigentum. Dafür hatten sie Abgaben zu leisten und Dienste zu verrichten; persönlich aber waren sie frei.

d) Grenzstreitigkeiten

Wegen der schwierigen Verhältnisse: Wasser und Sumpfflächen, zurückgehender Strand auf der einen und Bültenbildungen auf der anderen Seite und ungenauen Vermessungen kamen Zwistigkeiten um die Grenzen hierzulande in alter Zeit häufig vor. So wurde 1551 ein Grenzstein zwischen dem herzoglichen Straminke und der stralsundischen Wiese wieder vom Strande auf die Düne gesetzt, weil das Land weggerissen war und der Stein schon halb im Meere stand. Die Verlegung des Grenzsteins mußte an dieser Stelle mehrmals wiederholt werden, von 1607 bis 1697 im ganzen um 120 m. 1578 finden wir in dieser Gegend eine Abordnung der beiden Städte Stralsund und Barth, um zwischen ihren Besitzungen verlorengegangene Malsteine zu suchen und wieder aufzurichten. Von Stralsund waren dazu 15 Herren mit 4 Bürgermeistern und von Barth 13 Herren mit 2 Bürgermeistern erschienen.

Die 4 Stralsunder Bürgermeister hießen: *Joachim Klinkow, Melchior Prutze, Joachim Ketel* (Doktor der Rechte), und *Bartelius Sastrow;* die 2 Barther: *Hartmann Klye* und *Janke.*

Die Neusetzung vollzog sich in feierlichster Form, sie verursachte allerdings infolge des großen Aufgebotes 100 Taler Kosten. Mehr Schwierigkeiten machte jedoch der Streit zwischen Mecklenburg und Pommern um die Landesgrenze am Saaler Bodden. König *Waldemar* ließ 1271 die „Westergrenze" folgendermaßen festlegen: „*Nachmals von der Recknitz bis in die saltze See zu beiden Seiten der Seeschläge und so fort bis in die wilde See zwischen beiden Ländern als Mecklenburg und Barth zum Moyssmerstein bis zum Ahrenshoop und von dannen ins wilde Meer".* Diese Grenzlegung wurde 1311 von König *Erich* bestätigt. 1569 fand darüber eine eingehende Verhandlung statt. Der ausführliche Bericht darüber ist bei *Dähnert* und im Darßheft abgedruckt. Es handelte sich dabei um die unklare Grenzziehung durch die Wasserflächen und um die damit verbundenen Streitigkeiten um die Fischereigerechtsamen. Das Verhältnis zwischen Mecklenburg und Pommern war damals ziemlich gespannt. Der eine sah mit Eifersucht auf den anderen. So beklagten 1576 die Ribnitzer es bitter, daß die Pommern einen Knecht aus Althagen, der in der Hundsbeck ertrunken war, ohne zu fragen nach Prerow geführt und „allda in der Kerken" begraben hätten. Die Festlegung der Grenzen erfolgte 1591 durch den Rezeß von Malchin. Von einem neu zu setzenden Ortmale auf dem Lehmufer am Salzmeer bei Ahrenshoop sollte die Scheide am Vittenzaun (Vittebrook) entlanglaufen, mitten in der alten Wieck gegen den Kronsberg und dann schnurrecht (in Nordsüdrichtung) auf den Meißner Stein (den sagenumwobenen Mäuschenstein). Von diesem Steine an sollte das Ufer des Boddens bei mittlerem Wasserstande bis zur Mündung der Recknitz die Ländergrenze bilden. Ein Blick auf die Karte zeigt, daß diese Grenze der heutigen entspricht.

Nach *Prof. A. Haas* ist der Name aus dem Slawischen als Grenzstein zu erklären. Der Stein trägt also seinen Namen mit Recht. Wahrscheinlich liegt seinem Namen die slawische Wurzel mjeza = Grenze zugrunde (obersorbisch meznik = Grenzstein).

Mit der Vereinbarung von 1591 waren die ärgerlichen Zwischenfälle nicht erledigt. In dem Protokoll über den Landtag der pommerschen Landräte, der 1617 in Anklam stattfand, heißt es u. a. *„drittens müssen wir berichten, daß sich innerhalb weniger Jahre unterschiedliche, erbärmliche Fälle auf dem Fluß Recknitz zugetragen haben, daraus leichtlich allerhand Grenzstreit zwischen beiden fürstlichen Häusern entstehen könnte, wenn nicht denselben in der Zeit mit gutem Rate vorgebeugt würde. Es haben die Ribnitzer sich unterstanden, etwa Anno 1612 einen Bürgermeister von Damgarten, Paul Meinecken genannt, so etwa in der Recknitz ertrunken und an der pommerschen Seite gefunden, mit gewehrter Hand und gewehrtem Haufen wegzunehmen, den toten Körper nachher Ribbenitz gebracht und daselbst an einem Ort außerhalb Kirchhofes begraben lassen. Worauf alsbald in wenig Wochen ein anderer leidiger Unfall erfolget, indem des alten nunmehr verstorbenen Sievert Dechowen Sohn Ulrich auf dem Ribnitzer See von einem Soldaten unversehens erschossen, hernach ans pommersche Ufer gebracht, von dannen auf Verordnung seines Vaters gen Beyershagen geführt und zur Erden bestätigt".* So fand man 1615 einen Ertrunkenen in der Recknitz, aber an der pommerschen Seite, und begrub ihn auf einer Wiese. Die Ribnitzer gruben den Toten wieder aus, um ihn mit allerhand Bedrohungen gegen die Pommern, wieder an den Ort zu bringen, wo man ihn aufgefunden hatte. (Anklamer Stadtarchiv, Tit. 3a Nr.19)

e) Herkunft der Bevölkerung
Auf den Reiseweg zur See deutet eine oft angeführte Sage hin, wonach die Darßer die Nachkommen gestrandeter englischer Schiffsleute sein sollen. Trügen doch so viele englische Namen, nämlich *Wallis* (Wales), *Prohn* (Brown), *Niemann* (Newman). Wie bei vielen Sagen haben hier die Namen den Anlaß zur Sagenbildung gegeben. Wir finden die gebräuchlichsten alten Darßer Familiennamen (*Kräft, Niemann, Wallis, Prohn, Scharnberg, Segebarth, Steinort* usw.) im 14. bis 15. Jahrhundert im ganzen Niederdeutschland, besonders in den Nachbargebieten.
Nach dem Register des Amtes Barth von 1532 waren auf dem Darß und dem Zingst folgende Namen vertreten: *Bockhorn, Heppner, Sandt, Barfod, Butzow, Tile, Zempke, Bock, Nyeman, Tymen, Wentorp, Wolter, Golnow, Schnubbe* (?), *Sidow, Witt, Arends, Backhagen, Crevet, Hoppe, Leddig, Martens, Prutz, Glade, Holtfreter, Scharpenbarch, Scherff, Sluter, Vick, Plene, Rose, Tammeke, Tewel, Brinkman, Getke, Janeke, Lange, Ratman, Roleff, Ruge, Vagelsang, Parhow, Ramm.*
Im Prerower Kirchenbuche, 1589 beginnend, finden wir in den ersten Jahrzehnten 50% dieser Namen wieder, z. T. natürlich in anderer Schreibung. Diese ist in früheren Jahrhunderten überhaupt recht willkürlich. Am schärfsten trifft dies bei Scharnberg und Kräft hervor. Jener Name tritt in folgender Entwicklung auf: Scharbenbarch, Scharfenbarch, Scharbenbarg, Scharfenberg, Scharvenberg, Scharmberg, Scharnberg. Kräft: Kreft, Krevet, Crevet, Krefft, Kraeft, Krebs.
Neben den alten Namen treten 1589 - 1620 auf: *Andres, Becker, Brüdgam, Blesekow, Boddenlos, Blisow, Boje, Christern, Corwils, Ewert, Frese, Hagemann, Heidemann, Kremke, Lemke, Meifing, Saatmann, Schneider, Schmidt. Schomaker, Steinort, Tidemann, Til, Vierau, Wessel,*

32

Wilken, Zage, Zechau u. a.

Beredter Zeuge ihrer alten Heimat sind die Familiennamen und die niedersächsischen Bauernhäuser, wie sie noch in Wieck erhalten sind. Wenn sie auch nicht ganz so stattlich aussehen wie in ihrem Ursprungslande, so zeigen sie als Langhaus-Rechtecke doch die alte Aufteilung: Die lange Diele in der Mitte; Kammern und Viehställe an beiden Seiten und ganz hinten Küche und Wohnräume. So war es 1930 noch bei den Bauern *Lembke, Winter* und *Fründt*.

Aus den ersten Jahrzehnten des 17. Jahrh. stammen dann noch u.a. Namen wie *Jens Nilsen, Trine Ohlsen, Trin Jensen, Hinrich Christen*. Sie scheinen aber hier nicht recht heimisch gewesen zu sein, denn sie verschwinden nachher wieder. Es läßt sich jedoch soviel sagen, daß die ersten Ansiedler höchstwahrscheinlich vom benachbarten Festlande Pommerns und Mecklenburgs gekommen sind und daß sie aus diesen Gegenden stetig Zuzug erhielten. Vom Ende des 17. bis ins 18. Jahrh. scheint ein reger Zuzug vom mecklenburgischen Fischlande erfolgt zu sein (s. Ahrenshoop). Auffällig gering ist die Beimischung schwedischen Blutes, obgleich der Darß fast 175 Jahre schwedisch war. Das hat u. a. seinen Grund darin, daß die Schweden Erbuntertänigkeit und Leibeigenschaft in der pommerschen Form nicht kannten und auch keine Lust verspürten, mit ihr Bekanntschaft zu machen. Im Kirchenbuch finden wir in den beiden Jahrhunderten schwedischer Herrschaft nur acht Schweden, die Darßer Frauen ehelichten und einen Darßer, der eine Schwedin heiratete. Daneben wird uns noch von zwei Beerdigungen schwedischer Soldaten berichtet.

Die beliebtesten Vornamen der ältesten Zeit (1530-1630) waren: *Asmus, Chim, Cord, Christen, Kersten, Franz, Gert, Harm, Hans, Hinrik, Jacob, Jaspar, Michel, Peter, Remer, Teves, Ties und Ann, Bert, Engel, Gret, Gardrut, Gese, Ilse, Tilje, Stin* und *Trin*. Wie man sieht, z.T. Kurzformen der Namen Joachim, Christian, Matthias, Katharina, Christine usw.

f) Die Bauernstellen

In welcher Anzahl die Bauern angesetzt wurden, ist heute nicht mehr festzustellen, ebensowenig, wie groß das Hufenland war. Die Verhältnisse von 1532 kommen dem ursprünglichsten Stande wohl am nächsten. In dem Hebungsregister dieses Jahres werden als Einwohner aufgeführt:

Von Palen - Zingst	4	Besitzer
„ Hanshagen - Zingst	5	„
Zingster Prerow	4	„ (mit Küster)
Darßer Prerow	9	„
Wieck	10	„
Jagdhaus	5	„
Bliesenrade	2	„
Born	10	„
Straminke	5	„

Jedenfalls besaßen sie steuerpflichtiges Hufenland. Es wäre aber verfehlt, jeden dieser Bewohner als Bauern anzusehen. Außerdem haben Sturmfluten, Kriege und Pest auf die Besitzverhältnisse eingewirkt.

Die Schwedische Matrikel von 1696 führt auf:

für Born: 10 untertänige Bauern und den Freischulzen

und	4	„ Kossäten (Kossäten = Kote = Kate: Hütte) über deren Herkunft und Besitz man sich nicht ganz klar ist. Ursprünglich besaßen sie keinen Anteil (Hufe) an der Dorfge-markung (Hufenland)

für Wieck: neben den 10 untertänigen Bauern, den Freischulzen und

	4	„ Kossäten.

Für Prerow:	6	„	Vollbauern und 1 Freischulzen
	1	„	Halbbauer.
Für Zingst:	6	„	Vollbauern und 1 Freischulzen
	3	„	Halbbauern und
	2	„	Kossäten.

34

Es verdient verzeichnet zu werden, daß *Wehrs*, wohl aufgrund der Kirchenmatrikel von 1744 und fast übereinstimmend mit der schwedischen Landesaufnahme von 1696/97 für 1757 angibt:

Born	11 Vollbauern,	4 Halbbauern,	42 Einlieger
Wieck	11 „	4 „	41 „
Prerow	6 „	3 „	60 „

Soviel Bauernstellen ergeben sich auch, wenn man die Gesamtsummen des Grundgeldes für 1786 durch die Grundgeldgebühren der einzelnen Bauernhöfe teilt.

Neben Bauern und Kossäten traten im 17. Jahrh. schon die Einlieger auf, die anfangs ohne eigenes Haus bei einem Bauern oder Kossäten „einwohnten" und darum auch Einwohner genannt wurden.

1798 waren	in Born:	6 Vollbauern, 2 Halbbauern.
	in Wieck:	11 „ , 3 „
	in Prerow:	6 „ , 2 „
	in Zingst:	7 „ , 7 „ ,
		4 Kossäten.

Alle werden als Untertanen angegeben.

Nach *Gadebusch* hatte ein Vollbauer eine Landhufe 30 pommersche Morgen (1 pomm. M. = $2\,^5/_9$ preuß. M.).

Noch schwieriger ist es, die ursprüngliche Größe einer Darßer Bauernstelle anzugeben. Wenn 1859, also kurz vor der endgültigen Auflösung der alten Dorfflurverfassung, für Zingst 4 Hufen und 15 Morgen als abgabenpflichtige Hufen verzeichnet sind, für Prerow 2 Hufen und 15 Morgen, für Wieck mit Bliesenrade 4 und 15, für Born 4 und 22 -so mag darin die Gesamtzahl der steuerbaren Hufen stecken, über die ursprünglichen Dinge besagen diese Angaben wenig.

1696 besaßen die Ortschaften an steuerbaren Hufen: Born 4 -, Wieck 4 -, Prerow 2 -, Zingst 4 .

Tabellen aus dem Manuskript von G. Berg, die keinem Kapitel zugeordnet waren 1696

Ort	Acker	Aussaat	Wiesen	Fuder	Weiden	Vieh
Ahrenshoop	21 Morgen 60 Ruten	6 Drömt	321,30	20	1441,90	4 Pferde 26 Rind.
Born	75,30	Hof 2 Drömt	z. Ahrensh.	Hof 20	3171,180	Hof 4 Pferde 16 Rind. Bauer je 4 Kühe
		2 Scheffel Schulze 8 Scheffel		Bauern u. Kossäten		
		Bauer 4 Scheffel Kossäten 1 - 2 Scheffel Mohrrüben 1 - 2 Scheffel		je 6	und oder	4 Ochsen Pferde K 1 Pf. 1-2 Kühe
Wieck	81,270	Krüger 10 Sch. Bauer je 6 Scheffel Koss. je 1-4 Scheffel	245,270	238 ctr.	2310,290 zum Teil mit Prerow	B 2 Pf. 2 Ochsen 2 junge Ochsen u. 3 Kühe K 1 Pf. 1-2 Kühe
		jeder 0,5 - 1,5 Pfd. Mohrrüben				

Ort	Acker	Aussaat	Wiesen	Fuder	Weiden	Vieh
Prerow	13,210	Schulze 15 Scheffel die anderen 2, 4, 2, 10, 3, 1, Scheffel	47,270	Pastor 100 Küster 14 241 zusammen (?)	285,180	Großv. 11,6 8,8,9,8,2
Zingst	62,30	Pächter 6,5 Sch. Winterkorn 20 Sch. Sommerkorn 1 Pfd. Mohrrüben B.i.Ha. 8, 9, 11 6, 4, 4 in Pa. 11, 10, 6, 6	371,9	früher 90 1 = 3 - 4 2 = 2 3 = 3 - 4 4 = 4 - 5 5 = 3 6 = 3 P. ?	1370,30	Pächter 40 Grv. Ha. B. j. 10 G. „ 5 Grv. 2-3 Grv. Pa 3 Grv.
Straminke	4,150	4 Scheffel Winterkorn 2 Scheffel Sommerkorn Mohrrüben	23,240	44		35 Pferde und a. Großv.

In der Landes - und Hufenmatrikel von 1708 finden wir folgende Übersicht:

Das Rote Haus		16 Morg.		steuerfreies Hufenland		
Hanshagen und Palen	1 Hufe	18	„	255 Ruten steuerb.		„
Prerow		13	„	210	„	„ „
Wieck	2 Hufen	21	„	270	„	„ „
Born mit dem						
wüsten Bliesenrade						
und dèm Jagdhause	2 Hufen	26 Morg.		60 Ruten steuerb.		„
Ahrenshoop		21	„	60	„	„ „
Straminke		4	„	150	„	„ „
Müggenburg		9	„	90	„	„ „
Insel Kirr		4	„	---	„	„ „

Bei der völligen Auflösung der spannfähigen Stellen in den Jahren 1865-67 erfahren wir noch von drei anscheinend unversehrten Bauerngütern, daß sie je 80 - 90 preußische Morgen umfaßten. Ob auch Wiese dazu gehörte, steht nicht dabei, ist aber anzunehmen.

g) Die Leibeigenschaft und ihre Aufhebung

Inzwischen hatten die Bauern ihre alten Rechte und Freiheiten eingebüßt. Sie wurden zu Pachtbauern herabgedrückt, besaßen kein Erbrecht mehr und saßen ohne Vertrag auf dem Hofe, so daß sie zu jeder Zeit von dem Gute hinuntergesetzt werden konnten. Es ist die traurige Zeit der Leibeigenschaft und des Bauernlegens, der wundeste Punkt der schwedischen Herrschaft. So finden wir 1791 eine höchst merkwürdige Eintragung im Kirchenbuche: *„Peter Eggert ist wegen hohem Verstand und Eifers zu Barth von Herrn Pastor Dorn gekauft."* Dieser Bemerkung fehlt die Preisangabe. Vielleicht hat man sich geschämt oder es nicht gewußt. Oder soll es heißen: er hat ihn freigekauft? Die Bauern, die auf fürstlichem Besitze, auf den späteren schwedischen Krongütern saßen, ließ man gegen Zeitpacht auf dem Gute. Sie waren, wie die Darßer, sogenannte Laßbauern (Lassiten, lateinische Fortbildung der altdeutschen Bezeichnung Lasse-Late, was soviel wie Höriger bedeutet) und bekamen den Druck der Gutsherren nicht so zu spüren, sondern waren wie auf allen königlichen Ämtern vor übertriebenen Anforderungen geschützt. Aber infolge des mehr als dürftigen Ackers wurden sie ihres Lebens nicht froh und mußten sich nach Nebenerwerb umsehen. Dieser wurde ihnen durch Erlaubnis zur Fischerei und zum Fällen und Verkauf des Holzes im Darßer Wald ermöglicht. Hier müssen wir eines Mannes gedenken, der neben *Arndt* und *Reichenbach* viel zur Besserung der Lage der Bauern getan hat, des Fürsten *Hessenstein*, des Generalstatthalters von Schwedisch-Pommern, der auch mehrmals, so 1786, bei einer Trauung auf dem Darß war.

Als Abgabe bezahlten die Bauern u. a. ein Grundgeld. Es machte 1776 für ein „Bauernwesen" 11 Tlr. 28 Schilling aus und betrug 1786 für die Prerower 73 Tlr. 46 1/2 Schilling, für die Borner und die Wiecker 1721 zusammen 259 Tlr. 27 1/5 Schilling. Die Darßer Einlieger hatten 1786 einen Betrag von 704 Tlrn. 4 3/4 Schilling abzuliefern. Zu diesen Abgaben kamen dann die Hand- und Spanndienste. Sie wurden auf dem Darß in dem staatlichen Walde und beim Wegebau geleistet und hießen hierzulande „Hofdienste". Für die Bewirtschaftung des Waldes wurden sie zu einem zweischneidigen Schwerte. Nach den allgemeinen Bestimmungen von 1786 hatten Vollbauern mit 1 Landhufe 4 Tage in der Woche mit 4 Pferden und 2 Leuten Hand- und Spanndienste zu verrichten; Halbbauern mit 1/2 Hufe mußten mit 2 „Fußgängern" einen Tag in der Woche Hofdienste tun, während jeder Kossät 2 „Rauchhühner" (nach dem Rauchfange, der Herdstelle berechnet) und 12 Pfund Hede abzuliefern hatte. Schon vor der Aufhebung der Leibeigenschaft, bei uns im Jahre 1806, haben viele Darßer von der Möglichkeit des Loskaufs Gebrauch gemacht. Doch waren das meistens Seeleute. Sie bekamen dafür vom Prediger eine Bescheinigung, den „Freybrief". Die Loskaufsumme war willkürlich, bei Krongütern gewöhnlich 50 Reichstaler für einen Mann und 25 Reichstaler für eine Frau. Dazu kamen 15 - 25 Reichstaler Gebühren. Auf adligen und städtischen Gütern waren die Sätze höher. 1779 sind unter 21 Brautpaaren schon 18 „freie Leute". 1783 zählte das Kirchspiel Prerow neben 2.027 leibeigenen Untertanen 826 freie Leute. Dazu kamen noch 13 „Getrennte" und 36 „Neue", im Ganzen waren es also 2.902 Personen. 1803 waren in Born 570 leibeigene Untertanen und 74 freie Leute, in Wieck mit Bliesenrade betrugen die Zahlen 464 und 200, in Prerow 542 und 223. Für Zingst fehlen die Zahlen, doch waren sie, besonders bei den freien Leuten, weit höher. Im Jahre 1806 nach der Aufhebung der Leibeigenschaft waren die Darßer und Zingster Bauern zum ersten Male auf dem Kommunallandtage Neu-Vorpommerns vertreten, nämlich durch *Johann Joachim Boye*, den Schulzen und königlichen Pachtbauer von Zingst.

Neben den kärglichen Erträgen aus ihrem dürftigen Acker und den noch schlechteren Wiesen hatten die Darßer Bauern noch Einnahmen aus dem staatlichen Walde. Dazu gehörte zu allen Zeiten die Berechtigung zur Viehhütung im Walde und der Bezug des sogenannten Deputat- und Ziesenholzes (Ziese = Steuer), das sie sich selbst schlagen durften. Es handelte sich dabei um recht stattliche Mengen. So standen 1731 jedem Bauern jährlich 18 Faden zu *„wegen ihres schlechten Zustandes und der wenigen Nahrungsmittel".*

Noch 1850 hatten die Zingster zu verlangen:

Die 7 Vollbauern jährlich	7	Klafter Mengeholz	(Knüppel)
	30	„ „	(Reiser)
	30	„ Kiefernholz	„

Dazu 5 Klafter als Bauholz für Neubauten und Ausbesserungen oder 6.000 Stück Torf.

Die 13 Halbbauern und Kossäten:	7 6/12	Klafter Mengeholz	(Knüppel)
	32	„ Mengeholz	(Reiser)
	33	„ Kiefernholz	„
und	3 1/3	„ als Bauholz	

oder 4.000 Stück Torf.

Die Büdner
alle zusammen: 14 5/12 Klafter Mengeholz (Knüppel)
251 9/12   „   „   (Reiser)
470   „   „ (Kiefernreiser)
dazu jeder Büdner 2 1/2 Klafter Torf oder 3.000 Stück,
ein Klafter zu 1.200 Soden (Torfstücke)
gerechnet.

Es ist nun natürlich, daß der Wald dabei nicht am besten fuhr und Übergriffe den Forstaufsehern, den Heidereitern, viel zu schaffen machten. So heißt es 1729 in einer Verordnung der Schwedischen Regierung: Die Dörfer Prerow, Born und Wieck sollen künftig ihr Vieh nicht, wie bisher zum nicht geringen Schaden der dortigen geschehen, „hudelos", sondern , wie aller Orten gebräuchlich, bei Sommer- und Winterzeit vor den Hirten gehen lassen, damit die Kaveln in den Brüchen gehörig geschont und junger Aufschlag vom Vieh nicht versehret werde. Danach haben die Darßer ihr Vieh ohne genügende Aufsicht in den Wald getrieben.
Die Darßer Bauern waren um 1700 verpflichtet, für den Prediger von Prerow 20 Klafter und für den Küster 5 Klafter Deputat-Brennholz zu schlagen und anzufahren und es dem Prediger am Boote, dem Küster im Boote der Kirchenfähre abzuliefern. Außerdem hatten sie in derselben Weise, d. h. am Bollwerk in Barth, für den Prediger und den Schulhalter dortselbst zusammen 16 Klafter zu liefern.
1902 wird diese Lieferung in folgender Weise angegeben (nach *Pahl* „Ostseebad Prerow")

Für den Superintendent	5 11/12 Klafter	Mengholzscheite und
	5 2/12 „	Nadelholzscheite
„ „ Diakonus	4 5/12 „	„
„ „ Rektor	4 5/12 „	„
„ „ Organisten	2 2/12 „	„
„ „ Kantor	3 „	„
„ „ Küster	2 3/12 „	„

Ein echt bäuerliches Fest war das Tonnenabschlagen. Es wurde zu Pfingsten und ursprünglich nur zu Pferde abgehalten. Mit einigen Unterbrechungen und Auffrischungen hat es sich bis auf den heutigen Tag erhalten.

h) Die Ablösungen und Aufteilungen

Unter der preußischen Herrschaft (seit 1815) erfolgte die Aufteilung des Grundbesitzes und die Ablösung der Rechte auf Wald und Weide. Das war die sogenannte Separation und Regulierung. Die Verhandlungen gestalteten sich außerordentlich schwierig, weil die Besitzungen verzettelt und die Ansprüche z. T. unklar abgegrenzt waren. Durch Abtretungen und Verkäufe war eine fast unübersehbare Buntscheckigkeit entstanden. Die tieferen Ursachen lagen in der starken Bevölkerungszunahme. Wieck z. B. zählte 1823 neben 13 „Bauern" noch 176 Büdner- und 33 Häuslerstellen. Was in Gutsdörfern zur Hauptsache meist in einem Tage erledigt wurde, erstreckte sich hier auf einen Zeitraum von 1821 - 1870, ohne damit ganz abgeschlossen zu sein. Die Behörde kam dabei schließlich von der geplanten Erbpacht ab und entschloß sich, die einzelnen Grundstücke mit ihren Losen und Kaveln zu freiem Eigentum zu erklären. Am meisten Schwierigkeiten machten die Holz- und Weidegerechtigkeiten der Darßer und Zingster Bauern. So besaß z. B. Prerow allein 301 Stück Rindvieh mit Weideberechtigung im Walde. Die Forstverwaltung benutzte daher die Gelegenheit, um die Störenfriede einer geordneten Forstwirtschaft endlich ganz los zu werden. Außerdem sollte die „notorische Armut" berücksichtigt werden. Damit war es im Vergleich zu anderen Ortschaften des Kreises Franzburg nicht ganz so schlimm bestellt. Im Kirchspiel Prerow waren 1858 von 4.662 Einwohnern 22 Arme, im Kirchspiel Zingst damals von 2.362 Bewohnern 10 Arme.

Als Beispiel der Separation wählen wir das Dorf Zingst, weil hier die Verhandlungen urkundlich am besten festgelegt sind. 1830 waren hier 7 Bauern, 9 Halbbauern, 4 Kossäten und 220 Häusler ansässig. Das Dorf besaß Hutungsrechte an der staatlichen Forst im Freesenbruch, im Fohrenholz auf der Prerower Feldmark und im Osterwald.

Das Deputatholz für Bauern, Halbbauern und Kossäten wurde schon aufgeführt. Dazu kamen noch die Holzlieferungen an die Büdner, die zusammen 14 5/12 Klafter Mengholz (Knüppel), 251 9/12 Klafter Mengholz (Reiser) und 470 Klafter Kiefernreiser erhielten. Daneben bekam noch jeder 2 1/2 Klafter als Bauholz oder 3.000 Stück Torf.

Das Dienst- und Pachtgeld betrug 1830 für jeden Bauer 15 Taler 1 Groschen, für einen Halbbauer 7 Taler 20 Groschen 6 Pfennig, für einen Kossäten 3 Taler 27 Groschen 4 Pfennig. Es war in zwei Terminen, zu Ostern und zu Weihnachten zahlbar. Dazu kam noch das Grundgeld, das 1826 im ganzen 146 Taler 14 Groschen 11 Pfennige ausmachte. Die ständische Steuer betrug im ganzen 27 Taler 16 Groschen 6 1/2 Pfennig. Jeder Häusler oder Bewohner eines ganzen Hauses zahlte für Grundstück, Weidebenutzung und Holzgerechtigkeit einen Taler oder 1 Taler 3 Groschen 11 Pfennig Preußisch Courant. Mühle und Schmiede waren staatlich und brachten 80 und 15 Taler Pacht ein. Zingst besaß damals 4 steuerpflichtige Hufen und hatte dafür 1 Taler 30 Groschen 10 Pfennige an Kontribution und 1 Taler 6 Groschen 20 Pfennige allgemeine Lasten abzuführen. Für alle anderen Leistungen (Fuhren, Bauten) zahlte die Gemeinde jährlich 50 Taler (alles in pommerscher Münze). Die Verpflichtung zum Dünenbau war schon abgelöst und wurde mit 40 Mark (preußischer Münze) entgolten.

Das Dorf, damals 1/3 der Feldmark umfassend, bestand aus 2 Teilen, der Häger und der Paler Seite. Das Häger Ende trieb 195, das Paler Ende 197 Kühe auf die Weide. Die Gemeindewiese umfaßte 205 Morgen, 142 Quadratruten und war in 40 Kaveln eingeteilt. Die Ablösungen der Rechte im Walde geschahen in der Weise, daß den Grundeigentümern die Pacht erlassen wurde und man sie für den Wegfall der Weide mit Wiesenland entschädigte. So erhielten die Paler den nördlichen Teil der Timmerort-Wiesen, während das Häger Ende mit Landstrecken abgefunden wurde, die nach Straminke zu lagen. 1869/70 waren die Auseinandersetzungen ziemlich zum Austrag gebracht. Die Gebühren betrugen 14 Taler 17 Groschen 4 Pfennig. Damals besaß Zingst noch eine gemeinschaftliche Bauernweide von 612 Morgen mit 22 Anteilberechtigten.

In Prerow behielten die Bauern ihre Wiesen. Für die Bauernweide im Walde tauschten sie Salzwiesen am Strom mit Vergrößerungen am Lübker Ort ein. Die Einlieger entschädigte man mit dem noch auszurodenden Tiler Brink und Wiesenstreifen am Krabben- und Lübker Ort und am Waldrande von Tiler Brink nordwärts bis zur Ostsee. Die gemeinsame Weide fehlte. Die ganze Dorfgemarkung umfaßte 2.598 Morgen, davon 704 spannfähigen Besitz und 79 Morgen Wasser und 103 Morgen Unland.

Jeder Wiecker Bauer erhielt einen halben Morgen Wiesen am Strome und dazu Weideland im Moorbruch, Schwinkels Moor und Lübker Ort. Die Einlieger mußten sich mit Abfindungsstreifen in derselben Gegend und am Ravenhorster Bruch begnügen.

In Bliesenrade bekamen die Büdner und Häusler Wiesenland im Kavelhorster Bruch und der Müller eine Entschädigung an der Südseite der Halbinsel.

In Born wurden Boden (Bodden)-, Ort- und Kartinenwiesen den Einliegern zugeteilt, so daß jeder einen Morgen erhielt. Die Bauern und Kossäten des Osterendes wurden mit einer fiskalischen Fläche in den Remels und im Kuhlenbruche, die Besitzer des Westerendes im Heuwischenbruch und in der Kuhreihe entschädigt. Diese zusammenhängenden Ländereien wurden dann später aufgeteilt und z. T. in Koppeln umgewandelt. Am uralten Brauche festhaltend, benutzen die kleineren Besitzer ihr Weideland heute noch gemeinsam als sommerliche Viehweide, und zwar getrennt für zwei Herden als „Born- Dorf" und „Born- Kuhlenbruch".

Ahrenshoop hatte keine Waldweide gehabt und brauchte darum auch nicht entschädigt zu werden. Mit diesen Abfindungen wurden die Darßer Bauern und Kossäten und ihre Rechtsnachfolger nicht befriedigt; denn ein großer Teil des zugewiesenen Landes war so unfruchtbar, daß er niemals bewirtschaftet wurde und darum Ödland blieb. Noch 1870 werden 609 Morgen „Unland" und 1.200 Morgen als „unaufgeklärt" aufgeführt. Dieses Land bringt nicht soviel ein, um damit die Grundsteuer bezahlen zu können.

Einen großen Teil dieser Ländereien hat die Forstverwaltung einige Jahre nach dem Ersten Weltkrieg wieder zurückgewonnen und damit das Darßer „Naturschutzgebiet um 13,50 qkm (1.350 ha = 5.400 Morgen) vergrößert (Stralsunder Tageblatt v. 12. Okt.1935).

Übersicht von 1826 (mit 1828/29)

Ort	Besitzer	Pachtgeld Tl. Gr. Pf.	Grundgeld Tl. Gr. Pf.	1828/29 insges. Tl. Gr. Pf.	Ablösungskosten Tl. Gr. Pf.
Wieck m. Bliesen-rade u.	165	5 11	111 21 4	271 20 8	4 7 1
Einlieger	111				
Zingst	155	200 5 6	146 14 11	348 28 3	6 21 11
Prerow	123	103 25 2	103 6 7	208 27 1	7 17 5

Born 1819: 10 Halbbauern, 4 Kossäten, 158 Häusler
Wieck   13 Bauern,   176 Büdner,   33 Hausstellen
Bliesenrade ------------- 15   „   3   „

Von Prerow waren| 1821| sämtliche Unterschriften eigenhändig; von Wieck bei 113 Unterschriften 3 durch Kreuze ersetzt. Von Zingst zeigten 155 Namen 53 Kreuze statt der Unterschrift.

5. DIE HERTESBURG (DAT OLL SLOT)

Es ist selbstverständlich, daß die Überreste dieser alten Feste jeden Besucher zum Nachdenken anregten, und kein Darßer oder Zingster Junge sollte seine Heimat verlassen, ehe er nicht einmal wenigstens auf dem Burghügel gestanden und sinnenden Auges über den Bodden zur Barther Kirche und über die Kuhweide zu den Hohen Dünen geschaut hat.

Über das Alter der Burg herrscht z. Z. noch keine völlige Klarheit. Sie kann nur nach behördlicher Erlaubnis durch eine sorgfältige Grabung unter fachmännischer Leitung erzielt werden. Wie die Funde arabischer Münzen im Jahre 1873 dartun, befinden wir uns hier an einem alten Handelswege. Ob die Burg damals schon bestand, ist noch nicht erwiesen. Ihre ganze Anlage, sowie die oberflächlichen Funde (Ziegelsteine und dergl.) sprechen zunächst für eine spätere Zeit. Es können aber auch mehrere Burganlagen übereinander liegen. Neuerdings wird die Ansicht vertreten, daß wir hier einen vorgeschichtlichen Platz vor uns haben.

Einige Jahre vor dem Ersten Weltkriege ließ der damalige Leiter des Museums für Neuvorpommern und Rügen, Herr *Geheimrat Gummel*, einen Graben von einem Meter Breite einige Dezimeter über dem Grundwasserspiegel durch die innere Umwallung bis zur Mitte des Burghügels ziehen. Dabei kamen große Stücke verkohlten Holzes zum Vorschein, mehrere Steinpackungen in der Art von Herdstellen, viele Küchenabfälle in Gestalt von Tierknochen, u. a. ein Eberzahn, daneben ein halbes Dutzend eiserner Nägel, ein Türhang aus Eisen, ein kleines Hufeisen, ein kleines Gefäß aus Bronze, ein Unterteil eines Tongefäßes, eine bräunliche, durchlochte Bernsteinperle und ein Ziegelstein, 28 cm lang, 14 cm breit und 9 cm dick. Nach der Ausmessung hatte der Hügel mit Böschung einen Durchmesser von rund 20 m. Der Binnenwall war im Westen 1,44 m hoch. Sein Kamm war an dieser Stelle 16,50 m von der 2 m Höhe des Burghügels entfernt. Im Verhältnis zu anderen wendischen Wallburgen sind das kleine Ausmaße. An dieser Stelle machte jedoch die Auftragung eines Hügels die allergrößten Schwierigkeiten. Trotz der Kleinheit wird die Burg ihren Zwecken genügt haben. Anscheinend haben wir es mit einem Wohnturm, also einer Turmhügelburg zu tun.

Vor 100 Jahren sah sie nicht viel anders als heute aus. *Wehrs* berichtet uns darüber folgendes: *„Man erblickt noch die schwachen Überreste des sogenannten alten Schlosses... Vom eigentlichen Schlosse sieht man hin und wieder einige Steine... Die Wälle stehen noch; das Ganze sieht von außen einer großen viereckigen Redoute ähnlich. Die äußeren Gräben kann man nur im Sommer trockenen Fußes passieren, nämlich da, wo sonst eine Brücke war. Man ersteigt den ersten nicht ganz niedrigen Wall und erblickt nun einen zweiten, der gleichfalls mit einem jetzt trockenen und mit Schilf bewachsenen Graben umgeben ist; der innere Raum ist höher wie die Umgegend..., man überzeugt sich aber auf dem Platze hinter dem 2. Walle, daß hier keine weitläufigen Gebäude Raum hatten."* Dann folgen Vermutungen über die Burg als Schlupfwinkel der Seeräuber.

Ungefähr 70 Jahre früher stand ein anderer Besucher an dieser Stätte, der *Prof. Schwarz* aus Greifswald. Er erzählt, daß man ihre in hohen Wällen und tiefen Gräben bestehenden Befestigungswerke noch finde. Sie sei mit doppelten Wällen und Gräben versehen gewesen, die jetzt nur noch eine jährliche Rohrwerbung gäben. Es müßten auch Gebäude daselbst gestanden haben, weil sich, wenn man in der Erde grübe, noch Mauer- und Feldsteine entdecken ließen. Die Burg müsse sehr alt sein und noch aus heidnischen Zeiten herrühren. Schwarz versucht auch eine Namensdeutung, indem er Hertesburg mit Hirschburg erklärt; denn die Rügenschen Fürsten wie ihre Nachfolger, die Pommerschen Herzöge, hätten auf dem Zingst und dem Darße ihre vornehmste Wildbahn gehabt und es sei darum anzunehmen, daß diese Burg ihr Jagdhaus gewesen sei. (Nach *Curschmann* ist die mitteldeutsche Form des Wortes Hirsch: herte, harte; mittelhochdeutsch: hirz.) Außerdem habe sie die Aufgabe gehabt, die Einfahrt in den Prerower Strom zu decken und man habe hier auch „Zollofficianten" unterhalten. Später solle sie zum Raubneste *Störtebekers* und *Gödeke Michels* geworden sein.

Die Karte der schwedischen Landesaufnahme von 1696 zeigt die Burganlage als ein großes Viereck mit einem offenen Wasserlaufe zum Strome und einem mit Schilfrohr bewachsenen zum Strande, dem aber bewaldete Dünen vorgelagert sind. Zu beiden Seiten der Burg ist „Weide" verzeichnet. Die Beschreibung durch den schwedischen Beamten bringt folgende Bemerkungen: *„Dieser mit einem Graben umgebene Platz heißt Hassenborg und ist ein runder, schief aufgehöhter Platz. Ein Seeräuber, namens Haß, soll in alter Zeit dieses Schloß erbaut und darin gewohnt haben. Die Lübecker haben es einmal belagert, aber umsonst, weil es zu stark befestigt war. Es sind noch einige Trümmer zu sehen, danach muß die Mauer 9 Ziegelsteine, der Länge nach, dick und rund gebaut gewesen sein. Um die Mauer ist ein Wassergraben gewesen; darum wieder ein Wall und darum wieder ein Graben."*

Den Namen Hassenborg scheint der Schwede von der Lubinschen Karte (1618) übernommen zu haben. Hier finden wir die Burg als Haselborg mit der Slotwisch und rechts davon die „Imdepe" als offenen Wasserlauf zum Meere. Die Überreste dieses Auslaufs sind die heutigen Wasserstreifen des Hundetiefs und der Butterwieck. Ob nun der Durchlauf an dieser Stelle so vollständig war, ist bei der Verzeichnung der Gewässer auf der Lubinschen Karte zweifelhaft. Andernfalls wäre bei einem Vorhandensein diesen zweiten Durchganges beim Ollen Slot die Bedeutung der Burg noch höher zu veranschlagen. Einige Hinweise auf das Aussehen der Burg enthält noch das Hebungsregister aus dem Jahre 1532: Ein vierkantgemauerter Turm mit einer 11 Schuh dicken Mauer sei von einem Wall und 2 Gräben umgeben, die binnen eine Weite von 10 Fuß hätten. Ob die Burg damals noch als Wohnstätte diente, geht nicht ganz klar aus dem Berichte hervor, ist aber wahrscheinlich. Damals wurde am Prerower Strom noch Zoll erhoben. Von diesen Beschreibungen der Burg aus fünf Jahrhunderten wenden wir uns zu den Quellen.

Der Name tritt zuerst als Hertheburg in einer lateinischen Urkunde von 1295 auf. Danach hielt der Ritter *Johann de Medus* auf Befehl des Königs von England eine Untersuchung über in Newcastle gelandete Schiffe ab; dabei waren 6 aus Stralsund, wovon eins mit dem Namen Hertheburg von dem „Magister" *Reginald* geführt wurde. Es ist anzunehmen, daß der Stralsunder Schiffsherr mit der Bezeichnung seines Schiffes seinen fürstlichen Herrn ehren wollte, zumal diese Burg in der Schiffahrt eine Rolle gespielt hat.

Aus der Regierungszeit *Witzlaws III.* (1302 - 1325) stammt das Bruchstück einer „Küchenrechnung" (Haushaltsrechnung) dieses Fürsten. Man fand es in dem Pergamentdeckel eines alten Städteerlaßbuches. Es ist in lateinischer Sprache abgefaßt und höchstwahrscheinlich von einem geistlichen Hausmeister geschrieben worden und enthält die täglichen Ausgaben für die Hauswirtschaft, genauer für die Beköstigung des Hofes, vom 17. Juli bis 9. August eines ungenannten Jahres (1325?). Geschrieben wird der Name der Burg durcheinander: Hertesburg, Herttesburg, Hertesburc. Am 16. 7. kamen Fürst und Fürstin *von der Hertesburg* nach Barth. Am 24. 7. waren drei Herren zu Besuch in Barth, Magister *Johannes von Rostock*, *Johannes von Kamp* und *Peter von Dänemark*. Am 30. 7. weilte der Herzog von Sachsen als Gast im Barther Fürstenschlosse. Als am 1. August der letzte der Gäste abgereist war, begab sich der Fürst sofort zurück nach der Hertesburg, und seine Gemahlin folgte ihm nach einigen Tagen. Am Abend des 9. 8. waren sie wieder in Barth. Von dorther ließ der Fürst auch den Bedarf seiner Küche bestreiten, Fleisch, Fische, Eier, Milch und Küchenkräuter. Selbst Salz wurde in Barth und Stralsund gekauft. Auffällig groß war der Bedarf an Fischen. Die Fischerei in der wasser- und fischreichen Gegend gehörte dem Fürsten jedoch nicht mehr. Wartislaw III. weilte größtenteils im Schlosse zu Barth und hielt sich nach dieser Rechnung gern in der Hertesburg auf.

Das geht auch aus einer Jagdgeschichte hervor. Als die beiden Bürgermeister und etliche Bürger von Stralsund bei dem Fürsten auf dem Zingst (cinxt) zu Gaste waren (1309), wurde ein Hirsch erlegt. Bei der Zerlegung des Tieres rief *Reynfried von Penitz*, ein adliger Herr aus dem fürstlichen Gefolge, den Leuten des Fürsten zu, sie sollten von der Jagdbeute so viel wie möglich beiseite bringen, da es sonst nur die Tölpel (rustici) und Quacksalber (smerscnidere) von Stralsund bekämen. (Smersnidere wird im Niederdeutschen Wörterbuch von Schiller-Lübben zutreffender als Fettverkäufer gedeutet, damals ein für die Stralsunder gebräuchlicher Spottname.)

Witzlaw III. starb am 8. November 1325 ohne Leibeserben. Ihm folgte sein Neffe *Wartislaw IV. von Pommern-Wolgast.* Die Städte und Lehnsleute im Fürstentum Rügen wählten ihn zu ihrem Landesherrn und huldigten ihm. 1325 schenkte er „seiner geliebten Stadt Barth" das Binnenwasser von Barhöft bis Ribnitz. Dabei wurde vereinbart, daß die Barther den Schiffszoll nur in der Stadt Barth zu entrichten hätten, nicht im Hafen von Prerow. Mit diesem Hafen von Prerow kann nur die Burg gemeint sein, die eigentliche Zollstelle. Ehe es zu einer Bestätigung durch den Oberherrn, den dänischen König, kam, starb Wartislaw im Jahre 1326. Rechtmäßige Erben waren die Söhne Wartislaws, wovon *Bogislaw* der älteste war. Fürst *Heinrich von Mecklenburg* machte ebenfalls Ansprüche auf das Erbe. Es gelang ihm, von *Christoph von Dänemark* belehnt zu werden. Das war der Dank dafür, daß dieser bei dem Mecklenburger Hilfe gefunden hatte, als er 1325 von den Dänen vertrieben worden war. Damals verpfändete Christoph die Landschaft Tribsees an Heinrich und belehnte ihn außerdem mit dem Darß und der Hertesburg. So kam es zum ersten Rügenschen Erbfolgekriege. 1327 bedrängten die Mecklenburger die Hertesburg, aber Greifswalder Kriegsvölker schlugen sie zurück. In der Kassenrechnung der Stadt von 1328 (38.000 Gulden) wies man ausdrücklich auf diese Hilfeleistung hin. Nach vielen blutigen Kämpfen kam endlich der Friede von Brudersdorf zustande. Die Mecklenburger wurden mit 31.000 Mark lötigen Silbers abgefunden, die innerhalb 12 Jahre zahlbar waren. Dafür sollten ihnen bis 1340 die Städte und Lande Grimmen, Tribsees und Barth, dazu die Hertesburg, der Darß und Ahrenshoop (arneshope) mit den Dörfern verpfändet sein. Damit waren die Streitigkeiten nicht beendet. 1350 unternahmen die Mecklenburger erneut einen Überfall auf die Hertesburg. Das gab den pommerschen Fürsten Anlaß zu einer Klage bei ihrem Lehnsherrn, dem König von Dänemark. 1351 war wieder Kriegszustand (2. Rügenscher Erbfolgekrieg). Der Zwist wurde 1354 im Frieden zu Stralsund beigelegt, wo Herzog *Albrecht* seinen Ansprüchen gegen Erlegung einer Pfandsumme entsagte. Die Hertesburg (Hertzeborch) sollte „gebrochen" werden, und die Pommern mußten sich verpflichten, keine Feste und kein Schloß „up de prerow" und dem Darße (Dartz) anzulegen. Die Hertesburg muß den Mecklenburgern wirklich ein Dorn im Auge gewesen sein. Ihr Schicksal war damit noch nicht besiegelt. Sie wurde entweder später wieder aufgebaut oder ist nie geschleift worden.1364 hielt sich hier der Herzog *Barnim III.* auf, als er Vermittlungsversuche in dem großen Kriege der pommerschen Hansestädte mit Waldemar von Dänemark machte. 1387 war „Clawes von deme Thorne, voghet to der Hertesborch", Bürge für den Herzog *Wartislaw VI.* bei einer Schuldforderung zweier Rostocker Bürger. Wartislaws Sohn, *Barnim VI.,* schämte sich nicht, aus Haß gegen die reichen Städte mit den Seeräubern gemeinsame Sache zu machen. Weil er sogar Raubschiffe gegen die Städte aussegeln ließ, ist es nicht von der Hand zu weisen, daß dabei die Hertesburg als Deckung gedient hat. Daher rührt jedenfalls die Erzählung von dem ollen Slot als Schlupfwinkel der Seeräuber.

In keiner Urkunde wird sie jedoch mit *Claus Störtebeker* oder *Gödeke Michel* in Verbindung gebracht. Ebensowenig findet sich ein Hinweis auf die Belagerung der Lübecker am Lübker Ort. Lübker Ort ist ein Flurname wie so viele andere, die durch eine eigentümliche, unverständlich gewordene Form die Entstehung von Sagen verursacht haben.

Die Hertesburg überdauerte noch viele Geschlechter des herzoglichen Hauses. 1425 wurde Pommern - Wolgast wieder geteilt und 1435 noch einmal. Dabei erhielt *Barnim VIII.* das Land Barth mit der Hertesburg, die auch bei der Teilung von 1425 ausdrücklich aufgeführt wurde Als 1440 sein Bruder *Swantibor* starb, gelangte er auch in den Besitz der Insel Rügen und der Stadt Stralsund.

1441 zahlte der Herzog von Mecklenburg der Nichte Barnims, der verwitweten *Katharina von Wenden*, ihr väterliches Erteil aus, nämlich 20.000 gute rheinische Gulden. Dieses Geld neben allerlei Schmuck nahm Barnim in Empfang. Bei seiner verschwenderischen Lebensweise konnte er es gut brauchen. Bis zur Auszahlung der Summe verpfändete er seiner Nichte dafür Stadt und Land Barth, Schloß Damgarten, die Hertesburg und das Land Zingst. Als sich die Dame mit dem Herzog von Mecklenburg verlobte, machte dieser Ansprüche auf das Geld. Als Barnim und nach seinem Tode sein Nachfolger *Wartislaw IX.* nicht zahlen konnte, kam es zur Fehde. Im Vertrag zu Damgarten 1453 wie im Frieden von 1454 übernahmen die Städte die Zahlung der herzoglichen Schuldsumme, die auf 21.500 Gulden festgesetzt wurde. Als Unterpfand mußte ihnen der Herzog Stadt und Land Barth mit der Vogtei und allen Rechten und Gefällen überlassen, ferner den Darß, das Schloß Hertesburg, endlich Stadt und Land Tribsees mit den dazugehörigen Dörfern und Gefällen.

Auch die Barnekowschen Händel spielen hierher. *Raven Barnekow*, herzoglicher Rat und Vogt von Rügen, war in Stralsund wegen Verschwörung gegen den Rat der Stadt durch das Rad hingerichtet worden. Als 1453 die Stimmung umschlug, flohen die beiden Gerichtsherren, die für das Todesurteil verantwortlich waren, *Johann Vorwerk* und *Rotger Steenwech*, aus der Stadt, um sich nach Mecklenburg zu retten. Als sie auf ihrer Flucht über den Darß kamen, fielen sie dem herzoglichen Vogt in die Hände. Sie wurden zunächst in den Turm der Hertesburg gesetzt und später auf Befehl des ergrimmten Herzogs in Wolgast vor das herzogliche Gericht gestellt. Ankläger war *Henning Barnekow*, der Sohn des geräderten Barnekow. Ihr Ende glich dem grausamen Tode des Barnekow bis aufs Haar. Die Rache sollte nicht lange auf sich warten lassen. Als die Seeräuberei wieder aufblühte, gelang es 1464 den Stralsundern, drei Seeräuber aus der Barther Gegend samt dem Vogte der Hertesburg, der sie begünstigt hatte - das war *Wusseke*, ein Nachkomme eines alten rügenschen Adelsgeschlechtes - gefangen zu nehmen. Den gefangenen Übeltätern wurden die Köpfe abgeschlagen. Damit war jedoch die Seeräuberei in dieser Gegend immer noch nicht ausgerottet. Darauf läßt eine bekannte Erzählung schließen, die früher auch in pommerschen Schullesebüchern stand, nämlich die Geschichte von *Wartislaw X.* und dem Raubschiffer *Eseborn* aus Barth. *„Als während seiner Regierung der König von Dänemark viele Kriege mit Schweden und mit den Hansastädten führte, ist in unserer Gegend 'ein Auslieger' gewesen, Eseborn geheißen, der aus Barth gebürtig war. Derselbe ist einmal auf den Darß getreten und hat den dortigen Bauern Vieh und Speck genommen und hat damit sein Schiff bespeist.*

Diese Untat hat der Herzog Wartislaw dem Räuber sieben Jahre lang nachgetragen. Da Eseborn meinte, seine Tat wäre inzwischen wohl vergessen, und wieder zu Lande kam, begegnete er eines Tages unversehens dem Herzoge bei Pruchten. Der Herzog redete ihn an und sprach: 'Eseborn, worumb hastu meinen Leuten do und do die Kuhe und ihren Speck genommen?' Eseborn erschrak und versetzte: 'Gnediger Herr, es war da Fehde.' Der Herzog: 'Es ist itzund noch nicht gut Friede; darumb mussen wir davon reden: Du mußt es mit dem Kragen bezahlen!' Eseborn: 'Das hoffe ich nicht. Geschicht mir etwas, so habe ich der Freunde noch so viele; die werden es wohl rächen!' Da zog der Herzog Wartislaw einen Hundestrick, den er in der Tasche hatte, hervor, machte eine Schleife darein und sprach: 'Harre (Warte!), kumm und kik my in dat lock! Ich mag mich mit deiner Freundschaft vertragen, wie ich kann.' Darauf hat er ihm die Schleife um den Hals legen lassen, hat ihn auf einen Klepper gesetzt, den Strick an einen Baum binden lassen und den Klepper mit der Peitsche angetrieben, daß er unter seinem Reiter weglief und Eseborn am Baume hängen blieb.„ (Nik. von Klempzen: Pomerania II.)

1491 wird die Hertesburg als „Slat" bezeichnet. 1524 bis 1529 hatten die Wustrower ihre Abgaben für Strand- und Binnenfischerei, 12 Schilling für 6 Stiegen Eier und 6 Pfund Butter, dorthin zu richten, „wann dar Knechte up sin." Ebenso hatten um 1600 die Alt- und Niehäger ihre Fälligkeiten für Strand- und Binnenfischerei an den Hauptmann von Prerow abzuführen. (Für die Viehweide auf dem Darß mußten die Althäger 12 Gulden nach Barth zahlen;

außerdem waren sie verpflichtet, den Graswuchs auf der „Schlodwiese" zu mähen, wie sie auch mit persönlichen Diensten zur Jagd herangezogen werden konnten.) Danach war die Burg um diese Zeit wenigstens zeitweise besetzt. Sie verlor jedoch ihre Bedeutung mehr und mehr und fiel nach und nach der Vergessenheit anheim. Die Herzöge von Stettin hatten andere Jagdgebiete und waren sich, wie die Berichte über den Münzfund von 1587 beweisen, über die frühere Bedeutung der Burg nicht mehr klar. 1618 und 1696 ist schon der Name verschollen. In der Schwedenzeit kümmerte sich keiner um die Burg. Ihr Gemäuer verfiel immer mehr. Man sah sie als herrenlos an und behandelte sie dementsprechend. Was an Steinen irgendwie noch brauchbar war, wurde in die steinarmen Nachbardörfer geschleppt, um hier zu Grundmauern verwendet zu werden. Noch einmal wird sie urkundlich erwähnt, nämlich 1720 bei der Schenkung des Königs von Schweden an das Adlige Frauenstift in Barth. Zu dieser Schenkung gehörten auch die Überreste der *„Herzburg bei Prerow, allwo etwas Heu zu werben sei."* Das ist der nüchterne Abschluß einer Jahrhunderte alten Burg, die erst befestigte Zollstätte, dann Jagdaufenthalt der Rügenschen Fürsten gewesen war. Schließlich wurden noch einmal alte Erinnerungen aufgefrischt, als man 1885 bei der Vergrößerung und Aufhöhung des Kirchhofs von Prerow einen Hügel südlich des Pfarrgehöftes abtrug. diese Erhebung führte im Volksmunde den Namen „Kellerbarch" und war ungefähr 4 m hoch. Man fand dabei - nach dem Berichte in Nr. 273 der Stralsundischen Zeitung vom 22. Nov. 1885 - ein massives Gewölbe aus großen Ziegelsteinen (29 cm lang, 14cm breit, und 9cm dick). Die Grundmauern bestanden aus kleinen Feldsteinen, die durch Lehmmörtel verbunden waren. Auf den Grundmauern lag eine eichene Sohle. Den Fußboden bildete eine 15 cm starke, fest gestampfte Lehmschicht. In der äußeren Sohle des Hügels fand man eine 7 Pfund schwere eiserne und eine 3 Pfund schwere steinerne Kanonenkugel und weiter im Innern einen 50 g schweren silbernen Sporn und einen Handgriff von einem scheinbar „ recht alten irdenen Topf". Schließlich entdeckte man auf den Grundmauern noch drei „Pulverminen" von 4 cm Durchmesser und über der einen Reste einer eisernen Platte und darüber eine Menge gut erhaltener Kohlen von „Fichtenholz". Man hielt damals diese Anlage für ein Vorwerk der Hertesburg, das nach 1354 gleichzeitig mit der Schleifung der Hertesburg in die Luft gesprengt sei. Andere rieten auf die Seeräuber, die sich hier unter den Trümmern begraben lassen wollten.

Der Prerower Strom ergoß sich bis 1840 in breiter Mündung weiter östlich, am späteren Damenbade, ins Meer. Auch scheint er durch den Papensee östlich der „Hohen Düne" zeitweise einen Auslauf zum Meere gehabt zu haben. In beiden Fällen hätte hier bei der Kirche eine Befestigung keinen Zweck gehabt. Näher liegt es, bei dem alten Gemäuer an die Überreste der alten Kirche zu denken, die bis zur Fertigstellung der neuen (im Jahre 1728) bestanden hat und in dieser Gegend gestanden haben muß. Kanonenkugeln findet man häufiger im alten Gemäuer von alten Gebäuden, besonders von Kirchen. Etwas rätselhaft bleiben die „Pulverminen". Jedenfalls fordert dieser Bericht geradezu dazu auf, bei solchen Funden auf alles zu achten und dabei Fachleute zu Rate zu ziehen, damit ein möglichst klares Bild entstehe. Die Größenverhältnisse der Ziegelsteine stimmen auffällig mit den Maßen des Steines von der Hertesburg überein. 1885 warf man in der Gemeindevertretung von Prerow die Frage auf: „Was ist Wahres an dem alten Festungswerk?" Der Gemeindevorsteher *Lange* verwies auf einen Aufsatz im „Wolgaster Anzeiger" v. 20. Nov. 1885 und auf Pastor *Hückstädt*. Dieser hat dann 1886 in den „Aphoristischen Nachrichten" (im Vorwort der ersten Auflage erwähnt) Nachrichten über die alte Burg gebracht, soweit sie ihm bekannt waren. Der Schulze Lange erzählte bei dieser Gelegenheit, er habe an der Stelle nur noch lose Steine und eine dünne Schicht Mauersteine mit Lehm vermischt gesehen.

Unter den Dünen am Bahnhof ist jedenfalls noch manches verborgen. Jedes Gemäuer, jede Hecke, jeder Zaun wird hier leicht vom Dünensande überweht und so zu Hügeln geformt

Die Schreibweise des Namens der Burg ist, wie bei den Namen in älterer Zeit überhaupt, recht schwankend. 1295: Hertheburg (1309 ein Hertesbergh anläßlich einer Grenzbestimmung bei Ziegenort im Kreis Ückermünde erwähnt), 1325: Hertesborg, Hertesburg, Hertzeborch, 1350/51: Hertzborch, 1354: Hertzeborg, 1387: Hertesborch, 1425: Hertzeborch, 1441 Hertesburg, 1453: Hertesburg, Herthaborg, Herteburg, 1491: Slat, 1587: Hirtsborg, 1618: Haselborg, 1696: Hassenborg (so auch 1806 auf der Karte von Reimann), 1720: Herzburg.

Es ist wohl an der Zeit, daß diese alte, vielgenannte geschichtliche Stätte in den Allgemeinbesitz übergeführt wird.

6. KIRCHLICHES

Aus der katholischen Zeit fehlen bisher jegliche Nachrichten. Nur finden wir eine Anmerkung über die Fremdenfürsorge im 14. und 15. Jahrhundert, veröffentlicht im Greifswald-Stralsunder Jahrbuch 1963 durch *Hellmuth Heyden: „Die Fürsorgearbeit insbesondere des Hospitalwesen in Pommern bis zum 16. Jahrhundert."* Dort lesen wir: Im 14. und 15. Jahrhundert waren für die Fremdenfürsorge gewisse organisatorische Formen erkennbar. Männer und Frauen taten sich in Elendsbruderschaften an wichtigen Orten der größeren Verkehrsstraßen zusammen, z. B. in Altenhagen, Sagard, Wieck, Bergen, Richtenberg, Voigdehagen, Prerow.

Die wichtigste und ergiebigste Quelle bilden die Prerower Kirchenbücher. Sie sind auch sonst für den Heimatforscher eine reiche Fundgrube. Das hat seinen Grund nicht nur darin, daß die kirchlichen Nachrichten bis 1589 zurückreichen, sondern daß sie neben den Verzeichnissen der Taufen, Trauungen und Sterbefälle auch eine Menge von Bemerkungen enthalten, die für die Heimatforschung außerordentlich wertvoll sind. Wenn auch die Pfarrer vom Binnenlande stammten und sich wohl nicht so leicht in das Leben an der sturmumbrausten Küste finden konnten, so haben sie doch z. T. regen Anteil an dem Schicksal ihrer Pfarrkinder genommen, an der Fischerei und später an der Schiffahrt. Die Kirchenbücher von Prerow gehören nicht nur zu den ältesten ihrer Art in Pommern, sondern auch zu den reichhaltigsten.

Einige Pastoren haben auch versucht, eine Geschichte des Kirchspiels zu schreiben. So begann 1826 Pastor *Schulz* ein „Memorabilienbuch" anzulegen. Schon früher verliehen einige Pfarrer den trockenen Registern Fleisch und Blut durch allerlei Rand- und Nachbemerkungen. Leider blieb es bei dem ersten Anlauf. Sie erlahmten bald und legten sich, besonders in den ersten beiden Jahrhunderten, mehr auf wetterkundliche Beobachtungen, als auf Orts- und Kirchengeschichte. Dazu kam der häufige Wechsel in der Pfarre, so daß sogar in den kirchlichen Nachrichten Lücken entstanden.

Das Kirchenbuch selbst wurde im Jahre 1682 vom Pastor *Bernhard Lüschow* begonnen. Den Verzeichnissen für die vorhergehenden 100 Jahre lagen Aufzeichnungen seiner Vorgänger zu Grunde. Diese enthielten zunächst nur die Trauungen. Vom Jahre 1611 finden wir dann neben den „Hochzeiten" auch die „Taufen" und „Begräbnisse". Handschriftlich am ältesten ist das Register für Einnahmen und Ausgaben vom Jahre 1638. Es stammt vom Pastor *Matthias Sager*.

Damit kommen wir zu den Pastoren. Das Besetzungsrecht stand dem Fürsten zu, anfangs also den Herzögen von Pommern-Wolgast, dann den Herren von Stettin, später dem König von Schweden. Im Kirchenbuche versuchte man mehrmals, Namen und Amtsdauer der Pfarrherrn festzustellen. Der erste ordentliche Geistliche, der sich für Prerow nachweisen läßt, ist *Matthias Lohstöter*. Er tritt von 1578 bis 1586 in den Barther Synoden auf. Küster war zu seiner Zeit *Arend Pryon*. Der Küster wohnte damals noch neben dem Pfarrer auf dem Kirchenort und verlegte später, wohl nach der großen Sturmflut von 1625, seinen Wohnsitz auf das gegenüberliegende Ufer des Stroms ins Dorf Prerow (Krugberg, Drümpel). Vor Lohstöter wirkte hier, ob als Prediger oder als Vorsänger, ist nicht nachgewiesen, *Peter Hankau*. Das Kirchenbuch meldet von ihm: *„Er war ein alter Mann, auf Krücken gegangen und seines Handwerks ein Schneider gewesen."* Er soll von 1536 bis 1560, also nach der kirchlichen Umwälzung durch die Reformation, in Prerow tätig gewesen sein. Ihm folgte *Vierckau* (Vierau? Vierow?), der dasselbe Handwerk betrieb. Lohstöters Nachfolger war *Daniel Soldeke*. Er wird 1588 und 1593 in den Barther Synoden erwähnt. Seine Amtsdauer währte bis 1610. Von 1611-1624 wirkte hier *Joachim Albrecht* (Alberti). 1619 bat er um eine Unterstützung oder um Beförderung in eine andere Pfarre, *„weil die Wiesen und was sonstan einigem Acker vorzeiten zum Pfarrhause belegen gewesen, durch Wetter und Wind mit Sand überhäuft und durch die vielfältigen großen Wasserflüsse so verderbet, daß nicht allein kein Heu und Futter fürs Vieh, auch nicht das geringste Korn zu erbauen oder sonst im Kirchspiel zu haben."*

Der nächste Pfarrer war *Hermann Clyanus* (auch Clian oder Klie). Er waltete seines Amtes in Prerow von 1625 - 1638, wo er sich 1625 mit *Katharina Wüstenberg* trauen ließ. (Bei der Grenzstreitigkeit von 1578 tritt ein Barther Ratsherr, namens *Hermann Klie* auf. Vielleicht war er der Vater des Prerower Pastors.) 1638 ging er nach Tribom (heute: Tribohm). (Von 1638-1640 setzen die kirchlichen Nachrichten aus.) Nach ihm folgte *Matthäus* (Matthias) *Sager* (1638?) bis 1679. 1647 starb ihm in Prerow sein Söhnlein Alex. 1648 vermählte er sich nochmals, und zwar mit *Anna Wiedau* aus Stralsund und 1665, nach dem Tode seiner zweiten Gattin, zum dritten Male mit *Anna Margareta Jörgens* (Joriek). Sein Nachfolger wurde *Johann Bernhard Lüschow*, der erste Kirchenchronist. Dadurch, daß er des „Sehligen Sageris Witwe" heiratete, gelangte er in den Genuß der Pfarrstelle, die er von 1680 - 1694 inne hatte. Er wurde am 1. Okt. 1694 in der Kirche bestattet. Am 23. Trinitatissonntage 1695 wurde dann *Michael Schütt* Pastor. Schon im Jahre 1702 mußte ihn die Gemeinde begraben. Noch weniger wissen wir von dem nächsten Pfarrherrn, von *Andreas Ulrici* (1703 - 1713). Bedeutsamer war dann die Wirksamkeit von *Martin Henrici* aus Stralsund (1713 - 1768). Er war der Erbauer der jetzigen Kirche und der Begründer einer kleinen Kirchenbücherei. Während der Belagerung Stralsunds verwaltete er vorläufig die Predigerstelle in Elmenhorst, weil der dortige Pfarrer *Willichems* im Nordischen Kriege in der Festung eingeschlossen war. Henricis Bildnis und selbstverfaßter Lebensspruch befinden sich noch in der Kirche. Dieser lautet:

„Ich baute Kirch´ und Haus, ich baute mir ein Grab.
In erster lehr´ ich noch, im andern ich noch wohne,
Im letzten hoff´ ich Ruh´, wenn ich geleget ab,
So Leben wie den Leib und warte auf die Krone."

Sein Grab wurde ihm unter dem Kirchenstuhl der Predigerfamilie, der Kirchentür gegenüber, bereitet. Amtsnachfolger wurde *Joachim Gottfried Buchholz*, sein Schwiegersohn, seit 1748 Gehilfe, seit 1768 Pastor. Er stammte aus Arensberg in Mecklenburg und starb 1777. Von 1778 - 1789 war *Carl Friedrich Iversohn* Seelsorger des Prerower Kirchspiels. Aus Saatel gebürtig, wurde er 1778 vom König Gustav III. von Schweden berufen. Um die Darßer Armen zu beschäftigen, machte er Vorschläge zur Errichtung einer Spinnereianstalt und erbot sich freiwillig, fürs erste die Leitung zu übernehmen. *Iversohn* gehörte zu den Vorbestellern der Schwedisch-Pommerschen Staatskunde von Gadebusch aus dem Jahre 1786, ein Beweis für seine geistige Regsamkeit. Mit Rücksicht auf seine Verdienste „geruhte S.M. der König, seiner Witwe ein doppeltes Gnadenjahr zu bewilligen". Sein Nachfolger war *Johann Friedrich Heinrich Schröder* aus Roebel in Mecklenburg. Er wurde 1790 „durch Verordnung des Generalgouverneurs Fürsten von Hessenstein und der Königlichen Regierung" zum stellvertretenden Pastor ernannt und 1792 als ordentlicher Pastor eingeführt. Er bekleidete dieses Amt bis zu seinem Tode 1812. Dann lernen wir einen Mann kennen, der in der Lebensgeschichte E.M. Arndt´s im Roman und in der Sage eine Rolle spielt: *Joachim Gottfried Danckwardt* aus Barth, seit 1788 Prediger in Bodstedt, vom erste Fastensonntage 1813 stellvertretender und vom 1. Januar 1814 ordentlicher Pfarrer in Prerow. Eine ausführliche Würdigung dieses Lehrers unseres berühmten Freiheitsdichters aus der Feder *Dr. Gülzow´s* steht im Darßheft der Zeitschrift „Unser Pommerland". Daß die Sage diesem anerkannt tüchtigen und tapferen Mann so übel mitgespielt hat, liegt an der zweifelhaften Rolle, die ihm Galen (Lange) in seinem Roman „Nach 20 Jahren" zuteilte. In dieser rührseligen und langatmigen Liebesgeschichte wird er, wie verschiedene damals lebende Darßer, mit Namen genannt. Dieser Roman wurde anscheinend hierzulande viel gelesen und legte die Grundlage zu den Sagen, die Prof. Haas in demselben Hefte und auch in den Heimatbeilagen des Barther Tageblattes und der Stralsundischen Zeitung veröffentlichte. Als Danckwardt 1825 starb, wurde *Ludwig Ulrich Schulz* Pastor in Prerow. Er war der Erbauer des Pfarrhauses und hinterließ nach dem Vorbilde des Kirchenerbauers eine längere Widmung, die noch heute in der Sakristei zu lesen ist. An der Südseite derselben wurde er 1842 begraben. Danckwardts Grab befand sich an der Nordseite. Damit schließt die Reihe der älteren Pfarrherren.

Von den neueren Pfarrern verdient besonders Pastor *Hückstädt* hervorgehoben zu werden: Mit „De Bildungsreis" trat er 1885 in die Reihe der plattdeutschen Dichter. Seine Vorgänger waren nach Pastor Schulz: *Rassow, Balthasar, Ahlbory, Runze*; seine Nachfolger: *Geese, Horn, Klamroth, Burscher, Scheske*.

Die Pfarre.

Ursprünglich waren alle Ortschaften der Halbinsel Darß und der Insel Zingst mit Kirr und Oie nach Prerow eingepfarrt. Pramort jedoch nicht, wenn auch hin und wieder eine Leiche von dort in Prerow begraben wurde. Besonders erwähnt wird stets Darßer Ort, der Sitz der Teerbrennerei. Von der abgelegenen Oie hatten die Pastoren nur Ärger und wenig Einnahmen. Unter Sager und Lüschow wurde den Bewohnern gestattet, sich in dringenden Fällen nach Barth, seit Danckwardts Zeit mit besonderen Amts-verrichtungen nach Bodstedt zu wenden. Ähnlich war es mit Ah-renshoop, wo die Leute gegen ein Abstandsgeld nach dem näher gelegenen mecklenburgischen Kirchdorfe Wustrow gehen durf-ten. Unter Lüschow war deswegen ein heftiger Streit ausgebro-chen, weil man den Ahrenshooper Förster *Michel Möller* 1671 in Wustrow begraben hatte.

1856 wurde auf dem Zingst ein neues Kirchspiel errichtet.

Die Kirche zu Prerow

Es ist kein Zufall, daß sich das Gotteshaus auf der Zingster Seite befindet. Dieser Umstand hat wohl darin seinen Grund, daß die mit der kirchlichen Versorgung betrauten Mönche ihren eigenen Besitz als besten Anlageplatz für den Bau einer Kirche ansahen und darum sich veranlaßt fühlten, jenseits des Stromes zu bauen. Der Bau der neuen Kirche wurde unter Henrici 1726 begonnen und 1728 vollendet. Am 13. Sept. d. J. fand in dem neuen Gottes-hause die erste Kindtaufe statt. Es war zuerst mit Fachwerk er-richtet. Nach und nach wurden die Mauern mit Steinen aufge-führt, wie auch der Beichtstuhl (Sakristei) aus einer jüngeren Zeit herrührt. Das Holz schenkte die Regierung aus dem nahen königlichen Walde. Die übrigen Kosten wurden aus Kirchenmitteln und durch freiwillige Beiträge aufgebracht. Das neue Gebäude erwies sich als notwendig, weil das alte baufällig und für die wachsende Gemeinde zu eng geworden war. Die alte Kirche stand etwas östlich von der neuen. Zur Zeit Pastor Danckwardts waren noch Fundamentsteine davon zu sehen. Sie lag wahrscheinlich auch tiefer, denn 1694 stand sie bei „einer Sturmflut" eine halbe Elle im Wasser. Sie maß mit den Abseiten 28 x 17 Ellen und besaß, wie die neue Kirche, einen hölzernen Turm. Von den beiden Kirchenglocken ist die kleinere noch vorhanden. Sie wurde Maria Anna genannt und soll eine Arbeit aus der katholischen Zeit sein. Bei der Beerdigung der alten Kirchhof´schen von Zingst im Jahre 1749 barst sie „ganz plötzlich" und wurde darauf anscheinend im folgenden Jahre umgearbeitet. Die Umschrift zeigt die Namen der Pastoren Henrici und Buchholz, des Gießers *Schultz* aus Rostock und der Kirchenvorsteher *Jochen Scharpenberg* von Wieck, *Peter Steinort* von Zingst, *Hermann Schütte* von Born und *Jochen Niemann* von Prerow. Die größere Glocke soll 1667 in Stralsund umgegossen worden sein. Sie sprang ebenfalls im Jahre 1749 entzwei und ist anscheinend 1781 erneuert worden. Sie trug die Namen des Pastors *Iverson* und der Kirchenvorsteher *Jochim Scharnberg*, *Johann Gottschalk* und *Jochim Niemann*. Diese Glocke fiel dem 1. Weltkrieg zum Opfer. Der Gesang wurde zunächst auf einem „Positiv" begleitet. Seit 1742 besitzt die Kirche eine Orgel. Über dem Eingang befindet sich ein merkwürdiges Bild von einer Schiffsstrandung. Im Dezember 1690 strandete am Darß ein dänisches Schiff, wobei die Besatzung ertrank. Einer der Ertrunkenen hieß *Johann Hinrich Becher*. Zu seinem Andenken stiftete der Vater das Bild mit der frommen Inschrift. Es ist wohl das einzige Stück, welches noch an das alte Gotteshaus erinnert.

Die Prerower Kirche gehörte auch zu den Kirchen Neuvorpommerns und Rügens, *„aus deren Mitteln zur Unterstützung unvermögender Seminaristen des Schulmeister - Seminars Beitrag geleistet wird"*.

Das Prerower und das Zingster Kirchspiel 1868

	Einnahmen	Ausgaben	Bestand	Aktienkapital
Prerow	1911 Tlr.	1823 Tlr.	168 Tlr.	7456 Tlr.
Zingst	580 „	530 „	50 „	940 „

Das Zingster Pfarreinkommen war mit 502 Talern das geringste im Franzburger Kreise.

Im Winter 1933/34 wurde das Innere der Prerower Kirche erneuert. Vor der eigentlichen Arbeit wurden die vor hundert Jahren zu beiden Seiten des Altars eingebauten Emporen entfernt, da sie den Altar einengten und das Taufgestühl verdeckten. Dadurch bekam das Gotteshaus ein ganz anderes Aussehen: Seine Weite und Größe gelangte voll zum Ausdruck. Auch die Akustik gewann dabei. Vor allem aber beherrscht jetzt der barocke Kanzelaltar, einst von *Elias Keßler* in Stralsund angefertigt, den ganzen Raum, und das schöne barocke Taufkapellchen, ebenfalls von einem Sralsunder Meister gearbeitet, wird dem Besucher sichtbar. Kanzelaltar wie Taufkapelle wurden in würdiger Weise wieder hergestellt und vor dem Verfall gerettet. Die viel zu lange Kanzelbekleidung nahm man ab und polstere dafür die Kanzelbrüstung in schlichtem Grau. Der klobige, kastenähnliche, viel zu große Altarumbau wurde verkleinert und die Vorderansicht mehrfarbig gestrichen. Das Bild des Erbauers der Kirche, des Pastors Henrici, fand an der Südseite der Kirche seinen Platz, während die Chroniktafel, auf die der Pastor Schulz vor hundert Jahren die Geschichte des Umbaus geschrieben hatte, in die erneuerte Sakristei kam, so daß nun die Altarwand völlig frei ist. Die beiden Kronleuchter aus Glas und Bronze wurden tiefer gehängt, um ihre Schönheit besser zur Geltung zu bringen. Dazu stattete man die Kirche mit elektrischer Beleuchtung aus, die dem Innenraume ein mildes, trauliches Licht verleiht. Die drei Schiffe, Stiftungen Darßer Schiffer, wurden in monatelanger Arbeit von Prerower Seeleuten mit großer Mühe und Sorgfalt unentgeltlich instand gesetzt und bilden jetzt wieder einen auserlesenen Schmuck der alten Seemannskirche. Um die Zersetzungsspuren der Aufklärungszeit zu verwischen, mußte die eintönige Eichenfarbe, in der die Kirche vor Jahrzehnten gestrichen worden war, verschwinden. Für den Neuanstrich bildeten die Farbtöne im Kanzelaltar die Grundlage. Aus diesem Grunde wählte man für die Tonne, Decke und Wände einen weißen, für das Gestühl einen blauen und für die Sitzflächen und Pfeiler dagegen wieder einen grauen Ton. Die Fassaden an den Chören wurden in gleichen Tönen mehrfarbig abgesetzt, wozu ein Schwarz kam, in das goldene Sterne gemalt wurden. Die Orgel und die Fenster, sowie die Türen und die Holzteile im Vorraum und in der Sakristei haben einen rotbraunen Ton erhalten.

So entstand ein farbenprächtiges Bild.- Wenn man aus dem Vorraum mit seiner buntgemalten Decke in die Kirche tritt, hat man den Eindruck ruhiger Würde, die zur Sammlung einlädt. So ist es ein Gotteshaus von schlichter Schönheit und gemeindlicher Traulichkeit geworden, auf das die Gemeindemitglieder stolz sein werden.

Die Instandsetzungsarbeiten am Altar wie die Ausmalung der Kirche leitete ein auserlesener Künstler, der Architekt *Hopp* in Born. Alle Arbeiten führten einheimische Handwerker aus. Die Kosten - 1.800 Mark - wurden durch Sammlungen und Stiftungen aufgebracht, da bei der Schuldenlast der Gemeinde andere Mittel nicht zur Verfügung standen.

Born
Seit 1935 besitzen die Borner ein eigenes würdiges Gotteshaus mit einer anheimelnden Innenausstattung. Die 1898 errichtete Hilfspredigerstelle ist wieder eingegangen. (*Gottfr. Holtz*, Kirchen auf dem Land, die Dorfkirchen in Mecklenburg, Seite 166-168)
Das Holzkirchlein mit dem Rohrdach vertritt im 20. Jhrh. einen neuen Typ im heimischen Kirchenbau (1936 von *Bernh. Hopp* erbaut.)

1951 hat auch Ahrenshoop ein „Schifferkirchlein" erhalten. Es ist ein Holzbau, dessen Gestühl 90 Besuchern Platz bietet. Nach dem Prerower Vorbild hat man Modelle von Segelschiffen aufgehängt. (Einer der eigenartigsten Kapellenbauten der Gegenwart, 1951 durch *Hart Hämer* erbaut. Den Altarraum schmücken zwei Schiffsmodelle, der Altar selbst verzichtet auf malerischen und plastischen Schmuck und wirkt nur durch das geschriebene Wort und das Zeichen des Kreuzes.)

Das jetzige Prerower Pfarrhaus wurde unter Pastor *Schulz* erbaut. Das alte stand auf der Stelle, wo sich heute die Pumpe befindet. Altes Pfarrhaus und alte Kirche lagen also näher beisammen. Das alte Pfarrgebäude war 1724 erbaut worden. Es umfaßte 8 Gebinde. Das Alter der Eibe im Pfarrgarten wird auf 600 Jahre geschätzt. Danach stammt sie aus der ersten Zeit der Besiedlung. In den Kirchenbüchern wird sie nicht erwähnt. Dafür erfahren wir von der Pflanzung von Haselnußsträuchern, Weiden und Pappeln und dergleichen. Sogar, daß 1785 drei selbstgezogene Eichbäumchen gesetzt wurden, wurde für wert befunden, der Nachwelt überliefert zu werden.

Der Kirchhof befindet sich alter Sitte gemäß unmittelbar neben dem Gotteshause. Vor 40 Jahren (um 1894) machte er mit seinen alten Grabsteinen und seinem dichten Baum- und Strauchwuchs einen zwar etwas verwilderten, aber recht urwüchsigen Eindruck. Er ist mehrmals erweitert worden, zum ersten Male nachweisbar 1831 wegen der Choleragefahr, die von den Hafenstädten her drohte. Für alle Fälle wurde im Nordwesten ein besonderer Begräbnisplatz angelegt und mit einem „achtfüßigen" Graben umgeben. Glücklicher Weise brauchte von dieser Einrichtung kein Gebrauch gemacht zu werden. Schlimmer war es 200 Jahre früher, als 1629 „die Pest grassierte", woran 134 Darßer und Zingster starben. Sonst weist im Kirchenbuch nichts auf den 30jährigen Krieg hin. Im Nordischen Krieg (1710 - 21) vergrub man die Kirchenlade mit dem Kirchengelde, den Büchern und Papieren wie zuvor im Kriege Schwedens gegen den Großen Kurfürsten (1675 - 79). Während des Siebenjährigen Krieges, 1761, ertrank ein preußischer Husarenunteroffizier im Strome. Vermutlich war das einer der Bellingschen Streifschar, welche die Schweden in Schach hielt. In der Franzosenzeit, im Jahre 1807, starb ein französischer Soldat der in Prerow in Garnison liegenden feindlichen Truppen. 1812 wurde wieder ein französischer Soldat auf dem Prerower Kirchhof beerdigt. Die letzte Vergrößerung fand 1885 unter Pastor Hückstädt statt. Bei dieser Gelegenheit wurde der bereits erwähnte „Kellerbarch" abgetragen.

Vor einigen Jahrzehnten erhielt der Kirchhof dadurch einen ehrwürdigen Schmuck, daß man die am besten erhaltenen alten steinernen Grabdenkmäler ehemaliger Darßer und Zingster Schiffer rund um das Gotteshaus aufstellte. Früher benutzte man sie, wenn sie ausgedient hatten, als Steinplatten für die Einfahrt oder zu Eingangsstufen der Kirche und im Dorf.

Über die „Kirchenzucht", jahrhundertelang mehr oder weniger streng geübt, wissen die Kirchenbücher manches zu erzählen. Die Matrikel von 1744 enthält folgende Strafbestimmungen: Ein Hurenkind (uneheliches Kind) zu taufen = 1 Reichstaler, Absolution und Pönitenzgeld (Strafgeld) ebenfalls 1 Reichstaler. Damals standen diese Strafgelder schon mehr auf dem Papier: Früher war man strenger. Vor allem brandmarkte man die Fehltritte im Kirchenbuche. Das Gleiche geschah mit kirchlichen Vergehungen und Versäumnissen. 1611 begrub man den alten *Jakob Torke „ohne Zeremonie, wegen das er in 6 Jahren nicht zum Tisch des Herrn gewesen".* 1701 kamen als Buße für die Entheiligung des Sonntags von 4 Leuten ein: 1 Reichstaler, 8, 16 und 6 Schillinge. 1743 bestattete man die alte *Marie Kraeft* ohne Gesang. Als „Saufmarie" übel beleumdet, war ihr Sündenregister ziemlich voll geworden. Gelinder kennzeichnet man den Fehltritt eines adligen Fräuleins, daß sich 1741 einige Wochen in Ahrenshoop aufhielt und dort eines Knäbleins genas. Rückschlüsse auf die sittlichen Zustände erlauben die im Kirchenbuche angeführten Fälle wohl nicht. Dazu fehlen die Vergleiche mit anderen Kirchspielen. Infolge der Leibeigenschaft sah es in Schwedisch-Pommern bezüglich der ehelichen Geburten nicht besonders gut aus.

Der Kirchenort
Auf diesem Gelände zwischen Strom und Düne befanden sich ursprünglich nicht nur die Kirche mit dem Friedhof und das Pfarrgehöft mit weitläufigen Wirtschaftsgebäuden, sondern dort wohnten auch Siedler. 1532 waren neben der Pfarre 4 Wohnstätten vorhanden. Bei der großen Sturmflut von 1625 wurden sie jedenfalls so mitgenommen, daß die unglücklichen Bewohner ihre zerstörten Häuser nicht wieder aufzubauen wagten. Scherben von Tongefäßen, blaugraue, unglasierte mit Gurtfurchen und mit Bleiglasur versehene jüngere Scherben neben Grapenfüßen (von Tontiegeln) aus dem 15. Bis 17. Jahrh. deuten heute noch an, daß hier Menschen gehaust haben, wo jetzt der Wind mit dem Dünensande spielt. Kümmerlich genug wird das Leben dieser Kirchenortsbewohner gewesen sein. Gefundene Angelhaken deuten auf Erwerb durch Fischfang hin. Ihr Land wurde später zum Pfarracker geschlagen, den heute kein Mensch fände. Denn es war die Fläche zwischen Pfarrgehöft und Friedhof im Süden und Dünen im Norden. Nur eine dünne Ackerkrume gibt noch einen schwachen Schimmer von der einstigen Beschaffenheit, und die Pfarrherren haben Jahrhunderte hindurch mit Recht darüber geklagt, daß Wasser und Wind den Boden immer dürftiger machten. Ihre Ackerwirtschaft schmolz deshalb immer mehr zusammen. 1716 hob Henrici bei dem Tode des „alten Hauenstein" lobend hervor, daß er 26 Jahre lang unter 4 Pastoren auf „der wiedem", dem pastorlichen Gehöft, treu gedient habe.
Der Verkehr mit der Halbinsel Darß erfolgte durch die „Fähre", mit dem „Kirchenboot". Das Fährgeld betrug 1/2 Schilling (1 Schilling = 12 Pfennig). 1730 trieb das Fährboot bei einer „Sturmflut" weg und wurde *„bey Peter Kräfts Wische mitten im Holz auf trockenem Lande wiedergefunden und mit 23 Mann bei dem darauf fallenden Froste über Eiß wieder hergebracht."* 1782 sank das überladene Boot. Alle Fahrgäste, 17 Personen konnten sich retten, aber der Fähr-

mann *Michel Zage* ertrank. Diese Fähre benutzten 1809 zweimal mecklenburgische Offiziere, als sie sich nach der Niederlage durch Schills Truppen bei Damgarten auf der Flucht befanden. Das erste Mal kamen sie über die Fähre, um über den Darß nach Mecklenburg zu entfliehen. Das zweite Mal brachten Schillsche Soldaten sie als Gefangene zurück nach Stralsund. Die Darßer Einwohner waren ihnen nicht sehr freundlich gesinnt. Über die Örtlichkeiten war sich *Scriba*, der diesen Zug geschildert hat, nicht ganz klar geworden, so daß man nicht recht weiß, ob er mit dem „großen Dorfe hart an der Ostsee", wo sie gefangen genommen wurden, Born oder Ahrenshoop meint. Alle angegebenen Umstände sprechen mehr für Ahrenshoop, die Zeitangaben jedoch mehr für Born.

1837 wurde an der Fährstelle eine hölzerne Brücke mit zwei Zugklappen errichtet. Sie war 260 Fuß lang und 14 Fuß breit und verursachte 1.344 Taler Baukosten. Davon trug der Staat den Hauptteil, nämlich die Holzlieferung und 500 Taler. 200 Taler steuerte die Prerower Kirche bei und den Rest die Darßer Dorfgemeinden. 1867 brachte sie als einzige Einnahme 165 Taler Pacht ein bei einem angesammelten Unterschuß von 2.000 Talern. 1874 ersetzte man die Brücke durch einen festen Damm. Noch 1 1/2 Jahrzehnte lang erhob man ein „Brückengeld", wovon die Kirchgänger befreit waren.

7. SCHULWESEN

Von der Reformationszeit an bestanden in den Kirchdörfern sogenannte Küsterschulen, wo die Küster den Kindern den Katechis-
mus, Gebete und wohl auch, soweit sie es vermochten, etwas Lesen beibrachten. In den anderen Orten gab es Nebenschulen, die
von Schulhaltern betreut wurden. So war eine Küsterschule ursprünglich nur in Prerow, in den übrigen Dörfern befanden sich
Nebenschulen. Viel kam bei dem Betriebe nicht heraus; denn die
Küster, wie die Schulhalter waren nicht fach- und sachgemäß vor-
gebildet, sondern vielfach Handwerker, meist Weber oder Schneider, die den Unterricht nebenbei betrieben. Außerdem gab es
keine allgemeine Schulpflicht. Auch bezahlte man diese Schul-
meister ganz erbärmlich. Die Schulaufsicht übten die Geistlichen
aus. So heißt es in der Matrikel von 1751: Der Pfarrer muß die
Schüler öfters besuchen und auch auf den Lebenswandel der
Schulhalter achten. Als nun die Schiffahrt aufblühte, wird das
Aufsagen von Gebeten und notdürftiges Lesen nicht mehr genügt
haben, und man mußte notgedrungen auch andere Fächer hinzu-
nehmen, zum mindesten Schreiben und Rechnen. Die preußische
Regierung führte 1825 auch für Neuvorpommern und Rügen die
allgemeine Schulpflicht ein und bestimmte, daß ein Lehrer nicht
mehr als 100 Schüler unterrichten solle. Grundlegend besserte
sich die Schulbildung auf dem Lande erst durch die Gründung
des Schullehrerseminars zu Greifswald, worin wirkliche Lehrer
herangebildet wurden. Und einen besonderen Aufschwung erlebte das ländliche Schulwesen nach der Reichsgründung durch die
allgemeinen Bestimmungen von 1872. Gerade unsere Küsten-
und Stranddörfer erfreuten sich damals und später eines besonderen guten Rufes. Aus den Kirchenbüchern ist ersichtlich, daß
sämtliche größeren Ortschaften seit dem 18. Jahrhundert einen
oder mehrere Schulmeister hatten.
1780 finden wir in Born einen Schulmeister *Voß*, der 1795 starb. In
demselben Jahr wird Matrosenschulmeister *Peter Rose* erwähnt,
der wohl als Vorläufer der Navigationsschullehrer auf das

69

Steuermannsexamen vorbereitete. (Peterson wurde schon erwähnt.) 1855 starb Schulmeister *Meier*, 1857 Schulmeister *Heitmann* und im selben Jahr dem Lehrer *Wolff* ein Söhnlein. Ahrenshoop wie Bliesenrade scheinen erst im 19. Jahrhundert eine Schule und Lehrer gehabt zu haben. 1831 wirkte *Jörk* in Bliesenrade, 1833, 1840 *Ernst* in Ahrenshoop. 1823 fehlte dort noch ein Schulhaus, dessen Bau aber als notwendig angesehen wurde. In Wieck taucht 1710 *Ludwig Schütt* als Schulmeister auf, 1806 *Johann Christoph Meyer*.

In Prerow erscheint 1667 Custodis *Jakob Müller*. Dann versah über 60 Jahre das Küsteramt der mit Kindern reich gesegnete *Christoph Elert*. Er starb 1786 im 87. Lebensjahr. 1771 begrub man den Organisten *Gustav Schmidt*, den Stammvater eines weitverzweigten Lehrer- und Seemannsgeschlechtes. Nachfolger war sein Sohn *Johann Christoph Schmidt*. Bei seinem Eintritt in den Ruhestand 1826 nach 54 jähriger Dienstzeit erhielt er bei einer ehrenvollen Feier für seine Verdienste das Allgemeine Ehrenzeichen und eine Pension von jährlich 50 Mark (!). Ihm folgte sein Sohn *Johann Gustav*, der 1823 als „Küsteradjunkt" ein Kind taufen ließ. Er sattelte später um und verwaltete nacheinander wichtige Gemeindeämter. Zu seiner Zeit wirkt hier noch der Lehrer *Hückstädt*, gestorben 1857.-

1841/42 erbaute die Gemeinde das neue Schulhaus in der heutigen Schulstraße und errichtete dort eine 2. Schule. Wegen Überfüllung mußte 1872 ein Anbau erfolgen und 1877 führte man die 3. Schulklasse ein. Zum Schulhausbau 1841/42 lieh sich die Gemeinde 500 Taler. Das älteste Schulhaus stand im Köstergang zwischen Drümpel und Kraugbarch. Dann baute man das Küster- und Schulhaus am Anfang der Hafenstraße.

Zingst

1710 ließ sich der Schulmeister *Klaus Bartels* mit *Trin Wilken* trauen. 1725 wurde dem Schulmeister *Zöhlmann* ein Töchterlein geboren. 1750 wollte *Johann Arens*, ein Fremder aus Velgast, „als Schulmann agieren." 1800 gab es einen Schullehrer namens *Johann*

Ahrend Wilken, sein Vater war Regimentssattler in Pasewalk. 1807 und später unterrichtet hier *Kuß*, gestorben 1815, 47 Jahre alt. 1825 starb Lehrer *Willich* aus Rostock, 50 Jahre alt. 1826 heiratete *Wilhelm Theodor Schmidt* die Tochter des Prerower Organisten *Johann Gustav Schmidt*. 1836 begräbt man den Privatlehrer *Ephraim Foerster*. 1850 sind 2 Elementar - Kinderschulen verzeichnet. Am 29. März 1876 legte man mit entsprechenden Feierlichkeiten den Grundstein zum neuen Schulhause, nachdem das alte durch die Sturmfluten von 1872 und 1874 fast unbewohnbar geworden war. Lehrer waren damals: *Berg, Peters, Thode*; Ortsschulinspektor *Pastor Haack*.

Sundische Wiese

1710 *Ludwig Schütt*. 1735 starb *Abraham Kirchhoff*, Schulmeister in der Wische! 1737 ließ sich dessen Sohn gleichen Namens und Nachfolger des Vaters trauen. 1749, als man seine Mutter beerdigte, barst die kleine Kirchenglocke, 6 Tage später die große. 1784 ließen *Friedrich Kuß* und seine Ehefrau *Sophie Kirchhoff* ein Kind taufen. Friedrich Kuß hat sich wohl wie damals üblich eingeheiratet. Um 1800 wirkte hier Lehrer *Auerbach*, 1814 *Ludwig Schütt*, 1834 *Zobel*.

Zustände von 1864 /67   Schulinspektion Prerow

Ahrenshoop:	Landschule: Lehrer *Ch. H. Ernst*, Gehalt 200 Taler
Born mit Bliesenrade:	4 - klassige Landschule, Lehrer *C. Fr. Wolff* (einstweilig) *I. H.Th.Peters.*
Vorschule:	*C. Fr. Th. Mildahn* (einstweilig)
Lehrerinnen:	*F. Ladwig*, Vorschule: *C.H. F. Meyer*, Gehälter: 240, 210, 120, 130 Taler.
Wieck:	3 klassige Landschule, Lehrer: *E. Weidemann*, (später Knull) Mädchenschule 1864 unbesetzt
Vorschule:	Witwe *Wahl*. Gehälter: 120, 120, 120 Taler.
Prerow mit Darßer Ort:	2klassige Küsterschule: Lehrer *C. Ch. Kahlemann* und *I. Th. Fr. Freese.*
Mädchenschule:	Frl. *Emma I. B. C. Hagemeister*. Gehälter: 270, 345 Taler.

Schulinspektion Zingst

Zingst mit Müggenburg, Gr.- und Kl. Kirr, Oie und Straminke:

	4 kl. Küsterschule: Lehrer 1. Schule, Küster *G. Berg*
	2. „ *Fr. Auerbach*
Mädchenschule:	Lehrerin *Frl. Bandschneider,*
Privatschule:	*E. M. Mehl.*
	Gehälter: 290, 180 Taler für Lehrer,
	170, 150 Taler für Lehrerinnen.
Müggenburg Vorschule:	Schulhalterin *Frau Holtz.*
Sund. Wiese:	Lehrer *Ch. Fr. Frank.*

Zustand 1893

Kirchspiel Prerow:	Ortsschulinspektor *Pastor Geese*
1) **Ahrenshoop:**	1 klassig; *Prohn;* Patron: der König
2) **Born:**	✶ 4 klassig; *Harder, Peters, Wiedemann;* Patron: die Schulgemeinde
3) **Prerow:**	3 klassig; *Berg, Knull, Haß;* Patron: der König
4) **Wieck:**	3 klassig; *Wahl, Mack, Mundt;* Patron: der König

Kirchspiel Zingst: Ortsschulinspektor *Pastor Krause*

1) **Zingst:**	6 klassig; *Peters, Bendschneider;*
	Lehrerin: *Bussert, Kootz, Brinkert;* Patron: der König
2) **Müggenburg:**	1 klassig; *Persson;* Patron : der König
3) **Sundische Wiese:**	1 klassig; *Frank;*
	Patron: Magistrat der Stadt Stralsund

8. FISCHEREI UND SCHIFFAHRT

Die Fischerei
Zu den Nebeneinkünften der Darßer gehörte seit alten Zeiten die
Fischerei. Bei den Dörfern an der Ostsee einschließlich Born wurde sie am Strande mit den Heringswaden ausgeübt. Diese Fangart
durch Zugnetze findet schon bei der Schenkung der Insel Zingst
an das Kloster auf Hiddensee Erwähnung. Die schwedische
Regierung war jedenfalls bemüht, diesen Erwerbszweig ihrer
Untertanen nicht eingehen zu lassen und ermunterte die Darßer
wiederholt zum „Strandwadenfischfang". Auch die Kirche betei-
ligte sich daran, indem sie Gelder zur Anschaffung und Ausbesserung der Waden lieh. Zu ihren ständigen Einnahmen gehörten darum die „Wadenzinsen". Darum verfolgten auch die Pastoren die Entwicklung der Fischerei, was aus den vielen Eintra-
gungen im Kirchenbuche hervorgeht. So heißt es 1785: *„Den 14.*
April zogen unsere Heringswaden zum ersten Male aus und am 21.
April wurde ein so reicher Zug in der Gegend der „Lanne" (in der
Bucht bei Darßer Ort) *getan, dergleichen auch die ältesten Leute sich*
nicht zu erinnern wußten. 1786: Am 4. Februar zogen die Waden zum
ersten Male aus; wegen einfallenden Frostes mußten sie wieder aufhören
und konnten erst in den letzten Tagen wieder ausziehen. Dies Jahr fin-
gen die Prerower Bauern das erste Mal in ihrem auf Morings Hofe anno
1785 erbauten Räucherhause zu räuchern an. Seit beinahe 20 Jahren war
hier kein Hering geräuchert, sondern immer nach Bodstedt gebracht,
woselbst sie geräuchert wurden." Jetzt kamen die sächsischen Kärr-
ner (in ihren großen, grünen mit Zwetschgen beladenen Wagen)
auch hierher, um Spickheringe zu holen. Ähnliches erzählt uns
Wehrs von Ahrenshoop. In guten Jahren, z. B. 1811, kamen über
3.000 Taler durch diese Handelsleute in diesen Ort hinein. Die
Ahrenshooper Räucherhäuser gehörten damals dem Förster und
den Borner Bauern. Der Name Vittebrook bei Ahrenshoop deutet
jedenfalls auf eine sehr alte Stätte zur Verwertung des Herings-
fangs hin. Wenn nicht genügend Vorräte an Heringen vorhanden
waren, so warteten die Sachsen günstige Fänge ab. Im Jahre 1860

erschienen sie zum letzten Male in Prerow. Damals war man schon längst zum Aussetzen von Reusen übergegangen.
Inzwischen hatten sich die Strandbewohner weiter auf das Meer gewagt und waren zum Flunderfange übergegangen. 1875 waren in Prerow allein 56 Fischerboote, meist von Flunderfischern in Betrieb. Im Jahre 1900/01 lieferte der Flunderfang in Prerow gegen 2.000 Zentner, 1 Zentner zu 5 Mark. Die Beute an Heringen betrug in diesem Jahre 3.000 - 4.000 Wall, 1 Wall (80 Stck.) zu 1,75 M. Damals wurden in der Prerower Bucht noch 5 Reusenstellen benutzt, die für je 30 M. vom Staate gepachtet waren. Ein starker Fischerverein sorgte für die Belebung des Gewerbes. Drei Räuchereien verarbeiteten einen Teil des Fanges, während der andere hauptsächlich nach Berlin verschickt wurde. Ein großer Teil der Zingster Heringsfänge wanderte in die Krügersche Fischkonservenfabrik in Barth. In späterer Zeit fing man Dorsche und Aale und in neuerer Zeit auch Lachse.

Heute ist von dieser Herings- und Flunderfischerei nicht viel übrig geblieben. Es ist auch noch nicht viel geschehen, um sie zu neuem Leben zu erwecken. Der Wunsch nach Schaffung eines Fischerhafens an der Darßer Küste, vielleicht durch Öffnung des Stroms an einer seiner früheren Mündungen, verbunden mit Vertiefung des Fahrwassers und Sicherung der Einfahrt vor Sturm und Versandung, ist so alt wie die Darßer Hochseefischerei selber und hat die Behörden schon jahrhundertelang beschäftigt, ohne der Erfüllung nähergebracht worden zu sein.

Die Boddenfischerei hat am Darß niemals solche Rolle gespielt wie in den Nachbardörfern Bresewitz, Pruchten, Bodstedt und den Ortschaften auf dem Fischlande, wo die Fischerei schon im Mittelalter blühte. Ursprünglich war jeder Wasseranlieger berechtigt, an seiner Schar zu fischen. Von Ausnahmen abgesehen, sind die Darßer ursprünglich nicht Berufsfischer gewesen, sondern haben die Fischerei mehr als Nebenerwerb betrieben.

Die Bodden liefern hauptsächlich Plötze, Bleie, Hechte, Aale, Zander und Barsche. Über den Stand der Darßer Fischerei unterrichtet ein Aufsatz von *Dr. Alfred Pape* im Darßer Heimatbuch. Der

Fischbestand der Bodden ist durch die Schließung des Prerower Stromes etwas verarmt und verkümmert, und zwar durch die fortschreitende Verkrautung und Verschlammung und durch mangelhafte Zufuhr von frischem Salzwasser. Aus der Matrikelkarte von 1696 erfahren wir beiläufig, das damals im Binnenwasser auch Heringe gefangen worden sind. Das Wasser muß damals also viel salzhaltiger als heute gewesen sein.

Die Schiffahrt
Es ist selbstverständlich, daß die Darßer durch die Lage der Heimat auf das Meer geführt wurden. Was sollten auch die jüngeren, heranwachsenden Söhne der Bauern und Kossäten auf dem väterlichen Hofe anfangen? Überhaupt waren es keine Bauernwirtschaften im festländischen Sinne. Der Wald und die Fischerei boten nur einen zeitlichen Nebenverdienst. Die Übervölkerung drängte die Nachkommenschaft geradezu auf die See. 1532 wurden 54 Besitzer aufgeführt, 1657 waren es einige mehr. Daneben waren inzwischen über 200 Einlieger getreten, so daß man für diese Zeit mit einer Gesamtzahl von rund 1.500 Einwohnern rechnen kann. 1767 waren es schon 2.010, 1779 = 2.610, 1780 = 2.672, 1781 = 2.727, 1783 = 2.863, 1790 = 2.903, 1803 = 3.495. Wehrs wird nicht viel danebengegriffen haben, wenn er die Bevölkerung des Darßes für 1811 auf 4.000 Seelen schätzt.
Wann nun das erste Darßer Segelschiff die Ostsee durchkreuzte, läßt sich natürlich nicht mehr feststellen. Die ersten Schiffsunfälle, von welchen das Kirchenbuch berichtet, spielten sich im Prerower Strom oder auf dem Bodden ab. So ertranken 1682 vier Darßer (*Heinrich Zechau, Heinrich Holtfreter,* dessen Schwester und ein Knecht) im Bodden, als sie Holz nach Barth segelten. Berichte von Schiffsstrandungen beziehen sich zunächst auf Auswärtige, so 1690 auf die Strandung eines Kopenhagener Schiffes. Zum Andenken an den dabei ertrunkenen Schiffer wurde auf Veranlassung des Vaters das Bild über der südlichen Eingangstür der Kirche in Prerow gestiftet. Die Inschrift lautet: *„Muß gleich mein junger Leib in tiefer See ertrinken, läßt dieser Anker doch die Seele nimmer*

sinken". 1693 hören wir von zwei Schiffbrüchigen aus Wismar. Sie wurden erschlagen aufgefunden. Der Verdacht lenkte sich auf Darßer Bauern. Ob mit Recht oder Unrecht scheint nicht klargestellt worden zu sein.

Inzwischen wagten die Darßer den Schritt von ihrer Scholle auf das Meer, zunächst auf der Ostsee. Den Anstoß zur eigenen Schiffahrt gab jedenfalls die alte Handels- und Schiffahrtsstadt Barth und der Holzreichtum des Darßer Waldes. Aus den Jahren 1689 - 95 haben wir einen Bericht über die Kleinschiffahrt und die Überseereisen der Darßer. Mit ihren kleinen Fahrzeugen, Schuten genannt, beförderten sie das staatliche Holz („Kronholz") nach Stralsund und Wismar, ebenso Torf von der Sundischen Wiese nach Stralsund.

In der Größe entsprachen die Schiffe den Barther Fahrzeugen mit 2 - 3 Lasten; Das größte war 6 Lasten groß. (Nach Brockhaus = Schiffslast Deutschland 2.000 kg = 2 t; Kommerzlast - früheres nordisches Gewicht zur Bestimmung der Tragfähigkeit eines Schiffes Hamburg, Bremen, Lübeck: 3.000 kg, Schleswig- Holstein, Dänemark: 2.600 kg Norwegen: 2.590 kg .

Die schwedische Regierung begünstigte diese Schiffahrt und stellte den Schiffern Erlaubnisbriefe aus.

Statistik ohne Jahresangabe

Ort	Fischerei	Schiffahrt	
Ahrenshoop	----	----	
Born	2 Netze, 1/2 Taler u. 17,16,20	4 zu 4 Klafter	
	1 Wall	2 zu 7 Klafter	
		1 zu 3 Klafter	
Wieck	Abg. 2 Wall, zu 16 Anteilen	4 je zu 3 Klafter	
Prerow	16 Anteile, 2 Wall Abg.	3 zu 4 Faden	
		1 zu 6 Faden	
		1 zu 4 Faden	
Zingst	2 Wall	Hansh.	3 zu 2-3 Last
			1 zu 5-6 Last
		Pahlen	je 4 jeder 1 Schiff (?)
Straminke	3 Zugnetze		

Von Hanshagen, dem Zingster Ortsteil, besaßen 1696 die Vollbauern *Claus Trapp, Hindrich Kreft* und *Claus Fick* jeder eine Schute
von 2 - 3 Lasten. Sie kauften Holz ein aus dem Darßer Walde und
verkauften es wieder. Der Halbbauer *Asmus Buske* machte mit
seinem Fahrzeug, das 5 - 6 Klafter Holz faßte, Reisen nach Wismar. Aus Palen, dem anderen Zingster Ortsteil, waren es die 4
Vollbauern *Marcus Häppner, Drews Parow, Michael Krafte* wurde
anerkennend hervorgehoben, daß er wiederholt 15 Klafter Holz
verladen habe. Man berichtete mit Stolz von ihm, daß er der Erste
war, der Holz nach Wismar verfrachtete und von 1689 - 1695 im
ganzen 6 mal mit zusammen 78 Klaftern Ellern und Föhren nach
diesem Hafen fuhr. Prerow stellte zu diesem sich neu bildendem
Stande den Freischulzen *Jacob Kreft*, die Vollbauern *Hans Ryk*,
Jochim Kreft und *Hindrich Schütt* mit Fahrzeugen zu 4 Lasten. Der
Einlieger *Jakob Theas* wollte sich 1696 ein Schiff bauen. Aus Wieck
besaßen die Bauern *Hans Kreft* ein Fahrzeug mit 3 Faden und
Steffen Scharnberg eine Schute mit 4 Faden Fassungskraft. Aus
Born hatten der Bauer *Michel Ryk* und der Kossät *Hans Sesow*
(Zechow?) ein Schiff mit 4 Klafter Ladefähigkeit, Bauer *Remer Zipk*
und Einlieger *Jochom Saow* (Zechow?) je eins zu 7, Bauer *Steffen
Niemann* eins zu 4, Kossät *Jacob Roos* eins zu 3 und der Einlieger
Jochom Hansen ein Schiff zu 4 Faden. 1696 bestand die Darßer und
Zingster Handelsflotte aus 20 Schiffen. 8 Schiffe waren vom
Zingst, 4 von Prerow, 2 von Wieck und 6 von Born. Der Anfang
war gemacht. Außer diesen Holz- und Torffahrten unternahmen
die Darßer Schiffer im Frühjahr Reisen nach Lübeck und Malmö,
um frische Heringe dorthin zu bringen. Später ging man dazu
über, Holz nach Kopenhagen und Getreide nach Schweden zu
versegeln. Dazu mußten die Schiffe größer und seefester gebaut
werden.
Schon vor 1720 bauten die Darßer und die Zingster Schiffe mit 26
Lasten, die als besondere Schiffsart „Darßer Yachten" hießen. Als
man ihnen die Ausfuhr von Holz aus dem Darßer Walde verbot,
fingen sie mit Mecklenburger Holz zu handeln an. Auch diesen
Handel untersagte man ihnen mit der Begründung, es könne aus

dem Darßer Walde gestohlenes Holz dabei sein. Schließlich verfrachteten die Darßer auch Holz aus den Wäldern am Haff (Stavenhagens Chronik von Anklam, 1773, S. 298). Daneben führten die Darßer weißen Dünensand und die berühmten „Darßer Wöttel" (Mohrrüben) aus und in späterer Zeit Raseneisenerz aus den Niederungen der Halbinsel. Es kam in die Hochöfen des Torgelower Eisenhüttenwerks. Auch *Johann Segebarth* machte als 15 jähriger Junge auf einer Yacht solche Fahrten mit.

Bei *Reichenbach* findet man eine lehrreiche Übersicht über die von 1725-1783 vorhanden gewesenen Schiffe.

	Barth Lastenzahl	Prerow Lastenzahl	Zingst Lastenzahl	Born Lastenzahl	Wieck Lastenzahl
1725	25 1,5 - 3,5	8 1 - 9	19 0,5 - 15		
1735	3 2 - 7	15 1 - 15	30 0,5 - 15	23 1 - 3	27 1,5 - 5
1745	3 5 - 14	14 1 - 8	21 1 - 5	21 1 - 5	17 1 - 5
1755	8 8 - 55	16 1 - 35	36 1 - 26	13 1 - 18	10 1 - 25
1765	17 1 - 55	11 1 - 38	29 1 - 66	14 1 - 26	15 1 - 50
1775	18 0,5 -78	16 1 - 20	40 1 - 60	14 1 - 10	20 1 - 40
1783	52 4 - 73	17 1 - 90	93 1 - 90	6 1 - 94	18 1 - 93

Während der Schlesischen Kriege gewann die Darßer Schiffahrt an Bedeutung. Barth mit Darß und Zingst besaß damals schon 35 Kauffahrteischiffe mit 35 - 60 Lasten Rauminhalt, die Gelegenheit hatten, bei den russischen und schwedischen Heereslieferungen zu verdienen. Von dem wachsenden Wohlstande zehrten nicht nur die Seeleute und die Kaufleute, sondern auch die übrigen Bewohner. Außerdem wurden die Schiffe in der Heimat gebaut, und so entstanden hier eine Reihe von Schiffswerften, die eine große Zahl von Leuten beschäftigten, Schiffsbaumeister, Reifermeister, Zimmerleute, Segelmacher, Blockdreher usw. Um einem Bedürfnisse der Zeit entgegenzukommen, bat 1776 der Landjäger *Zacharias Niemann*, der uns später als Oberförster entgegentritt, um die Erlaubnis zur Errichtung einer Leinwand- und Tuchweberei mit Bleiche auf einem wüstgewordenen Bauernhofe in Born. Gegen

78

das übliche Grundgeld mit einem Zuschlag von 1 Taler für 100 Quadratruten wurde ihm der Bauernhof zu dem beantragten Zwecke auf 40 Jahre überlassen. Die Feuerung, nämlich 15 Fuder Holz und 3.000 Stück Torf, erhielt er wie jeder Bauer unentgeltlich.

In Barth mit dem Darß und Zingst wurden gebaut:

1774	10 Schiffe	1777	15 Schiffe	1781	21 Schiffe
1775	7 Schiffe	1779	12 Schiffe	1782	24 Schiffe
1776	11 Schiffe	1780	17 Schiffe	1783	29 Schiffe

Die Gesamtzahl der Schiffe betrug 1785 100 Stück. Noch 1870 hatten an Schiffswerften: Born 1, Wieck 1, Zingst 2, Prerow 2, Barth 4. Je größer die Schiffe wurden, desto mehr wuchsen auch die Schwierigkeiten. Die größten Bedenken erregte die schlechte Ausfahrt durch die Bodden und den Prerower Strom, der ständig der Versandung preisgegeben war. Schon 1728 machte der Barther Magistrat Vorschläge zur Verbesserung des Fahrwassers. Man dachte daran, den Wasserlauf bei Straminke zu öffnen oder den Prerower Strom zu vertiefen. Es wurde beantragt, den Strom auszubaggern und die Mündung durch Molen zu schützen. Der Kostenanschlag betrug 40 - 50.000 Reichstaler. Die Ausführung unterblieb und die Prerower Strommündung wurde immer unbrauchbarer. 1800 wurde die Kaufmannschaft von Barth bei dem König von Schweden vorstellig, einen Hafen in Prerow anzulegen. Da die Stadt dazu nichts geben wollte und konnte und die schwedische Regierung nicht willens war, die Kosten allein zu bestreiten, so wurde der Plan nicht ausgeführt. Der Ausfluß des Prerower Stromes, seit 1840 1 1/4 km westlich gelegen, war 1861 so flach, daß er nur noch mit Fischerbooten befahren werden konnte. Ein anderer Übelstand waren die vielen Untiefen an der Küste, wodurch viele Schiffsstrandungen hervorgerufen wurden. Am berüchtigtsten war damals schon die ständig wandernde Spitze des Darßer Ortes.

Die Entwicklung der Darßer Schiffahrt erfolgt im 18. Jahrh. so stürmisch, daß sich die pommerschen Städte, die die sich durch diesen Wettbewerb geschädigt fühlten, mehrmals beim König von Schweden über die „Schiffbauerey und Navigation der Darßer Bauern" beklagten und die Zurücknahme der erfolgten Genehmigung verlangten. Wie es scheint, hatten die Beschwerden keinen Erfolg.

Die Kronmatrosen

1742 erschien eine königliche Verordnung wegen Anwerbung der Darßer Einlieger zu Matrosen auf der Schwedischen Kriegsflotte. Es heißt darin: *„Weil die auf dem Darß und dem Zingst befindlichen sogenannten Einlieger der See gewohnte Leute und dienlich sind, auf Unserer Reichskriegsflotte gebraucht zu werden, so haben wir in Gnaden gut gefunden, daß bemeldete Einlieger im kommenden Frühjahr zum Dienst auf unsere Orlogsflotte gebracht werden. Davon können sie sich um so weniger entziehen, als sie der Krone leibeigene Untertanen sind und sie ihren richtigen Monatssold erhalten sollen. Darum ist den zur Werbung ausgesandten jede Handreichung zu leisten."*
Diese Verordnung wurde im selben Jahre noch einmal wiederholt mit dem Hinweis, die Leute dadurch zu ermuntern, daß man ihnen Vorteile böte. Wenn sie sich nicht freiwillig meldeten, so solle man sie mit Gewalt zwingen. Ebenso wurde in anderen Teilen Schwedisch-Pommerns verfahren. Man beabsichtigte, mehrere Kompagnien zu bilden. Sie wurden Kronmatrosen genannt und bildeten eine geschlossene Abteilung von 200 Mann. In Kriegszeiten dienten sie auf der königlichen Kriegsflotte. In Friedenszeiten waren sie nur verpflichtet, 8 oder 14 Tage, und zwar im Herbste, Übungen zu machen. Sonst konnten sie ihrem Gewerbe nachgehen und auf Kauffahrteischiffen fahren. Auch im Kirchenbuche treten sie häufig auf. 1791 wird für *Christoph Leddig* gedankt, *„der am 9. Juli in der siegreichen Schlacht mit den Russen bei Schwentiksund* (Swenskasund 1790) *durch eine Kugel in der Lende blessiert"* und im Lazarett gestorben war. 1797 *„starb David Völschert (?), Kronmatrose, der im Kriege eine Medalje erhalten hat."* 1806

80

wurde „*Herr Peter Kreft begraben, Marinier - Lieutenannt, Chef des vormaligen Matrosen - Corps.*"

Auch *Wehrs* erwähnt diese Schar recht lobend: „*Während des französischen Angriffs auf Pommern und Stralsund im Jahre 1807 leisteten die Darßer auf den schwedischen Kanonenschaluppen wesentliche Dienste; Darßer berichteten nach Stralsund, wie es im Rücken des französischen Belagerungscorps stände, und brachten, nachdem die Schweden völlig abgezogen waren, manchen von den Franzosen verfolgten und mit dem Tode bedrohten Pommeraner nach Schweden rüber.*" Einen dieser alten Seehelden, *Clas Scharmberg*, auch mit einer Tapferkeitsmedaille geschmückt, hat Johann Segebarth noch in Wieck kennengelernt. Wie er erzählt, waren sie auf die Bezeichnung „Kronmatrose", „Kraunmadros" nicht wenig stolz.

1787 wurde die Anwerbung durch ein königliches Schreiben erneuert. Die „Enrolierten" sollten zur Herbstzeit 8 - 14 Tage auf einem bestimmten Ort üben und konnten dann wieder ihre „Hantierung" betreiben. Nach 6 jähriger Dienstzeit waren sie vom Militärdienst ganz befreit, falls sie nicht freiwillig weiter dienen wollten. Während der Dienstzeit brauchten sie keine Steuern zu zahlen. Die Hausbesitzer erhielten für ihre ganze Lebenszeit einige Faden „Windfalle" und Strauchholz. Schiffer und Steuerleute bezogen als Sold 16, Matrosen 8 Schilling für einen Tag, unverheiratet ohne Haus 10, und 8 Schilling und unentgeltlich Holz zum Häuserbau.

Die Montierung, Hut, Jacke und Hose wurde geliefert, mußte aber nach Ablauf des Dienstes wieder abgegeben werden

Große Begeisterung hat diese Anwerbung in der Bevölkerung nicht erweckt; denn viele entzogen sich der Vorladung, indem sie sich „versteckten". Das waren in Zingst 44, in Prerow 54, in Wieck 28, in Bliesenrade 2 und in Born 35. Alle wurden namentlich aufgeführt. Man erinnerte sie mehrmals an ihre Pflichten, warnte und bedrohte sie mit Strafen. Diese bestanden in Einziehung des Vermögens und in „Leibesstrafen". So war folgendes bewegliche Vermögen eines Einliegers aufgeführt, das meistbietend verkauft werden sollte: 1 Bettlaken, 1 Oberbett, 1 Unterbett, 2 Pfühle, 2 Kissen, 1 „Kohlbalge und Stöße," 1 Tisch, 1 Stuhl, 1 Spinnrad, 1 Haspel, 1 Sense, 1 Kuh, 1 Kalb.

Nach der 1. Aufforderung erschienen am 26. 8. 1789 von Zingst 44, von Prerow 51, von Born 35 Personen vom 14. - 50. Lebensjahr. Bei dem Protokoll vom 8. 10. desselben Jahres waren in Prerow anwesend der Marinier-Lieutenant *Johann Peter Kraeft* und der Oberschiffer *Casten Wallis* als Leiter. Dazu als Vertreter der Ortschaften,

von Born: der Schulze *Rieck*, die Bauern *Johann Segebarth, Köpke, Busch, Peter Saatmann, Busch, Hans Niemann, Jacob Kraeft, Hinrich Saatmann*, die Einlieger *Jochim Zage, Hans Zechow, Clas Rieck, Hans Hauenstein, Friedrich Wendt, Hermann Rieck, Peter Rieck, Hans Zechow;*

von Zingst: *Schulze Gottschalk*, die Bauern *Bernd Peters, Hans Tews, Franz Wilken, Langhinrichs, Jochim Schütt*, die Schiffer *Jochim Kraeft* und *Hans Schütt*, Einlieger *Jacob Schütt;*

von Wieck: Vater des erkrankten Schulzen *Leddig*, die Bauern *Scharpenberg, Hans* und *Simon Kraeft*, die Einlieger *Jochim Niemann, Peter Segebarth, Johann Jochim Trapp, Carl Bohn, Hans Scharmann;*

von Prerow: der Schulze *Kraeft*, die Bauern *Clas Kraeft, Clas Schöning*, die Einlieger *Simon Kraeft, Jacob Kraeft, Jochim Niemann, Jacob Steinort, Hans Prohn, Jacob Zage, Christian Prohn, Hans Kraeft*.

Das sind fast dieselben Namen, die wir in der Schwedischen Landesaufnahme von 1696 und in den Einwohnerverzeichnissen des 18. Jahrhunderts finden.

Später befuhren die Darßer auch die Nordsee. Sehr bezeichnend für den Fortschritt ist folgende Anmerkung des Kirchenbuches vom Jahre 1785 über den 74jährig verstorbenen Schiffer *Christopher Kraeft*. Er war unter den hiesigen Schiffern der erste gewesen, der die Nordsee beschifft hat. Die Ausfuhr Schwedisch-Pommerns bestand damals nach Holland in Roggen und Bodenstäben, seine Einfuhr von dort in Kaffee, Kakao, Gewürzen, Porzellan, Tabak und Tee. England erhielt Bretter, Tonnenstäbe, Roggen, Gerste, Erbsen, Schreibfedern. Es lieferte Bier, Butter, Weizenmehl, Hölzer, Porzellan und Steingut, baumwollene Strümpfe, Segel-

82

tuch. Nach Dänemark, Holstein und Norwegen gingen Roggen, Hafer, Gerste, Flachs, Bauholz, Salz. Von dort kamen Tücher, Tran, Teer, Wein, Rum. Schweden und Finnland bezogen Pferde, Gänse, Kartoffeln, Bohnen im Austausch gegen Bier, Messing, Eisendraht, Heringe, Tran.

Einen Stillstand in der Schiffahrt brachte die Sperrung des Europäischen Festlandes gegen England durch Napoleon. Damals mußten die Schweden auch den Darß bewachen helfen. Der Führer dieser Besatzungstruppe war 1811 zehn Monate lang Hauptmann *v. Wehrs.* Damals und bei seinen späteren Besuchen hatte er Muße genug, die Darßer näher kennen zu lernen. Es ist wohl nicht zu viel gesagt, wenn ihm die Bevölkerung als ein besonderer Menschenschlag erschien. Er erzählt u. a.: *„Die Darßer und die Zingster sind geborene Seeleute; ihre Kühnheit und Gewandtheit auf dem Meere hat sich zu allen Zeiten bewährt. Darßer Matrosen werden sehr gesucht, weil man sie gewiß nirgends besser finden kann. Sie scheuen sich nie, im offenen Segelboot das Meer zu befahren. Ich weiß, daß sie bei stürmischem Wetter, selbst mitten im Winter, da alle pommerschen Binnengewässer fest zugefroren waren, in solch schwachen Fahrzeugen nach Schweden und Dänemark übergegangen sind".* Er hebt hervor, daß diese Küstenbewohner den Binnenländern gegenüber besondere Lebensklugheit und größere Aufklärung besäßen, die jedoch nicht ganz von Aberglauben frei sei. Ebenso verschweigt er nicht die herrschenden großen Gegensätze zwischen bitterer Armut und üppigem Reichtum einzelner Bewohner. *„Man betritt das Haus eines reichen Schiffers, und wird von der inneren Einrichtung, die oft fast Eleganz zeigt, lebhaft überrascht, indem man hier alles findet, was zu einer wohlhabenden bürgerlichen Haushaltung gehören würde. Im Anfange des Winters, wenn die Schiffer größtenteils von ihrer Fahrt zurückgekommen sind, pflegen Keller und Vorratskammern in den meisten Schifferhäusern gut bestellt zu sein. Unverfälschte französische und spanische Weine, Rum, Porter, Zucker, Kaffee, Tee, Zitronen, holländischer, englischer und schwedischer Käse, Hamburger Rindfleisch usw. werden mit einer seltenen Gastfreiheit den Besuchenden angeboten, und man würde unhöflich, ich möchte sagen, beleidigend sein, wenn man* sich nicht wenigstens mit einem dieser Artikel bewirten lassen wollte.- Der nächste Nachbar einer solchen wohlhabenden Haushaltung ist vielleicht ein alter und schwacher Matrose, dem das Glück nicht so wohl gewollt hat, der jetzt nicht mehr zur Seefahrt taugt, und sich nebst seiner oft zahlreichen Familie kümmerlich durch die wenigen und kärglichen ihm zu Gebote stehenden Erwerbszweige ernähren muß. Man findet hier mitunter Menschen, die in dem an Korn so reichen Pommern Wochen, ja Monate lang kein Brot essen, sondern sich glücklich preisen, solange sie noch Kartoffeln haben".

„Hoch aufgehäufte Federbetten, worauf oben eine ganze Reihe Kopfkissen strotzt, hält der Darßer für eine Hauptzierde seiner inneren Haushaltung. Möbel werden auf dem Darß wie im übrigen Pommern von demjenigen, der keine Pferdehaare bezahlen kann oder mag, mit Heu ausgestopft, obgleich sämtliche pommersche Küsten das zu diesem Zwecke so nützliche Seegras in überschwenglicher Menge besitzen. Englisches Porzellan, Fajance, Glaswaren, Silberzeug usw. sieht man fast überall in wohlhabenden Haushaltungen. Teller, Tassen, Teetöpfe, Milchkannen und dergleichen sind gewöhnlich mit Schiffen und anderen bunten Bildern bemalt. Überhaupt findet man in den Darßer und Zingster Dörfern manchen englischen Luxusartikel, den man sonst auf dem Lande gar nicht zu sehen gewohnt ist. Einer derselben, der in der letzten Zeit auf dem Darß sehr zur Mode geworden ist, besteht in seidenen Regenschirmen. Schiffer, Steuermänner und Matrosen, vorzüglich aber Frauen und Mädchen, gehen Sonntags selbst bei heiterstem Himmel mit seidenen Regenschirmen zur Kirche; sie sind ein notwendiges Erfordernis für einen Darßer von gutem Ton, und daher geht das ganze Dichten und Trachten der Darßer eleganten Welt darauf hinaus, sich seidene Regenschirme und dadurch ein gewisses Ansehen zu verschaffen. Der Hang zum Putz hat gleichfalls in neueren Zeiten sehr überhand genommen, vorzüglich seit der Mode mit den Regenschirmen, weil die Kleider doch nicht zu sehr dagegen abstechen dürfen. Blaue Matrosenjacken und rote Westen, beide stark mit Knöpfen besetzt, weite blaue Beinkleider und runde Hüte sind die beliebtesten Kleidungsstücke eines jungen Darßers. Die Schiffer tragen sich gemeiniglich dem Städter gleich. Der Bauer trägt eine linnene oder tuchene Jacke; Sonntags einen

84

blauen tuchenen Oberrock. Dreieckte oder große runde Bauernhüte mit breitem Rande sieht man gar nicht. Frauen und Mädchen von altem Schrot und Korn tragen auch Sonntags schwarze Mützen mit weißen Flügeln, wie sie auch in den pommerschen Städten mitunter gesehen werden: sonst gehen sie meistenteils in zierlichen Mützen, oder in blo-ßen Haaren, langen Kleidern, schwarzen Taffetschürzen usw. Bernstein-schmuck wird ziemlich häufig getragen, obgleich er nicht mehr so beliebt zu sein scheint, wie sonst. Die Darßer Hochzeiten sind, wenn es die Ver-mögensumstände des jungen Paares irgend zulassen, sehr glänzend.“

Wertvoll ist für uns auch das Zeugnis E. M. Arndts. Im Winter 1817 besuchte er seinen alten Lehrer, den Pastor Joachim Gottfried Danckwardt, auf seiner Pfarre in Prerow und erzählt uns von den Darßern: *„Auf der Halbinsel Darß und in den Dörfern auf den gegenü-berliegenden Küsten wohnt ein schöner , kräftiger Menschenschlag, des-sen Gewerbe in der Jugend gewöhnlich das kühne Element des Meeres ist. Als ich im Winter 1817 (etwa im Februar) mit meinem Bruder Karl nach dem Darß hinüber wollte, stießen uns zwei herrliche, schlanke Männer mit langen, eisenbeschlagenen Stangen in fliegenden Schlitten über das spiegelglatte Eis hin, welches damals zwischen dem Festlande und der Insel eine Brücke geschlagen hatte. Beide trugen englische Ehrenmünzen, hatten englisches Jahrgeld. Sie hatten auf der 'Victory' des Admirals Nelson die Schlacht von Trafalgar mitgemacht.“*

Nach dem Niedergange während der Kriege Napoleons erholte sich die Darßer Schiffahrt wieder und erlebte eine neue Blütezeit. Jetzt ging man auch zu großer Fahrt über, d. h. man befuhr auch das Mittelländische Meer und sämtliche Weltmeere. So entwickel-te sich auf dem Darße ein seetüchtiges Volk, wie es an der Ostsee-küste selten zu finden war. Im November 1831, dem Cholerajahre, unternahm *Friedrich v. Suckow*, der Schriftleiter der Stralsunder Wochenzeitschrift „Sundine“ eine mehrtägige Wanderung durch den Darß und den Zingst. Er fuhr mit einem Segelboot von Bod-stedt nach Bliesenrade und übernachtete im Wirtshause von Born. Hier stellten sich ihm Darßer Seeleute vor. Er erzählt: *„Um den Tisch sammelten sich allgemach hochstämmige Seemänner, in buntge-tupften, fingerdicken, gewebten Wolljacken, als Stammgäste.....,*

85

Entschlossenheit und männlicher Mut ist auf ihren Gesichtern ausge-
prägt und die Riesenglieder deuten an, daß sie die 'Seerosse' zu zügeln
wissen.....Überall war nur von ihrer Hantierung die Rede, und von einer
Fahrt nach dem Ost oder West (Ost- oder Westindien) *sprachen die*
kräftigen Gesellen so gleichgültig, wie wenn unsereins nach Rügen kut-
schiert." Die Schiffer waren entweder Eigentümer des Fahrzeuges
selbst, in dessen Besitz sie durch Erbschaft, Einheirat oder Kauf
gelangten, oder sie waren, wie in den meisten Fällen nur z. T. an
dem Kapital des Schiffes beteiligt. Sobald ein Darßer Schiffer
seine Ausbildung beendigt hatte, suchte er Geldleute als Mitin-
haber zu gewinnen. Mit ihrer Hilfe wurden die Mittel zu einem
Fahrzeug aufgebracht. Die Anteilscheine lauteten gewöhnlich auf
ein Sechzigstel. Sodann wurde ein „Korrespondenzreeder", meist
ein Barther Kaufherr, gesucht, der die Befrachtung zu besorgen
hatte. Der Reinertrag wurde unter die Inhaber nach ihren Anteilen verteilt. So war es auch den minderbemittelten Seeleuten ermöglicht, einmal zu einem Schiff zu kommen. Es wurde dann
meist die Grundlage zum Vermögen der ganzen Familie. Bei kleiner Fahrt wurden gewöhnlich jährlich vier Reisen gemacht; im
Herbst bezog man „Winterlage". Im Winter besserte man Häuser
aus, feierte Hochzeiten und die üblichen Schifferbälle im Schiffer-
verein. Im Frühling wurden die Schiffe überholt, und sobald Wit-
terung und Frachtverkehr es erlaubten, die erste Reise angetreten.
Deshalb fanden die Einsegnungen und Schulentlassungen hierzulande schon Anfang März statt. Lange vorher hatte der Vater
seinem Sohne eine Schiffsjungenstelle besorgt, wenn er ihn nicht
auf seinem eigenen Schiffe mitnahm. So begann der kaum 14 jährige Bursche seine Laufbahn als Seemann. Während der Winterzeit besuchte er die Seemannsschulen. 1844 wurde in Zingst eine
Navigationsvorschule und 1848 eine weitere Anstalt in Prerow
zur Vorbereitung auf die Steuermanns- und Schifferschule in
Barth, Stralsund oder Wustrow eingerichtet. 1858 waren in Zingst
47, in Prerow 37 Schüler; 1866 in Zingst 43, in Prerow 60 Schüler
im Sommer- und Winterkursus.

Die Königlichen Navigationsvorschulen zu Prerow und Zingst 1864: Kuratorium. Pastor *Hannemann* in Zingst, Schiffskapitän *J. Kräft* und *J. J. Steinorth* in Prerow, Schiffskapitäne *H. Th. Bülow* und *H. N. Parow* in Zingst, Lehrer *Bathke* in Prerow und Lehrer *Neugebauer* in Zingst.

Ein echter Vertreter seines Standes war der Darßer Schiffer und Schriftsteller *Johann Segebarth.* Er wurde 1833 in Wieck als Sohn eines Bootsmannes geboren und ging nach der Einsegnung mit seinem Vater auf einem Schiffe zur See. Im Winter besuchte er die Vorschule des Steuermanns *Wahl*, später die Navigationsvorschule in Prerow. Im 20. Lebensjahre bestand er die Steuermannsprüfung in Stralsund und mit 24 Jahren die Prüfung als Schiffer auf große Fahrt. 1866 stand eine Bark für ihn auf den Helgen in Wieck, die er dann 22 Jahre gefahren hat, und zwar in der Ostsee, im Weißen wie im Schwarzen Meer und im Atlantischen Ozean nach Amerika. Dort mußte er das Schiff auf den Strand setzen. Von 1882 an wohnte er in Prerow und arbeitete dort später als Schöffe zum Wohle seiner Gemeinde. Besonders lagen ihm das Bad, der Hafenbau und die Eisenbahnverbindung am Herzen. In seinem hochdeutschen Roman „Seemannslos" hat er 1909 in der „Deutschen Marinezeitung" die Geschicke einer Darßer Seemannsfamilie geschildert. In den „Darßer Schmugglern", seiner bekanntesten Schrift, erzählt er in plattdeutscher, launiger Sprache, wie etliche Darßer einmal auf Abwege gerieten und in den 50er Jahren des vorigen Jahrhunderts den Staat um den Zoll betrogen. Johann Segebarth starb am 17. Mai 1919.

Wie stark vor 50 und 100 Jahren der Anteil der Darßer an der Seefahrt war, zeigt das Kirchenbuch auf jeder Seite. So treten z. B. 1821 bei 151 Taufen 79 Seeleute als Väter auf. An den blühenden Schiffsbau erinnern die Bezeichnungen wie Schiffsbaumeister, Schiffszimmermann, Blockmacher usw. Ebenso weisen die Todesnachrichten auf die Gefahren dieses Berufes hin. Es sind geradezu erschütternde Zahlen, die das Kirchenbuch fortlaufend über tödliche Unglücksfälle zur See bringt. Ein Verzeichnis solcher Schiffsunfälle liefert das Magistratsarchiv von Barth. Es umfaßt nur eine Zeitspanne von knapp 50 Jahren und zeigt folgende Übersicht:

Acta des Magistrats zu Barth betreffend Schiffsverklarungen und Strandungen (1774)

13. April 1742 Jan Laurens und die beyden Bootsleute Cornils Jansen und Wilhelm Roadeck auf des Schiffer Johann Cornils seiner Galiote (holländisches Schiff von der Stadt Amsterdam) gestrandet zwischen Zingst und Prerow. Das Schiff kaufte der Barther Jochim Meinecke.
17. May 1746 Schiffer Melchior Hintz aus Femern (zuerst von G. Berg Femarn geschrieben, dann das a gestrichen und gegen e ersetzt), Darßer Ort.
12. November 1748 Schiffer Johann Arens aus Stralsund
15. Januar 1752 Schiffer Johann Daniel Botticher mit dem Fleuth - Schiff Neptunus vor Prerow. Schiff stammt aus Lübeck, zu Hilfe kamen 2 Darßer Fahrzeuge mit 19 Mann, die Besatzung zu retten. (Fleute = dreimastige Kauffahrteischiffe des 17. und 18. Jahrh.)
14. Januar 1755 Schiffer Jochim Hinrich Krumeland von Ystadt auf dem Darß hinter Prerow.
20. Dezember 1755 Schiffer Dietrich Riege aus Wismar auf dem Darß hinter Zingst
28. Oktober 1759 Gustav Paul Walberg aus Wisby hinter Zingst.
2. Dezember 1767 Schiffer Eilert Larsen Holm aus Kopenhagen, Riff des Darßer Ortes.
20. September 1767 Schiffer Hans Karck von Lübeck, Darßer Ort
28. Dezember 1768 Schiffer Hans Kark aus Lübeck, Darßer Ort.
16. October 1769 Schiffer Peter Olof Wallander aus Wisby auf der Ostseite des Darßer Ortes.
27. Februar 1770 Schiffer Nikolaus Peters aus Lübeck beim Zingst auf dem Osterwalde
4. Dezember 1772 Schiffer Nils Berggroen von Königsberg, Darßer Ort hinter Prerow.

29. Januar 1773 Schiffer Samuel Dittmer von Hamburg , vor Zingst
23. Juny 1774 Schiffer Hans Busch vor Zingst
22. November 1774 Schiffer Michel Ahlmann aus Copenhagen, Darß
hinter Prerow.
25. Februar 1775 Schiffer Johann Wilcke hinter Prerow.
1789 Schiffer Hartwig vor Zingst.

Der nächste Bericht entstammt dem Prerower Kirchenbuch.
Tödliche Unfälle zur See:
1748 = 3; 1752 = 3; 1760 = 5; 1785 = 4; 1794 = 14; 1795 = 8;
1796 = 3; 1797 =3; 1798 = 6; 1799 =7; 1815 =4; 1833 = 17 (von einem
Schiff allein 7!); 1846 = 10 und so fort.
1861 verzeichnet es - ohne den 1856 abgetrennten Zingst - 14.
Diese hohen Zahlen erklären sich aus der Sitte der Darßer Schiffer,
ihre ganze Verwandtschaft, Brüder, Söhne usw. auf ihrem
Fahrzeuge mitzunehmen.
Nicht weniger zahlreich waren die Schiffsstrandungen an der
Darßer Küste selbst. 1798 verunglückte ein schwedisches Schiff,
mit Teer beladen, bei Darßer Ort. Die Besatzung ertrank, wovon
drei Leichen beerdigt wurden. In der Weihnachtsnacht desselben
Jahres strandete noch ein 18 Lasten großes Schiff mit Heringen bei
Schneesturm und Kälte. Anstalten zur Bergung waren des Eises
wegen umsonst. Der Schiffer *Nättberg* aus Karlskrona wurde
erfroren aufgefunden und hier beerdigt. 1799, am 8. November,
strandete an der Westseite des Darßer Ortes ein Schiff aus Stralsund. Die Besatzung, aus 7 Zingstern bestehend , ertrank. 1804
erlitt ein Schiff mit einer Bemannung von 7 Engländern dasselbe
Schicksal. Und so berichtet das Kirchenbuch fast Jahr für Jahr und
hätte diese Berichte bis in die neueste Zeit fortsetzen können.
Diese ergreifende Chronik wurde später von der „Sundine" wei-
tergeführt: *„1831 kenterte eine dänische Brigg bei Ahrenshoop. Die*
Besatzung ertrank." In dem selben Monat November und Jahre
wurde eine russische Galeasse auf den Trendel geworfen. Die
Besatzung wurde nach einigen vergeblichen Versuchen geborgen.
Jacob Zage hatte das Schiff beim Bernsteinsuchen erblickt. Er be-

nachrichtigte den Schulzen *Peters*. Dem Fährmann *Lötzow*, dem Schiffer *Christoph Kräft* und 6 anderen Seeleuten gelang dann das Rettungswerk. 1837: *„Auf dem Darß strandete die englische Brigg 'Venus', geführt von Kapitän John Kennedy. Sie war von Dundee nach Riga mit Ballast bestimmt."* Das gleiche Schicksal erlitt in dem selben Jahre die Galeasse „Katharina Maria" von Barth, Kapitän *I. C. Parrau*, in Ballast von Greifswald nach Memel bestimmt. Die ganze Besatzung wurde eine Beute des empörten Meeres. Ferner blieb noch ein Schiff auf dem Darß. Man sieht es bei niedrigem Wasser. Ein Anker und ein Boot liegen vor dem Schiff. In diesem Unglücksjahre strandete noch ein Fahrzeug mit Obst von Oeland. Aus etwas späterer Zeit eine Nachricht aus der Zingster Kirchenchronik. *„Im Mai des Jahres 1867 strandete zwischen hier und Prerow das Schiff des hiesigen Schiffskapitäns Weidemann. Derselbe war bei günstigem Wind in der Nähe unseres Ortes vor Anker gegangen und mit einem Teil der Mannschaft ans Land gekommen. Seine 14 jährige Tochter besuchte dann wieder den Bruder, und die Schwester der Frau Weidemann, die Schifferfrau Kraeft besuchte ihren Sohn, der als Steuermann an Bord des Schiffes zurückgeblieben war. Inzwischen erhob sich ein starker Wind mit Schneetreiben, der immer stärker wurde, so daß man vom Land aus trotz aller gemachten Versuche nicht mit dem Rettungsboot das Schiff erreichen konnte, das inzwischen losgekommen war und auf die Riffe zutrieb. - Am 12. Mai waren die genannten hinüber gefahren, am 13. nachmittags zwischen 4 und 5 Uhr wurden alle, die sich auf dem Schiffe befanden, von den Wellen mit fortgenommen. Zwei Leichen wurden später bei Prerow, eine bei Hiddensee, zwei oder drei hier bei Zingst gefunden und auf unserem Kirchhofe bestattet."*

Wenn die Fahrzeuge den Winterhafen zu spät aufsuchten, so kam es manchmal vor, daß sie im Eise festfroren und in größte Gefahr gerieten. Am 8. Januar 1830, so berichtet die „Sundine" unter der Überschrift „Die wackeren Prerower" sah man von Prerow aus, 2 Meilen von der Küste entfernt, ein Schiff im Eise sitzen. 5 junge Prerower Seeleute wagten sich aufs Eis, um der Besatzung Hilfe zu bringen. Dabei ertranken 2 der Männer, nämlich die Matrosen *Hans Joachim Christoph Hauth* und *Joachim Dohrn*, während sich die anderen 3 mit dem Schiff retten konnten. Nach einer abenteuerlichen Fahrt kamen sie am 17. Februar 1830 wieder in Prerow an und brachten den betrübten Eltern die Gewißheit von dem Tode der anderen beiden. Das Schiff hieß „Ingeborg" und war mit Roggen von Reval nach Flensburg beladen. Die Kirchenbücher berichten nichts über dieses Unglück, wohl aber das Memorabilienbuch.

An ein Schiffsunglück aus neuester Zeit erinnert ein Denkmal, das früher auf dem Zingster Friedhof an dem Grabe gestrandeter Seeleute stand und sich jetzt in nächster Nähe der Grabstelle außerhalb des Friedhofes befindet. Es ist ein Findling, umrahmt von einer Schiffskette; Schiffsanker und Steuerruder stützen sich auf den Stein. Dieser trägt folgende Inschrift: *„Zur Erinnerung an die am 11. April 1913 bei Darßer Ort ertrunkenen Seeleute des gestrandeten Rahschoners 'Minna'."*

Erwin Schlitzki   *Peter v. Holt*   *Erich Petersen*
  Rathenow   Neufeld   Hamburg

Die Schiffbrüchigen versuchten bei Nordoststurm und Schneegestöber mit einem Boot an Land zu rudern und sind bei diesem Unternehmen ertrunken. Die Leiche des Kapitäns spülte das Meer bei Dranske auf Rügen ans Land.

Hinzugefügt sei noch, was Herr Kapitän *Johann Niemann*, der jahrzehntelang die Führung der Prerower Rettungsstation innehatte, im Darßer Heimatbuch S. 70 meldet: *„Die Strandung des Dampfers 'Reval' 1883 an der Ortspitze, beladen mit Rentierhäuten, Getreide, Fasanen, Schneehühnern, Bärenschinken, Edelfischen u. a. . Im Jahre 1890 strandete auf der Prerow- Bank die finnische Bark 'Aadelar' mit einer Deckladung aus Holz.*

Im Jahre 1931 lief der Dampfer 'Helene' aus Kiel am Weststrande auf. Fast die ganze Ladung, aus Stückgütern bestehend, warf die See ans Land: Mehlsäcke, Butterkübel, Weinfässer, Kisten mit Konserven usw."

Herr *Niemann* konnte 1961 seinen 95. Geburtstag feiern. Er hat mit seiner Rettungsbootmannschaft im Ganzen 74 Menschen das Leben gerettet.

Dieser kleine Auszug mag genügen, um zu zeigen, wie es hier in den Herbststürmen an der an Untiefen reichen Darßer Küste zuging. Etwas wurde daran gebessert, als 1848 der langersehnte Leuchtturm erbaut und später in Prerow und in Zingst Rettungs- stationen mit neuzeitlichen Rettungsbooten eingerichtet wurden. Solche Unglücksfälle gehörten zum Berufe und vermochten den Aufschwung der Schiffahrt nicht aufzuhalten. Dasselbe gilt von der dänischen Blockade von 1848/49 und 1864, wenn sie auch vielen Schaden brachte.

Hier muß der tapferen Seemannsfrauen gedacht werden, die nach dem Verluste des Mannes und Vaters ihrer Kinder unverzagt den Kampf mit dem Leben aufnahmen. Sie gehören zu den vielen un- genannten Helden des Alltags.

Bei dem Verein zur Versicherung von Küstenschiffen aus dem Franzburger Kreise zu Prerow waren 1858 65 Küstenschiffe mit einer Versicherungssumme von 93.650 Talern, d. h. durchschnitt- lich mit rund 1.440 Talern versichert. 1867 waren 76 Küstenschiffe mit 1.906 Lasten zu 115.150 Talern Taxwert versichert. Für Ver- luste wurden in diesem Jahre für 4 Schiffe 5.300 Taler, also 4,6 % des Gesamtwertes ausgezahlt. In demselben Jahre wurde in Wieck eine Brigg mit 160 Lasten gebaut. Barth führte 1858 108 Seeschiffe auf, zu 16.078 Lasten mit 973 Mannschaften, d. h. durchschnittlich mit 150 Lasten, und 11 Küstenschiffe zu 205 Lasten und mit 32 Mann Besatzung. Von diesen 119 Schiffen stammte über die Hälfte vom Darß.

Noch größer war der Anteil der Darßer an der Besatzung. Die Kosten für den Bau einer Last berechnete man damals auf 100 Taler.Die Schiffsheuer betrug in dieser Zeit für einen Matrosen monatlich 12 - 14 Taler, für einen Steuermann das Doppelte.

Die Schiffsladungen bestanden in der Einfuhr aus: Steinkohle, Ei- sen und Eisenwaren, Zement, Ton und Farben aus England; Wein Rum, Kognak kam über Lübeck; Guano, Mahagoni, Petroleum über Hamburg; Eisen, Pech und Teer von Stockholm; Hanf, Hanf- garn, Roggen aus Petersburg; Heringe und Tran von Bergen. Die Ausfuhr bestand aus Weizen, Roggen, Gerste, Hafer, Malz, Rüb- sen, Leinsaat nach England; Brucheisen, Glasbrocken und Rog- genkleie nach Holland und Kartoffeln nach Harburg. Andere

Ausfuhrgegenstände waren Schlemmkreide, grünes Glas und Töpferwaren. Vom Darß besonders wurden Mohrrüben, Holz, Sand und Fische verfrachtet, wozu eine Zeitlang „Eisenerde" von Wieck kam, die nach Torgelow gebracht wurde. Die Darßer Erzeugnisse wurden mit Yachten an ihren Bestimmungsort geführt. Johann Segebarth zählte für die Zeit von 1853 - 1906 im ganzen 106 Prerower Schiffskapitäne, die alle mit Patent für große Fahrt fuhren. Schiffskapitän *Theodor Matz* machte 1939 eine Aufstellung von 82 Schiffen mit ihren Kapitänen, die in den 70er und 80er Jahren des 19. Jahrhunderts in Zingst beheimatet waren, ein Beweis für die hohe Blüte der Zingster Schiffahrt und das treue Gedächtnis des alten Schiffers.

Zingster Schiffe und Schiffskapitäne der 70er und 80er Jahre des 19. Jahrhunderts.
Nach einer Aufstellung des Schiffskapitäns Theodor Matz, Zingst. Überreicht am 26. 8. 1939 von Herrn Fritz Strübing

1.	Amazone	Georg Matz
2.	Amazone	Carl Zillmer
3.	Anna u. Alma	Johann Sellin
4.	Albert Wilhelm	Johann Wallis
5.	Atlantik	Johann Behrens
6.	Albert	Hermann Ahrens
7.	Arnold	Ferdinand Parrau
8.	Anna Sophie	Heinrich Bohl
9.	Argonaut	August Voss
10.	Amalie	Niemann, Heinrich
11.	Borussia	Niemann, Christoph
12.	Betty Wendt	Matz, Louis
13.	Bertha	Schütt, Heinrich
14.	Bernhard	Bohn, Heinrich
15.	Courier	Hansen, Johann
16.	Catharina	Meier, Heinrich

17.	Christoph Busch	Busch, Joachim
18.	Commerzienrath Rodbertus	Scharnberg, Louis
19.	Courier	Weidemann, Heinrich
20.	California	Fäcks, Ferdinand
21.	Courier	Vick, Ferdinand
22.	Carl	Becker, Johann
23.	Condor	Lembke, Heinrich
24.	Carl August	Ewert, Heinrich
25.	Dolly	Schultz, Heinrich
26.	Donna Escalada	Parrow, Wilhelm
27.	Der Wanderer	Strübing, Fritz
28.	Edward Waugh	Orgel, Johann
29.	Ernst Wilhelm	Gierow, Joachim
30.	Ernst	Wallis, Wilhelm
31.	Erwartung	Fäcks, Johann
32.	Franz	Gierow, Johann
33.	Fortuna	Niemann, Gustav
34.	Falk	Borwardt, Johann
35.	Freundschaft	Zillmer, Martin
36.	Gräfin Behr-Negendank	Schulz, Heinrich
37.	Gräfin Krassow	Schlör, Emil
38.	Gustava Egener	Louis Erdbecher
39.	Gertrud	Heinrich Lembke
40.	Heinrich Dirks	John Schulz
41.	Heinrich Bahlrüss	Christoph Ziepke
42.	Herkules	Carl Parow
43.	Hedwig	Ferdinand Zabel
44.	Heinrich Drossel	Jakob Falk
45.	Heimat	Albert Kraeft
46.	Heinrich Rodbertus	Theodor Kröger
47.	Heinrich	Robert Zillmer
48.	Hoffnung	Christian Böttcher
49.	Heinrich Christoph	Christoph Vorbrodt
50.	I. P. Juhl	Rudolf Parow

94

51.	Johanna	Christoph Hansen
52.	Johanna Kraeft	Johann Wilken
53.	Johanna v. Schubert	Theodor Ewert
54.	Johanna Emilia	Wilhelm Kraeft
55.	Loreley	Heinrich Miedbrot
56.	Louise	Theodor Bahlrüss
57.	Merkur	Carl Schönrogg
58.	Meta	Hans Schultz
59.	Malwine Wendt	Christoph Busch
60.	Marie Berg	Wilhelm Mohr
61.	Mobil	Rudolf Heuer
62.	Minerva	Rudolf Ahrens
63.	Nordpol	Christoph Schütt
64.	Neptun	Joachim Parow
65.	Othello	Heinrich Wallis
66.	Oscar Wendt	Friedrich Scharnberg
67.	Ottilie	Christian Fäcks
68.	Peter Roland	Heinrich Prohn
69.	Pansewitz	Wilhelm Wallis
70.	R. W. Parry	Robert Ewert
71.	Südpol	Johann Nehmzow
72.	Sophie	Heinrich Kraeft
73.	Stormbird	Heinrich Kraeft
74.	S. Supitzig	Heinrich Plagens
75.	Sirene	Ferdinand Busch
76.	Teutonia	Heinrich Parow
77.	Tiger	Heinrich Block
78.	Undine	Christoph Kraeft
79.	Ulrich v. Hutten	Eduard Ewert
80.	Vorwärts	Christoph Kraeft
81.	Waldemar	Rudolf Wallis
82.	Zufriedenheit	Christian Zillmer

Das Dorf Zingst hat schon in der Schwedenzeit Handelsschiffahrt getrieben. Die Zahl und die Größe der Schiffe nahm immer mehr zu; in der zweiten Hälfte des 19. Jahrh. hatte sie ihren Höhepunkt erreicht. Von da an wurden die Segelschiffe durch die Dampfer mehr und mehr verdrängt. In den 70er und 80er Jahren hatte Zingst eine Handelsflotte von 82 Segelschiffen aufzuweisen, welche in Barth oder in Stralsund, je nach dem Sitz des Korrespondenzreeders, geführt wurden. Die Kapitäne, oft zugleich Eigentümer dieser Schiffe, befuhren damit sämtliche Weltmeere und waren oft jahrelang von der Heimat abwesend. Ein großer Teil dieser Schiffe ist auf den beiden Zingster Schiffswerften von Zingster Baumeistern und Handwerkern erbaut worden.- Am Ende des Jahrhunderts gab es in Zingst kaum noch ein Segelschiff für große Fahrt; nur einige Küstenfahrzeuge für den Verkehr auf der Ostsee waren noch vorhanden. Die Schiffswerften, auf denen früher solch reger Betrieb herrschte, wo die Schiffe auf Stapel mit ihren Decks weit über die Häuser ragten, liegen verödet da. Nur die Werftstraße erinnert noch an sie. Die alten Kapitäne, soweit sie nicht in der Tiefe des Meeres ihr Grab gefunden haben, ruhen schon lange auf dem Zingster Kirchhof. Viele der jüngeren Seeleute aber, die nach dem Niedergang der Segelschiffahrt auf den Schiffen der Großreedereien unserer Seestädte eine Anstellung gefunden haben, sind mit ihren Familien von Zingst weggezogen. Die Barther Reeder der Segelschiffszeit und für einen großen Teil dieser Schiffe waren: *Scheel, Wallis, Rodbertus, Kraeft, Scharnberg, Schütt, Steinorth, Busch, Spiegelberg, Ehlert, Fäcks, Kasten, Niemann, Zaage, Jahn, Struck* u. a.. Wie man sieht, fast alles vom Darß und Zingst her bekannte Namen.

Wie es damals und früher in einem vorpommerschen Hafen aussah, das zeigen die Bilder von Caspar David Friedrich: „Greifswalder Hafen", „Abend am Ostseestrande" u. a. Seine Bilder „Morgen, Mittag, Abend" schildern die Fischerei an der Ostseeküste in jener Zeit.

Von der ganzen Herrlichkeit der Darßer Schiffahrt zeugen heute nur noch einige Schifferhäuser, die vor den andern alten Häusern ins Auge fallen; sodann etliche, leider wenig zahlreich erhaltene, schöne alte Grabsteine und zuletzt die drei großen kunstvoll aus

Holz geschnitzten Segelschiffe in der Prerower Kirche. In der Mitte hängt die „Germania", von *Karl Bohn* aus Wieck 1855 nach zehnjähriger Arbeit gestiftet; im Norden befindet sich die „Teutonia", von *Kramer* aus Zingst zwischen 1850 und 1860 hergestellt, und im Süden (seit 1934 auch im Norden) „Peter Kreft", von *Peter Kreft* aus Prerow ganz aus Mahagoniholz ausgeschnitzt. Dieser war nach London verzogen und schickte es 1780 als Geschenk für die Prerower Kirche. Es wurde 1880 von *Joachim Steinorth* aus Prerow erneuert.

Die Schiffe gingen eins nach dem anderen verloren. Die Werften verödeten. Die wertvollsten Möbelstücke, Truhen, Schränke, Porzellangeschirr, Schmucksachen und sonstige Andenken wanderten in die Hände der Händler und Sammler, und wir können froh sein, daß das Provinzialmuseum in Stralsund eine „Darßer Stube" aus den zerstreuten Trümmern gerettet hat. Dort sieht man seidene Darßer Regenschirme, schon von Wehrs erwähnt, reich verzierte Wäscheklopfer (Waschhölzer), Möbelstücke und englisches Geschirr. (Einige Darßer Waschhölzer hatten sich bis ins Berliner Museum für Völkerkunde verirrt.) Jeder Darßer Junge müßte stolz sein, wenn er ein geschnitztes oder gemaltes Schiff seines Urgroßvaters sein eigen nennen kann. In Prerow erinnert noch die „Kielreih" südöstlich vom Krabbenort an eine der verschwundenen Schiffswerften. Sie gehörte zuletzt dem Schiffsbaumeister *Hermann Zaage*. In Zingst hat man einen alten Dorfweg Werftstraße genannt.-

Das Prerower Darß Museum birgt eine sehenswerte Ausstellung über die Entwicklung der Darß - Zingster Schiffahrt.

Welches waren nun die Ursachen des Verfalls? Sie bestanden u. a. in dem Umstande, daß Preußen kein Getreide mehr ausführte, sondern seit 1879 auch die Einfuhr durch Schutzzoll abdrosselte. Dazu kam die Dampfschiffahrt, mit welcher die Darßer Segelschiffe nicht in Wettbewerb treten konnten. Ein Grund mehr war die Abgelegenheit unserer Küste, zumal jetzt der Atlantische Ozean die Haupthandelsstraßen an sich zog. Schließlich fehlte es auch an Kapital und an Unternehmungsgeist, den Kampf aufzunehmen. 1902 befand sich von Prerow aus nur noch ein Schiff auf großer Fahrt, und der alte Segebarth schrieb 1910: *„Im Nachbarort sind nur noch 3 Dampfschiffskapitäne und 2 Küstenfahrer zu Hause".* Wehmütig fuhr er fort: *„Von der großen Zahl der Schiffer.... sieht man selten noch einen Alten als Rest, der sich für seine letzte Fahrt bereit hält!"*

Mit dem Untergange der Schiffahrt waren einem großen Teil der Darßer Bevölkerung die Lebensbedingungen abgeschnitten. Der Darß war nun übervölkert. Der Nachwuchs sah sich gezwungen, die Heimat zu verlassen, und fand in den Hafenstädten, wie Hamburg oder auf den Werften von Kiel und Wilhelmshaven Verdienst und Brot und damit eine zweite Heimat. Verschiedene wanderten noch weiter aus, nämlich nach den Vereinigten Staaten von Nordamerika, und es wird wohl kaum eine alte Darßer oder Zingster Familie geben, die nicht Verwandte „drüben" hat. So entvölkerte sich nach und nach unsere Heimat.

Die Ortschaften Zingst mit Straminke, Sundische Wiese, Müggenburg und Kirr, Prerow, Wieck mit Bliesenrade und Born hatten folgende Einwohner:

	Zingst	Prerow	Wieck	Born
1868	2170	1530	1330	1565
1909	1299	1049	793	1086
1912	1272	1000	772	1036

Diese Zahlen sprechen für sich. Auch geben sie die Begründung dafür, daß die Grundstücke verödeten und die Häuser spottbillig zu kaufen waren. Durch den Badeverkehr wurde den Bewohnern ein gewisser Ersatz gegeben und durch die Eisenbahn (1910) und die Chaussee (1926 - 1928) eine bessere Verbindung hergestellt. Die alte Poesie der Segelschiffahrt aber ist dahin.

Als die Blütezeit der Schiffahrt vorüber war, geriet ein Teil der Bewohner der überbevölkerten Dörfer in wirtschaftliche Schwierigkeiten. Die Schiffer, z. T. wohlhabend geworden, konnten mit ihrem ersparten Geld in Ruhe ihrem Lebensabend entgegensehen, aber nicht die anderen, von der Schiffahrt abhängig gewesenen Leute, die Steuerleute, Matrosen u. a. Ein Teil davon, besonders die jüngeren, suchten in den Hafenstädten, vor allem in Hamburg eine Stellung auf den Schiffen oder den Werften zu erlangen. Die älteren dagegen und die vielen Witwen kamen in Bedrängnis. Sie setzten sich aber tapfer zur Wehr. Sie besaßen gewöhnlich ein Häuschen oder einen Teil eines Hauses mit einem kleinen Grundstück, einem Garten, wo sie Kartoffeln und Gemüse, vor allem Mohrrüben anbauten. Sie hielten sich eine Kuh oder 2 Kühe, 1 - 2 Schweine und Hühner. So hatten sie Milch und Butter, Fleisch, geräuchert und gesalzen, Wurst und Eier. Einige bauten sogar Roggen an, druschen ihn mit dem Dreschflegel aus und ließen das Korn in einer der Mühlen mahlen, und buken daheim das kräftige eigengebackene Brot. Die Männer gingen als Tagelöhner in den Wald oder arbeiteten wie in Prerow und Zingst in den Dünen. Ein Wiesenstück in der Nähe des Hauses lieferte ihnen das Grünfutter für die Kühe. Das Fehlende, das Heu für den Winter, warben sie auf den gepachteten Wiesen im Walde, z. B. in der Großen Buchhorster Maase, am Strom, am Bodden, im „Ort", dem Ödland zwischen Prerow und Wieck. Der „Ort" lieferte ihnen sogar Torf für den Ofen. Die Bewirtschaftung war mit weiten Wegen verbunden. Selbstverständlich besaß jedes Dorf mindestens eine Kuhweide. In Prerow war diese Kirchenland. Ein Hirte wurde für die Herde des Dorfes eingestellt und trieb diese jeden Morgen auf die Weide. Abends zurückkehrend fand jede Kuh ihren Stall von selbst wieder. Bewundernswert war der Fleiß und die zähe Ausdauer, durch die sich die Frauen auszeichneten. So wurden sie und ihre Kinder vor Not geschützt. Ein Merkmal ihrer Wirtschaft war die Sauberkeit in allen Stücken.

9. DAS LEUCHTFEUER AUF DARßER ORT

Allmählich kam die Schwedische Regierung zu der Einsicht, daß etwas gegen die häufigen Schiffsunfälle bei Darßer Ort getan werden müßte. 1792 fragte sie bei dem uns bekannten Landjäger Niemann nach den Ursachen der Unfälle und forderte Vorschläge zu ihrer Beseitigung. Dieser erfahrene Mann antwortete, die Ursachen seien nicht bloß „Unachtsamkeit und Sicherheit" der Schiffer, sondern die Verlagerung des Sandriffes nach Norden, hervorgerufen durch „Abriß" bei den Küsten Rügens, Hiddensees und des Zingstes (s. Erdgeschichtliches). Eine Abhilfe sei nur durch die Berichtigung der überholten Seekarten und durch die Errichtung eines Feuerturms oder einer Bake zu erreichen. Daraufhin schickte man 1794 zwei Fachleute zur Besichtigung der Örtlichkeit, den Schiffsaltermann *Walter* und den Lotsenaltermann *Cornelius*. Ihr Bericht deckte sich zum großen Teil mit dem des Landjägers Niemann. Die Sandbänke hätten sich innerhalb 30 Jahren 1/2 Seemeile verschoben, eine Leuchttonne sei ungenügend und daher eine Leuchte mit Lampe oder eine Bake zu errichten. Kostenanschlag: 242 Reichstaler. Dieser Vorschlag kam nicht zur Ausführung, trotzdem noch weitere Erkundigungen eingezogen wurden.

Nach 1815 nahm sich die Preußische Regierung der Sache an. 1817 entschied man sich zunächst für eine Feuerbake, schließlich aber 1837 für ein Blinkfeuer, das nach den neuesten Erfahrungen des französischen Physikers *Fresnel* hergestellt werden sollte. So bezog man das Hauptlicht mit den Fresnelschen Linsen aus Paris und die Steine zum Turmbau aus Neuendorf bei Ückermünde. Sie wurden zu Schiff durch das Binnenwasser und den damals noch offenen Prerower Strom an Ort und Stelle befördert. Am 1. Januar 1849 erstrahlte das Feuer zum ersten Male. Die Lichtstärke beträgt heute (1940) nach neueren Verstärkungen 45 000 Hefnerkerzen (1 Hefnerkerze: Einheit für die Lichtstärke). Zur Unterhaltung des Turmes setzte die Preußische Regierung jährlich 1.250 Taler aus. Es soll hier nicht unerwähnt bleiben, daß die hansischen Städte schon vom 13. Jahrh. an Leuchttürme errichteten und Leuchtfeuer unterhielten, so bei Falsterbo, bei „Zingst auf dem Darß", bei St. Niklas auf Hiddensee und an anderen Orten an der Küste. (Karl Pagel, Die Hanse) Genauere Lage und Ort des Feuers „bei Zingst auf dem Darß" ließen sich bis heute nicht feststellen

10. Die Sturmfluten

Wenn man die Berichte der Kirchenbuchschreiber liest, so gewinnt man den Eindruck, daß hier Sturmfluten an der Tagesordnung waren. Und wer wollte es den Pfarrern verdenken, daß sie mit besorgter Miene und beklommenem Herzen aus dem Fenster sahen, wenn die donnernde Brandung des aufgeregten Meeres ihren Gischt über die Dünen spritzte und vom Strome her das Wasser näher und näher an das Pfarrgehöft rückte. Die Gefahr der Überschwemmung war eigentlich immer vorhanden, wenn der Sturm aus Nordost blies, besonders aber dann, wenn er vorher durch lang anhaltende Weststürme reichliche Wassermassen zur Verfügung erhalten hatte. Doch die Pfarrherren waren Binnenländer und haben sich oft unnötig geängstigt. Der Darßer unterschied „Hochwasser" von „Sturmfluten" und wußte aus seiner Erfahrung mit Wasser- und Windverhältnissen, ob wirklich Gefahr drohte oder nicht. Nordoststürme mit Überflutungen der weiten, niedrig gelegenen Flächen traten öfters auf. Sie wurden als etwas ganz natürliches angesehen, hatten aber den großen Nachteil, daß dabei die Dünenkette zerrissen, weggespült oder so geschwächt wurde, daß sie einem stärkeren Anprall nicht mehr standhalten konnte. Bis zur Eindeichung und der planmäßigen Pflege der Dünen schwebten die Darßer daher stets in Gefahr, in ihren Häusern vom Wasser bedroht zu werden.
Die älteren Fluten sind z. T. sagenhaft, z. T. so ungenau beschrieben, daß man sich kein richtiges Bild von ihren Verheerungen machen kann. Ebensowenig ist es bisher gelungen, Klarheit über das Entstehen und Vergehen der Durchbrüche - Seegatten - zu gewinnen. Eine Aufzählung all der vielen Urkunden, Berichte und Ansichten darüber würde die Sachlage nur verdunkeln. Manche Durchbrüche erhielten ihre Tiefe weniger durch den Einlauf als durch den Rücklauf des Wassers. Der Verlauf war in der Regel folgender: An den schwachen Stellen „brach das Meer durch", d. h. die hohe Brandung setzte über die schwachen Stellen hinweg, und die mehr oder weniger aufgestauten Was-

sermassen ergossen sich in die tiefergelegene Ebene. Durch die plötzlich entstandenen Wasserstürze wurde der Rest der Dünen hinweggespült. Je höher das Wasser „draußen" stand, desto stärker war das Gefälle, und desto schneller ging die Überflutung vor sich. Sie wurde unterstützt von dem Wasser, welches vom Strome aus in das ungeschützte Land gedrungen war. Wenn bei länger anhaltenden nordöstlichen Stürmen große Wassermassen von der Grabow aus in die Bodden geschoben wurden, dann kam es manchmal vor, daß der Wasserstand „binnen" höher wurde als „draußen" und, daß die Dörfer wie Bresewitz mehr zu leiden hatten als die Stranddörfer.

Eine der größten Sturmfluten war die vom 10. Februar 1625. Leider fehlen auch hier nähere Nachrichten über ihren Verlauf. Ein furchtbarer Nordoststurm, vom „Schnee- und Schlossenregen" begleitet, war ihre Ursache. Von Lübeck wird berichtet, daß die Wassermarke an dem dadurch berühmt gewordenen blauen Turm 2,804 m über Mittelwasser anzeigte. In Rostock wurden ganze Stadtteile unter Wasser gesetzt und 70 Schiffe aus der Warnow bis an die Stadtmauer und an die Häuser getrieben. In Warnemünde stand das Wasser 1 1/2 Ellen hoch in der Kirche. Es stieg hier von 1 Uhr mittags bis abends gegen 5 - 6 Uhr. Am folgenden Tage kam es noch einmal wieder, stieg aber nicht so hoch wie vorher. In den Dörfern, so heißt es, waren viel Vieh und etliche Menschen ertrunken. Von Barth wird gemeldet, daß das Wasser ganz überraschend mittags zwischen 12 und 1 Uhr gekommen sei. Viel Korn und Vieh sei umgekommen und dazu 11 Menschen ertrunken. Unter Berücksichtigung der Umstände bei der Sturmflut von 1872 kann man annehmen, daß der Darß schon 1 - 2 Stunden vorher heimgesucht wurde. An verschiedenen Stellen entstanden Einbrüche, so bei Straminke.

Am 9. Sept. 1625 schreibt die Herzoginwitwe *Agnes* an Herzog Bogislaw, daß das neue Tief, das die Wasserflut durch den Zingst in den Barther Bodden gemacht habe, noch 7 Ruten (= 30 m) breit und 2 Faden (3 1/2 m) tief sei und mit dem Anfange eines anderen Tiefes (des alten Straminker Tiefs?) wie ein Pfeil auf das Fürstliche Haus und die Stadt Barth schieße. Ein weiterer Durchbruch erfolgte zwischen Zingst und Prerow, wahrscheinlich in der Nähe der Ellerbäk, einer ständig bedrohten Stelle, wie ein Blick auf die Karte mit Hundetief, Butterwieck und den bereits erwähnten Wasserläufen bei dem Burgwall lehrt. Bei Ahrenshoop ist die Flut ebenfalls durchgebrochen und hat einen Durchlauf geschaffen, der noch später (1650) mit flachen Booten, 1 1/2 Ellen tiefgehend, benutzt werden konnte. Schwarz erzählt, daß er 40 Ruten (190 m ??) breit und 4 Faden (7 m) tief gewesen sei. Das Meer suchte sich, wie deutlich ersichtlich, diejenigen Punkte aus, die schon immer die beste Angriffsfläche geboten hatten. Alle diese „Tiefs" wurden später wieder „zugeschlagen", indem Meer und Wind Dünen davor bauten und sie allmählich versanden ließen. Es ist selbstverständlich, daß 1625 die Ortschaften stark mitgenommen wurden, besonders Straminke. Nach dem schwedischen Landmesserberichte hatten dort „5 Bauern" gewohnt. Ihre Häuser seien weggetrieben worden, so daß keine Spur von ihnen übrig geblieben sei, mit Ausnahme der Stelle, wo jetzt ein Holländerkaten stehe. „Auf dem Zingst" soll ein Haus mit 9 Menschen weggerissen worden sein. Das kann sich jedoch ebenso gut auf Straminke, als auf die Ortschaften Zingst beziehen. Vom „Roten Haus" in Zingst wurden nicht nur die Gebäude an Wänden und Dächern stark beschädigt, sondern es kamen auch 110 Haupt Rindvieh, 16 Schafe und 9 Schweine ums Leben. Von der Scheunendiele wurden Getreidevorräte hinweggeführt und die Wintersaaten wurden verdorben. Nicht viel anders erging es sicherlich den Bewohnern von Hanshagen und Palen, nur daß über ihren Schaden keine amtliche Erhebung stattfand. Ähnliches wie die Straminker „Bauern", erlebten ihre Leidensgenossen auf dem Kirchenort bei Prerow. Ihre 4 Wohnstätten mußten ebenfalls dran glauben und wurden jedenfalls nicht wieder aufgerichtet. Auch erwog man damals, die Kirche samt dem „Wiedem" (Pfarrgehöft) auf einen höheren Ort zu verlegen. Es wurde in verschiedenen Berichten noch besonders hervorgehoben, daß der Wald große Zerstörungen aufwies. Am schlimmsten sah es jedenfalls auf der

104

früher bewaldeten Strecke zwischen Zingst und Prerow und bei Straminke aus.

Es ist nun schade und auffällig, daß das Prerower Kirchenbuch nichts über diese Flut enthält. Das mag seinen Grund darin haben, daß die Nachrichten der ersten 100 Jahre Abschriften früherer Aufzeichnungen sind und man beim Abschreiben Randbemerkungen weggelassen hat, dies ist aber unwahrscheinlich. 1624 findet sich bei den Taufen folgende Eintragung: *„Hans Möllers Grete vom Jagdhaus soll 14 Tage alt gewesen seyn, als die große Flut gewesen ist."* Vielleicht hat sich hier der Abschreiber in der Jahreszahl geirrt und das Jahr 1625 gemeint. Die Menschen, die auf dem Zingst verunglückt sein sollten, sind höchstwahrscheinlich mit dem Leben davongekommen; denn in den Beerdigungsziffern sind sie nicht zu finden. 1622 betrug diese Zahl 9, 1623 = 8, 1624 = 4, 1625 = 11, 1626 = 14, 1627 = 12. Das Jahr 1625 fällt aus dem Rahmen der anderen nicht heraus. Auch in den anderen Berichten steht nichts davon, das Menschenleben zu beklagen warnen. Das wäre um so mehr zu bewundern, als damals die Häuser weniger widerstandsfähig gebaut waren als 250 Jahre später. Doch die Fluthöhe betrug 1872 in Lübeck 3,380 m, also 1/2 m mehr als 1625. Aus diesen Tatsachen kann man schließen, daß 1625 die Flut nicht ganz so gewaltig, jedenfalls nicht größer als die von 1872 gewesen ist. Von einer „völligen Umgestaltung des Darßes" kann jedenfalls keine Rede sein.

Die Sturmfluten der Kirchenbuchschreiber

Die ersten Schreckensnachrichten stammen von Pastor *Lüschow*, dem fleißigsten Berichterstatter. *„Anno 1685 den 2., 3. und 4. September ist allhier ein solcher starker Nordwind mit hohem Wasser entstanden, daß man auch gedacht dies Dorf würde vergehen und hat das Wasser großen Schaden an den Dünen getan und ist auch der Wieden sehr nahe gewesen."*

„Anno 1690, den 2. Dezember wie auch den 13. ist ein solcher harter Nordersturm, daß man auch gedacht, dieses Dorf würde im Wasser vergehen, hatt an den Dünen großen Schaden getan und ist das Wasser der

Wieden so nahe gewesen, als sein Lebtag nicht, doch sey dem ewigen Gott Dank, daß er es gnädig wieder gewendet." Aus anderen Quellen erfahren wir, daß am 2., 7. Und 13. Dezember d. J. in Lübeck die Leute mit Booten in der Neustadt fahren konnten. Am bekanntesten und wegen ihres Schlußsatzes am meisten abgedruckt ist Lüschows Mitteilung von 1693. Sie lautet: *„Anno 1693, den 20. Und 24. Sonntag post festum Trintatis, ist ein solcher harter Norden Sturm gewesen, das man auch gedacht, dies Land würde vergehen, ist auch das Wasser der Wieden sehr nahe gewesen, und obgleich ich, Johann B. Lüschow P., große Noth gehabt habe, auch die Sturm Klocke habe läuten lassen, haben doch die Meine bösen Nach Bauern nicht mahl nach mihr umgesehen, wesfals mein Hr. Successor vor die bösen Prerauer sich hüten kann und wird. Sapitent (i) sat."* Dieser Vorwurf traf die Pfarrkinder sicher mit Unrecht, denn die Pfarre lag höher als das Dorf. Pastor L. war überhaupt nicht gut auf die Prerower zu sprechen. Es kam dies bei ihm und seinen Nachfolgern von Streitigkeiten her, die z. T. in den Abgaben und in dem Abweiden der Wiesen vor dem Schnitt ihre Ursache hatten. Die Matrikel hatte u. a. den Zweck, diese Zwistigkeiten aus der Welt zu schaffen. 1694, in seinem Sterbejahr, schrieb Lüschow mit zittriger Hand: *„1694, den 10. January ist mit Nordostwind ein solch Hochwasser entstanden, als es sein Lebtag nicht gewesen, maßen nicht die Kirche allein 1/2 Ellen hoch im Wasser gestanden, sondern auch die Pahlen in die Pfarre getrieben und sonst unseglicher Schaden gethan."* In Lübeck stand das Wasser damals 2,86 m über Mittelwasser, also 2 cm höher als 1625. Nach einer längeren Ruhepause lesen wir 1730: *„Am 3. Adventus ist in der Nacht vom Sonnabend auf den Sonntag eine solche Wasserfluth gewesen als bey Menschengedenken nicht erlebt. Das Pfarrgehöft war rund herum mit Wasser umgeben, auch der Kirchhof war überschwemmt, trotzdem er von einem Wall umgeben war. Die Zingster hatten besonders große Noth, weil die Dünen weggerissen und die Äcker und Wiesen mit vielem Sande überdeckt wurden."* Daß bei dieser Flut das „Kirchenboot" wegtrieb, wurde bereits vermerkt. *„Anno 1742 die volle Woche nach Ostern ist ein so harter Nordost gewesen mit Schnee und Eis vermengt, daß ein großes holländisches Schiff von 70*

Lasten dicht an die Sanddünen getrieben und besitzen geblieben auf dieser Seite, welches nachher mit größter Mühe und Kosten durchs Holtz und über des Priesters Wischen im Prerower Strom gebracht und also geborgen." Die Mannschaft wurde wahrscheinlich gerettet. Wenigstens enthält das Kirchenbuch keinen gegenteiligen Hinweis. Überhaupt ging bei all diesen „Wasserfluten" kein Menschenleben zu Grunde. Entweder trat nun wieder eine längere Ruhezeit ein, oder die Kirchenbuchschreiber hielten es nicht für nötig, davon zu berichten.

Nach der Stralsundischen Wochenzeitschrift „Sundine" stieg das Wasser bei nördlichem Sturme am 25. Und 26. Dez. 1833 um 7 Fuß (über 2m) und setzte die Dörfer Zingst und Prerow so unter Wasser, daß die Flut in die Häuser drang und die Gefahr eines Dünenbruches bei Zingst drohte. Das Wasser kam demnach von der Bodden- und Stromseite. Glücklicherweise drehte sich der Wind, und die Dörfer waren für dieses Mal außer Gefahr.

1834, am 11., 12. und 13. März, sprang der Wind nach längeren Stürmen aus Südwesten und Westen nach Norden um, und die Ostsee durchbrach wieder einmal bei Straminke die Dünenkette und ergoß sich ins Binnenland. Die Schulkinder wurden schnell aus der Schule nach Hause geschickt, als das Binnenwasser immer weiter in die Dörfer kam. Den größten Schaden trugen die Wintersaaten davon, die von dem Salzwasser verdorben wurden.

1841 meldet die „Sundine" vom 28. Juli, daß das Hochwasser am 8. Juni auf der Sundischen Wiese 4- 5 Fuß (1,20 - 1,50m) über dem ganzen Lande gestanden habe. Hier erlebten die Darßer also ein Hochwasser mitten im Sommer, was eine große Seltenheit war. Um diese Zeit fand höchstwahrscheinlich auch die Verlegung der Strommündung nach Westen statt.

1850 wurde amtlich (Separationsberichte und Stat. Beschreibung des Kreises Franzburg 1870) festgestellt, daß die Dünen bei Zingst 10 - 20 Ruten breit und 10 - 20 Fuß hoch seien und daß dort während der dänischen Blockade ein Schutzwall angelegt worden sei.

1867 und 1868 hätten „ungewöhnlich starke Sturmfluten" große Verheerungen am Strande angerichtet und die Insel Zingst gerade an der schmalsten und einem Durchbruche am meisten ausgesetzten Stelle ihres natürlichen Schutzes, der Sanddünen, beraubt. Es wurden auch Maßnahmen getroffen, um dem drohenden Verderben Einhalt zu gebieten. So wurden Pfahlreihen in die See gerammt, um die Wogen zu entkräften, und Zäune in den Dünen errichtet, um den Sand aufzufangen, und mit einer planmäßigen Eindeichung der gefährdeten Ortschaften begonnen. Leider erfolgte sie zu spät, das Unheil ging seinen Weg.

Am 13. November 1872 brach es herein. Es kam nicht unangemeldet. Schon der Oktober war sehr stürmisch gewesen. Seit Anfang November wehten Stürme aus Südwest, die dann nach Westen und Nordwesten drehten. Sie erzeugten in dem westlichen Teile der Ostsee eine Art Ebbe und stauten das Wasser in den östlichen Gebieten auf. Am 8. Nov. zeigte der Pegel bei Kiel 90 cm unter Null. Darum drängte neuer Nachschub aus der Nordsee hinein und füllte so das gesamte Becken der Ostsee auf. Am 10. Nov. ging der Wind über Norden nach Nordosten um, wehte erst mäßig, wurde dann immer stärker und steigerte sich am 12. Nov., einem Dienstag, zum Orkan. Dadurch wurden die aufgestauten Wassermassen nach Westen geschoben. Der Wasserstand war an diesem Tage bei Barhöft + 2,92 m, bei Travemünde +3,32 m. (Barth hatte am 11. schon + 2,83 m). Überall waren die Dünen bereits arg mitgenommen, und bei der Sundischen Wiese und bei Zingst stand das Wasser schon am Deiche. Erfahrene Männer, wie z. B. der Förster *Köppen* vom Forsthaus der Sundischen Wiese, gingen am Abend des 12. Novembers noch einmal zum Strande und, das kommende Unheil ahnend, rieten sie, das Vieh, so gut es ging , in Sicherheit zu bringen und alle Wertsachen auf den Boden zu tragen. In Pramort konnte der aufgeweichte Deich dem Drucke nicht mehr standhalten. Als der Lehrer *Pauls* die Außenhöfe warnen wollte und kaum den Osthof erreicht hatte, breitete sich das Wasser schon mit starker Strömung im Lande aus. Der Deich war gebrochen. Die Bewohner flüchteten auf die Böden ihrer Häuser. Als der Morgen graute, sah man folgendes Bild: Von dem Dache eines Hauses (*Dietrich Thurow*) wehte eine Notfahne. Hier war eine

Scheune zur Hälfte zusammengebrochen. Auch verschiedene Wohnhäuser waren unterspült und drohten einzustürzen, z. B. auf dem Osthofe, wo auch eine Notfahne wehte. Dort schwammen Kornmieten weg, hier Heumieten. In den Ställen brüllte das Vieh, das im Wasser stand. Wilde Schwäne suchten Schutz in der Nähe der menschlichen Behausungen. Es wurden Boote herbeigeschafft und die am meisten bedrohten Familien geborgen. Am schlimmsten sah es bei den „Ausgebauten" aus. Zum Försterhause drang das Wasser gegen 12 Uhr nachts. Ungeheuer groß war der Schaden an Vieh. Auf dem Osthofe (*Drake*) z. B. war alles Vieh ertrunken, 40 Haupt Rindvieh und einige Pferde. Aber Menschenleben waren nicht zu beklagen.

In Zingst wurden die Dünen bis auf einen kleinen Rest weggerissen. Der Seedeich lag 95 m hinter der Wasserlinie und mit der Krone 2 m über Mittelwasser. Er bestand aus Dünensand und war mit einer Rasendecke versehen. Er hielt trotzdem lange stand, bis die Flut den Deich überschritt und so den Widerstand brach. Das geschah am Morgen zwischen 5 Uhr 30 und 6 Uhr. (Der Binnendeich hielt sich). In kurzer Zeit stand das ganze Dorf unter Wasser. Die strömende, brandende See reichte bei vielen Häusern bis zur Fensterbrüstung, bei anderen bis zum Fensterkreuz. Sofas, Schränke und andere Möbelstücke trieben in den Stuben hin und her, stießen gegen die Wände und halfen bei der Zerstörung des Fachwerks. War dieses Werk vollendet, so gelangten sie ins Freie und schwammen mit der Strömung davon. Teilweise landeten sie mit dem ertrunkenen Vieh, meist Schweinen, am Freesenbruche. Das Großvieh wurde in der Weise gerettet, daß man ihm Dung, Stroh, Heu unter die Füße legte und die Unterlage so erhöhte, daß die Tiere wenigstens mit dem Kopfe aus dem Wasser hervorragten. Hühner und Kleinvieh nahm man, soweit es ging, auf den Boden. Die Rettung Bedrängter erfolgte durch Boote und Brühtröge. So rettete der Schiffszimmermann *Heinrich Bussert* die fünfköpfige Familie des abwesenden Steuermanns *Möller*. Auf ihrem zusammengestürzten Hause am Deich schwebten sie in größter Lebensgefahr.

Sein Vieh im Stiche lassend, arbeitete Bussert sich 5 mal durch das eiskalte Wasser, um die Gefährdeten nacheinander in sein Haus zu tragen. Als Anerkennung für seine brave Tat erhielt er später die Rettungsmedaille am Bande und eine Taschenuhr.

Noch wunderbarer war die Rettung der Bewohner eines Hauses in Neu-Müggenburg. Vater, Mutter und Tochter versuchten durch Ketten und Leinen das Dach des schwankenden Hauses widerstandsfähiger zu machen. Trotzdem wurde das Dach von Wind und Wellen losgerissen und trieb mit den Leuten, die sich noch hinauf retten konnten, davon. Sie landeten glücklich im Freesenbruch und konnten von dort geborgen werden. Weniger Glück hatten die Insassen eines Katens auf dem Großen Kirr. Hier hielten die Lehmwände dem Druck des Wassers nicht stand und die Bewohner, Familie *Lorenz*, ertranken, Mann, Frau und drei Kinder. Der Pächter *Horst* verlor bei der Flut 49 Kühe, 200 Schafe und 2 Pferde.

Den Yachtschiffer *Ewert* in Zingst rissen die Wellen beim Bergen seiner Kuh um. Seine Leiche fand man 14 Tage später im Stalle unter herabgestürztem Torf.

In Prerow brach der Deich morgens gegen 4 Uhr, außer an anderen Stellen, am Auslauf des Grabens in der Brake. Er war noch nicht ganz fertig gewesen, es fehlte u. a. noch die Rasenbedeckung. Ein Teil der Holzbrücke über dem Strom trieb an das Ehlertsche Bauernhaus und ragte mit einzelnen Teilen ins Fenster des Hauses hinein. Die Häuser, meist Fachwerkbauten, wurden zum großen Teil bis zum ersten Riegel ausgewaschen, dabei wurden Fenster und Türen herausgerissen und mit den Möbelstücken, Uhren, Betten, Tischen, Stühlen usw., fortgetrieben. Man fand viele Trümmer später am Langseer Weg und in der Speck wieder. Yachten wurden ebenfalls losgerissen und ins Dorf getrieben. Sie mußten nach der Flut über Rollen durch Pferde und Mannschaften ins Wasser gezogen werden. Ihren Höhepunkt erreichte die Flut mittags gegen 2 Uhr. Am schlimmsten sah es im „Ort" und im „Krabbenort" aus. Hier wurde nicht bloß alles herausgewaschen, sondern die Häuser standen teilweise vor dem

Einsturze. Besonders schwer wurde der abwesende Yachtschiffer Horst vom „Ort" getroffen. In seinem Hause spülte die Flut die Treppe hinweg, ehe sich die führerlosen Frauen auf den Boden retten konnten. Es ertranken seine fast 80 jährige Mutter *Katharine Horst*, seine Frau *Maria*, seine 13 jährige Tochter *Emma* und *Marie Niemann*, seine Nichte, die 7½jährige Tochter des Yachtschiffers Niemann. Ein ähnliches Schicksal erlitt die Familie des Tischlers *Lampe*. Sie wohnte in einem Häuschen, das an der Stelle der heutigen Schmiede stand (heute Waldstr. Ecke Bebelstr.). Das ganze Haus wurde auseinandergerissen, die Insassen kamen dabei ums Leben, Mann Frau und 3 Kinder von 1 - 11 Jahren. In der Nähe dieser Unglücksstätte ertrank noch das Söhnlein der Kretzmerschen Eheleute. Zu diesen 10 Todesopfern kamen ferner die Leichen dreier Seeleute, davon 2 aus Stepenitz, die mit ihrem Schiffe, einem Dreimastschoner, auf den Dünen strandeten und vom Maste erschlagen wurden.

Vom Neudarß stand außer den höher gelegenen Teilen des Kirchenortes mit Pfarrhaus, Kirche und Kirchhof und den Dünenketten des Waldes und dem „Berg" in Prerow alles unter Wasser. Selbstverständlich war der ganze Zingst mit Sundischer Wiese, Pramort, Müggenburg, Groß- und Klein-Kirr, Oie, vom Wasser bedeckt. Vom Altdarß wurden die niedrig gelegenen Teile von Wieck und Born überspült. Sehr gefahrdrohend war die Lage in Ahrenshoop. Hier gewährten jedoch die höher gelegenen Teile des Fischlandes den Bewohnern samt ihrem Vieh eine Zufluchtstätte. Eine Menge Tierleichen, Hausrat und Holz wurden bei Wustrow angetrieben. In der Nähe von Ahrenshoop erfolgte ein Durchbruch des Meeres, ebenso bei Prerow zwischen „Hoher Düne" und Papensee. Die Dünen bei Ahrenshoop wurden vollständig zerstört. Am Weststrande bis zum Teerbrennersee hatten sie auch furchtbar gelitten, jedoch blieben sie in der näheren Umgebung des Leuchtturms einigermaßen erhalten. Von Darßer Ort bis zur Strommündung wurden die Vordünen weggerissen, und vom Papensee bis Sundischer Wiese stand von den gesamten Dünen nur noch ein kleiner Rest, darunter der Kern der „Hohen

Düne" bei Pramort.

Am Nachmittage flaute der Wind ab, das Meer beruhigte sich, und die Leute atmeten auf. Man bemühte sich, die am meisten gefährdeten Familien zu retten. Ein willkommener Zufluchtsort waren die massiv gebauten Häuser, z. B. das Haus des Apothekers Diesing in Prerow und das Pfarrhaus in Zingst. Das Prerower Pfarrgehöft wurde zwar überschwemmt, aber ins Pfarrhaus hinein kam das Wasser nicht. Die Boote wurden z. T. von Born herangefahren. Es fanden sich hier wie überall tatkräftige Seeleute genug, um das schwierige Rettungswerk zu unternehmen. Eisiger Wind und Schneetreiben erschwerten es ungemein. Am nächsten Morgen trafen schon Dampfer aus Stralsund mit Trinkwasser und Lebensmitteln ein, ebenso von Barth. Am 14. kam das Wasser wieder, erreichte aber nicht mehr solche Höhe. Bald darauf setzte Frost ein, und weil die Schleusen verstopft waren und die Durchbruchstellen verhältnismäßig hoch lagen, zog das Wasser nur langsam ab. Die Brunnen waren auf lange Zeit verdorben und die Äcker durch das Salzwasser für Jahre unfruchtbar gemacht, dazu verschlammt, versandet oder mit tiefen Riegen durchzogen. In Prerow allein waren den Fluten zum Opfer gefallen: 7 Pferde, 99 Kühe, 61 Schweine, 133 Schafe, 5 Ziegen, 78 Hühner und 4 Gänse. Trotz aller Warnung wurden tote Schweine eingeschlachtet und dadurch Krankheiten hervorgerufen.

Furchtbar hauste der Sturm auch im Darßer Walde. Massenhaft wurden die Stämme, auch die dicksten, umgeknickt oder entwurzelt und reihenweise zu Boden geworfen. Der Wald sah aus wie ein Schlachtfeld. Dabei kam auch viel Wild um. Das Holz wurde dann billig (1 Raummeter zu 2,50 M.) verkauft und so den Arbeitern und Fuhrleuten eine Möglichkeit zum Geldverdienen gegeben.

Das „große Bauholz" verwendete man z. T. zum Bau des Lehrerseminars in Franzburg. (H. Bandlow, Geschichte der Zisterzienser Abtei Neuenkamp und der Stadt Franzburg Triebsees 1890)

Zur Ehre unserer Bevölkerung muß gesagt werden, daß sofort eine großartige Hilfeleistung einsetzte. Nicht bloß in der Heimatprovinz, sondern in ganz Deutschland wurde mit Eifer zur Linderung der Not gesammelt und nicht allein große Geldsummen, sondern auch Lebensmittel, Kleidungsstücke, Betten, Brennstoffe usw. in ungeheuren Mengen gespendet. Die Staatskasse des Stralsunder Regierungsbezirkes bewilligte in einem Jahre allein über 130.000 Taler, und durch Sammlungen gingen in diesem Bezirke in derselben Zeit gegen 200.000 Taler ohne die erwähnten Sachwerte ein. Lehrer *Berg* aus Zingst erhielt 270 Taler Entschädigung, Lehrer *Frahn* aus Prerow war das Klavier schwer beschädigt. Lehrer *Peters* aus Born bekam nur 5 Taler.

In dem Gedächtnis derer, die das gewaltige Ereignis miterlebt haben, wird die Erinnerung an den 13. Nov. 1872 kaum verblassen. Damit aber auch kommende Geschlechter ein lebendiges Bild von diesem Erlebnis ihrer Vorfahren erhalten, sei an dieser Stelle die Bitte ausgesprochen, daß jeder seine Eindrücke aufschreiben möge.

Nachdem das Wasser abgelaufen war, ging man sofort an die Ausbesserung der Schäden. Zunächst wurden die Durchbrüche geschlossen. Das geschah in der Weise, daß man große, mit Steinen beschwerte Strauchbündel versenkte und darauf Sand schüttete. Auf dieser Unterlage wurden Fangzäune angelegt, um den herangetriebenen Sand festzuhalten. Dieses Flechtwerk wurde auch da errichtet, wo die Dünen verschwunden waren. Dazwischen pflanzte man Strandhafer. Obgleich sich die früher ins Meer gebauten Pfahlreihen nicht bewährt hatten, wurden sie erneuert und verstärkt. Schließlich schritt man zu einer umfassenden Eindeichung. Es arbeiteten im Sommer 1873 mehrere 100 Arbeiter aus der Mark, aus Schlesien und Posen daran. Der gesamte Zingst von Pramort bis Freesenbruch wurde in 250 m Abstand vom Seeschlage eingedeicht. Von Zingst nach Prerow zog man einen Außendeich, und beide Ortschaften wurden durch Querdeiche noch besonders geschützt. Ahrenshoop wurde mit einem Binnendeich versehen. Der Vordarß sollte durch Dünen gesichert werden. Zum Abschluß gelangte dieses Werk 1874. Am 21. September wurde am „Stromschluß" mit Feierlichkeit eine

Steinfaschine versenkt und weitere, mit Granitblöcken verankerte Reisigbündel in die Tiefe hinabgelassen. Als diese von der Strömung hinweggerissen wurden, arbeitete man von den Seiten in die Mitte hinein. Diese Stelle glaubte man besonders sichern zu müssen, und so erhebt sich hier auf 100 m Länge ein stattlicher Deich, der 4 m hoch und nach Norden mit mächtigen Steinblökken eingefaßt ist, zur großen Beruhigung der Gemüter, die bei jedem Hochwasser zunächst von dieser Stelle her Gefahr befürchteten. 1874 wurde dann ein breiter, fester Damm bei der früheren Brücke über den Strom hinübergeführt und so noch einmal die Insel Zingst mit der Halbinsel Darß verbunden, so daß man sich allmählich an die nicht schön gebildete Bezeichnung Darß- Zingst gewöhnte.

Seither haben die Stranddörfer kein Flutwasser gehabt, wohl aber die Boddendörfer. Das war Silvester 1904. Der große und der kleine Werder wurden vollständig überflutet. Am Zingst wurde die einreihige Düne von Pramort über Sundische Wiese bis zur Hohen Düne bei Prerow weggerissen. Die Hohen Dünen bei Prerow und Pramort verloren ihre Vordünen und wurden selbst angegriffen. Der Buschwald zwischen Düne und Deich wurde überschwemmt, und der Deich an 4 Stellen in der Nähe der Ellerbäk, im Ganzen in 200 m Breite, durchbrochen, nachdem vorher die Brandung über ihn hinweggefegt war. So ergossen sich die Wassermassen in die Niederung und den Bodden. Weil Druck und Sturm nachließen, war die Gefahr bald vorüber. Ähnlich verlief der Anprall nach Weihnachten 1912, wo bei der Überflutung des Deiches auch der Eisenbahndamm stellenweise zerstört und die Klörbrücke zwischen Bresewitz und Pruchten von der mächtigen Strömung zum Einstürzen gebracht wurde, glücklicherweise erst, nachdem der letzte Zug längst hinüber war.

Küstenschutz

Ob die pommersche Regierung nach dem Zusammenbruch des natürlichen Schutzwalles im Jahre 1625 etwas zur Befestigung der Küste getan hat, war bisher nicht festzustellen; geplant war es je-

114

denfalls. (Es ist wohl anzunehmen, daß es besonders wegen des 30 jährigen Krieges nicht geschah.)

Von der schwedischen Regierung wissen wir, daß sie nach der Flut von 1742 den Bau eines Zaunes empfahl und daß sie 1749 die Dünen bei Zingst und Prerow zweimal durch Holz und Strauchwerk erhöhen ließ. Eigentlich sollten die Einwohner diese Arbeiten selbst und unentgeltlich besorgen. 1788 lobte man eine Prämie von 12 Reichstalern für Darßer und Zingster Einwohner aus, welche die größte Strecke Sandschelle durch Bepflanzung mit Weiden oder Besäung mit Holzsamen (Kiefernsamen) stehend gemacht hatten. 1819 verordnete die preußische Regierung: *„Die Dünen sind mit Coupierzäunen (Hecken) zu versehen, mit Strandhafer oder -roggen zu besäen und mit Stockreisern von Weiden, Erlen und Pappeln zu bepflanzen, das Gelände muß völlig geschont und darf nicht abgehütet werden.“* Nach 1872 baute man Pfahlbuhnen ins Meer hinein, um die Brandungswellen zu brechen und um dem Sande Gelegenheit zur Ablagerung zu geben.

Durch die Erfahrungen belehrt, ging man nach 1904 daran, anstelle der Pfahlreihen mächtige 20 - 30 m lange Steinbuhnen mit Faschinenunterlagen und Landanschluß zu bauen. Dieses kostspielige, aber erfolgreiche Werk wird am Zingster Außenstrande ständig fortgeführt. Außerdem verfolgt man heute bei der Pflege der Dünen einen anderen Grundsatz. Man legt den größten Wert auf eine möglichst breite Grundlage mit geringer Kronenhöhe und flacher Außenböschung, um die Dünen widerstandsfähiger gegen Wind und Wellen zu machen. Wenn sie dann einer Sturmnacht standhalten und dabei auch tiefe Wunden davontragen, so haben sie ihren Zweck erfüllt.

Das Ahrenshooper Ufer sicherte man 1930 durch Betonblöcke, auf Faschinen liegend. Sie bewährten sich nicht, so daß man später Buhnen aus Stahlspundwänden ins Meer hinein baute. Auch diese haben die Abtragungen nicht verhindern können. Dabei vernachlässigte man die Nordwestküste von Esper Ort bis Darßer Ort. Darum wurde diese Strecke bei der Sturmflut vom 1. und 2. März 1949 besonders mitgenommen. Das Vorland und die Dünen waren durch die abtragende Strömung soweit weggeräumt worden, daß das Meer fast ungehindert in den Wald stürzen konnte und dort große Verwüstungen anrichtete. Die Landverluste sind hier im Laufe der letzten Jahrzehnte in beängstigender Länge und Tiefe gestiegen. Sie betrugen am Vordarß von 1933 - 1952 = 180 m, also im Jahre durchschnittlich 10 m. Bei den Rehbergen gingen seit der Schwedischen Landesaufnahme von 1692 310 m, nördlich davon 400 - 500 m verloren. Je mehr das Steilufer des Fischlandes weggespült wird, desto schneller vollzieht sich hier der Rückgang des Landes. Ihm fielen auch die letzten Buchen bei Esper Ort zum Opfer. Jetzt hat man die am meisten gefährdete Strecke durch einen Deich geschützt. Die Sturmflut vom 1. 4. 1954 vervollständigte hier das Zerstörungswerk. (Vergl. *Kolp*, Sturmflutgefährdung der Deutschen Ostseeküste zwischen Trave und Swine.)

11. DIE ORTSCHAFTEN

Nachdem die einzelnen Ortschaften bei den allgemeinen Darstellungen herangezogen wurden, folgt hier ein kurzer Überblick über ihre Entwicklung. Besonders die vier großen Dörfer haben ein ähnliches Schicksal gehabt. Bei Zingst und Prerow verlief es fast gleich, wie auch Wieck und Born ihrer Lage entsprechend denselben Entwicklungsgang durchgemacht haben.

1828/29 Dominialabgaben:

Prerow	208	Reichstaler	27	Grosch.	1	Pf.	
Wieck	271	„	20	„	8	„	
Zingst	348	„	28	„	3	„	

Vor 1870 bestand keine ordentliche Gemeindeverfassung. Die Schulzen verwalteten mit den Beisitzern ihre Gemeinden „patriarchalisch". Amtlich wurde diesen Gemeindevorständen bescheinigt, daß eine ordnungsgemäße Rechnungslegung durch die Schulzen stattfände, die von den Beisitzern geprüft und mitunterschrieben und dem Landrat zur Prüfung vorgelegt werde. Große Schwierigkeiten bereiteten den Dorfverwaltungen im 19. Jahrhundert die Ablösungen und das schnelle Wachsen der Bevölkerung. Bei wichtigen Entscheidungen rief man die Gemeindeversammlungen zusammen und befragte sie. 1872 traten an ihre Stelle gewählte Gemeindevertreter. 1867 verlieh der Landrat Graf *Behr-Negendank* den Gemeindevorstehern Schulzenstäbe als Zeichen ihrer Amtsgewalt. Der Hauptabschluß der Dorfrechnungen ergab 1867 folgendes Bild:

	Soll- Einnahmen	Ausgaben	Bestand	Defizit
Born	835 Tl. 27 Gr. 2 Pf.	495 / 22 / 2	340 / 5 / 0	---
Prerow	980 „ 8 „ 7 „	1109 / 10 / 2	-------	129 / 1 / 7
Wieck	1070 „ 24 „ 5 „	948 / 3 / 7	122 / 20 / 10	---
Zingst	470 „ 25 „ - „	432 / 22 / 6	38 / 2 / 6	---

Bei dieser Aufstellung ist zu bemerken, daß infolge der Abwesenheit des seefahrenden männlichen Teils der Bevölkerung stets Rückstände vorhanden waren, die im Laufe des Jahres beglichen wurden und so den Ausfall oft wesentlich veränderten. Oft legten die Schulzen die Steuern solange aus und zogen sie dann zu gelegener Zeit ein, was die Buchführung natürlich verwickelt machte. Die große Zunahme der Bevölkerung des Prerower Kirchspiels im 17. und 18. Jahrhundert läßt sich aus dem Geburtenüberschuß allein nicht erklären. Wenn auch im 18. Jahrh. die Geburtenzahlen 6 mal so hoch waren wie im 17. Jahrh. und der Geburtenüberschuß entsprechend wuchs, so traten doch besonders infolge der Kindersterblichkeit, von Seuchen und Schiffsunfällen Rückschläge auf. So starben 1629 an der Pest 134 Personen gegen 9 Todesfälle im Jahre vorher. Dieser Rückgang wurde in knapp 10 Jahren aufgeholt. 1710 herrschte „eine Seuche" unter den Kindern, woran in 5 Wochen 36 starben. 1753 war wieder ein großes Kindersterben mit 111 Beerdigungen. Ähnlich so war es 1768. Bei 103 Beerdigungen waren die meisten Kinderleichen. 1773 wiederholte sich das bei 77 Todesfällen 1793 war (wie 1779) ein Blatternjahr, worin 115 Leute starben, darunter 42 Kinder. 1796 rafften die Frieseln allein 30 Kinder hinweg. Verhältnismäßig hoch war auch die Zahl der Frauen, die in den Wochen starben.
Die neu auftretenden Familiennamen beweisen, daß zur Vermehrung der Bevölkerung der Zuzug erheblich beigetragen hat.

Übersicht über das Wachstum der Bevölkerung von 1612 - 1800

1612-1631	durchschn. jährl.	4 Trauungen,	15 Tauf.,		15 Beerd.	
1690-1700	„	„ 3,3	„	15	„ 12	„
1792-1800	„	„ 15	„	92	„ 63	„

Einwohnerzahlen 1783 im Kirchspiel Prerow (Darß und Zingst) nach *J. H. Gadebusch,* Professor in Greifswald, Schwedisch - Pommersche Staatskunde II. Teil Greifswald 1788

Freye Leute:
Verheiratet Männer   125 Frauen 125 Witwer 28   Witwen 32 (!)
Unverheiratete
über 15 Jahre   „   92   „   96
Kinder unter
15 Jahren: männl.   180   weibl. 168
        alle männl.:   415 alle weiblichen: 421
sämtliche Freye: 836

Leibeigene und Untertanen
Verheiratet Männer   332 Frauen 332 Witwer 30 Witwen 65 (!)
Unverheiratet
über 15 Jahre: männl. 227   weibl. 209
Kinder unter
15 Jahre: „   429   „   403
Sämtliche
Unfreye :   „   1018   „   1009; zus. 2027 Unfreye

Alle Männlichen 1433, alle Weiblichen 1430.
Im Ganzen   2863 Personen.
Getrennt Lebende: 13; Neue 36
zusammen insgesamt   2912 Personen

Im Jahre 1798:	Hausväter		Dienstleute		Total
	m.	w.	m.	w.	
Born	89	114	63	97	518
Bliesenrade	2	2		4	13
Wieck	80	89	50	87	435
Prerow	93	111	47	89	497
Zingst	93	120	69	81	<u>557</u>

                2020
        ohne die freien Leute

119

Die alten Landstraßen haben sich zum größten Teil noch erhalten. Der alte Ahrenshooper Weg ging von Prerow am Rande der Buchhorster Maase entlang. Der alte Wiecker Kirchweg verlief von der „Dannwieck" durch den Wald und mündete beim „Slaten Kraug" zwischen g- und f- Gestell in den Borner Weg. Später benutzten die Wiecker den geraden Weg durch den Wald, den jetzigen Wiecker Weg über den „Spälmannsbarg", wo die Hochzeitswagen nach der Trauung des Paares von den Spielleuten erwartet wurden. Dann bog man am Ravenhorster Damm nach Westen ab und ging über die Prerower Försterei und die Trift ins Dorf. Wenn der Sommer trocken war, konnte man den sonst nassen Fußsteig durch den „Butterberg" benutzen. Der Weg von Prerow nach Zingst bog hinter der „Hohen Düne" zum Strande ab, wie auch der Weg von Zingst nach Straminke früher am Strande entlang führte.

Die alten Verkehrswege vom Darß zum Festlande führten einerseits zu Lande über Ahrenshoop nach Mecklenburg, andererseits zu Wasser von Bliesenrade über den Bodden nach Bodstedt oder Fuhlendorf und weiter nach Barth. Vom Zingst segelte man früher meist über den Barther Bodden; später ging der Weg über die Fähre bei Timmer Ort. Wenn Schiffe gezwungen waren, Stralsund, Rostock oder einen noch weiter entfernten Ort als Winterhafen aufzusuchen, so mußten die Seeleute, mit Sack und Pack beladen, den Weg in die Heimat zu Fuß zurücklegen und auch im Frühjahr denselben Weg auf Schusters Rappen machen. Selten hatten sie Gelegenheit, eine Strecke wenigstens einen Postwagen oder ein Fuhrwerk zu benutzen.

Über die Postverbindung besitzen wir einen Bericht des Amts- und Gemeindevorstehers Schmidt, welcher zeitweise eine Gastwirtschaft am Anfang der alten Prerower Dorfstraße betrieb und später als Postvorsteher in der heutigen Schulstraße wohnte. Danach vermittelte zu Anfang des 19. Jahrhunderts der Fährmann *Rubarth* aus Bodstedt den Postverkehr. Später übernahmen es Prerower Fährleute, die Postsachen nach Barth zu befördern, und zwar 3 mal in der Woche. Bei widrigen Winden und im Winter erlitt der Verkehr oft längere Störungen. Darum führte man 1849 eine Fußbotenpost ein. Die ging früh von Zingst ab und berührte die Ortschaften Prerow, Wieck, Born und blieb solange in Bliesenrade, bis die Post von Barth eintraf. So beförderte man in den ersten Jahren 3mal wöchentlich, späterhin täglich. Weil diese Post aber nur Briefe und ganz kleine und leichte Pakete mitnehmen konnte - die schweren Sachen mußte man sich von Barth abholen lassen - so richtete die Behörde 1861 eine Kariolpost (mit leichtem Fuhrwerk) ein, welche täglich von Prerow über Wieck und Born nach Bliesenrade fuhr und hier die Postsachen an den Fährmann abgab und dafür die Post von Barth in Empfang nahm. Seit 1881 bestand eine ähnliche Postverbindung über Zingst Timmer Ort nach Barth. Sie wurde später mit der Darßer Post verbunden. Seit 1884 gab es eine regelmäßige Dampferverbindung zwischen Stralsund und Zingst und bald darauf zwischen Barth, Zingst und Prerow und zwischen Barth, Wieck und Born. Daneben blieben die alten Fuhrwerkposten bestehen, bis 1910 die Eisenbahnverbindung und die Kraftwagenpost den alten gemütlichen Zuständen ein Ende machten. Damit verlor auch die alte Wasserstraße, der Prerower Strom, noch mehr an Bedeutung.

Die alten Wasserrinnen, die wegen der leichten Versandung von Zeit zu Zeit ausgebaggert werden mußten, hatten 1893 folgende Tiefen:

Die Meiningen	(d. h. Verengung) :	2,30 m
Der Nadelstrom (südlich Bliesenrade):		2,70 m
Der Koppelstrom („ Born) :		2,60 m
Darßer Bülten („ „) :		2,40 m

Übersichten über die Ortschaften im 19. und 20. Jahrhundert
(Die Ortschaften nach dem Ortswörterbuch von Mützel-Krug.
Aus dem Jahre 1821)

Name	Bezeichnung	Kreis	Amt/Herrschaft	Kirchspiel	Seelen	Poststat.
Prerow	Bauerndorf	Franzburg	Kgl. Besitz	Prerow	893 (?)	Barth
Wieck	''	''	''	''	735	''
Ahrenshoop	kgl. Dorf u. Gehöft	''	---	''	181	''
Bliesenrade	Dorf	''	---	''	79	''
Zingst	Bauerndorf	''	Kgl. Besitz	''	1095	''
Sund. Wiese	''	''	Stadt Stralsund	''	119	Strals.
Pramort	''	''	''	Mohrdorf	78	''
Born	''	''	Domäne	Prerow	856	Barth
Straminke	kgl. Unterförster Büdnerhäuser	''	Zingst	''	49	''
Müggenburg	3 Höfe	''	Stadt Barth	''	38	''

1858 zählte das Kirchspiel Prerow   4.662   Personen
                            Zingst   1.362
                         zusammen   **6.024**   Personen

1861 : Darß =   1,405 Quadratmeilen
        Zingst =   1,278   „
        Kirr =   0,064   „
        Oie   =   0,014   „

(Nach dem Provinzialkalender für Neuvorpommern und das Fürstentum Rügen, 1864)

Das Zingster Kirchspiel	Wohnhäuser	Einwohner 1861
Zingst, Kirch- und Pfarrort, Bauern- u. Schifferdorf	250	2167
7 Halbbauern, 16 Kossäten, Schulze: *Parow* Gerichtskommission zu Barth		
Der Große Kirr, Insel, kleiner Hof, Besitzer: Stadt Barth	3	21
Pächter: *Prützmann*		

122

Fortsetzung

Das Zingster Kirchspiel	Wohnhäuser	Einwohner 1861
Der Kleine Kirr, Insel, kleiner Hof,		
Domäne zur Dorfschaft	1	12
Zingst,		
Eigentümer *Bussert*		
Müggenburg,		
Hof, Besitzer *Keding,*	8	89
Schiedsmann für das Kirchspiel		
Oie,		
Insel, Parzelle, *v. Pachelbel- Gehag,*	1	11
Pächter: *Horst*		
Straminke,		
Domäne, Försterei,	2	26
die Bauern zu Zingst		
Sundische Wiese,		
Westhof, Südhof, Kalkhof, Dünenhof		
(kleine Höfe) Bes. Stadt Stralsund,		
4 kleine Höfe, 16 Kossätenstellen,		
2 Büdnerstellen, 3 Beamten-		
dienstgehöfte, Schulze: *Gierow*	11	174
zusammen	**276**	**2.500**

Pramort: Bauerndorf, Gehört zum Kirchspiel Mohrdorf		
Herrschaft: Stadt Stralsund 4 kleine Pächter		
Schulze: *Gau,* interimistisch *Pauls* 11		76
Werder. Insel, Fischerwohnung, Herrschaft :		
Baron von Klot-Trautvetter 1		4

Das Prerower Kirchspiel

Prerow Kirch- und Pfarrdorf, Bauern-, 216		1.517
Büdner- und Schifferdorf, Domäne,		
6 Halbbauern und 3 Kossäten		
Schulze: *Schmidt,*		
Gerichtstag zu Wiek		
Ahrenshoop u.Vittebrook 34		249
Gehöft und Büdnerdorf,		
Gehöftbesitzer Förster *Bülow,*		
auch Freischulze,		
mehrere Büdner		

Fortsetzung
Das Prerower Kirchspiel

	Wohnhäuser	Einwohner 1861

Bliesenrade
Büdnerdorf, Domäne,
Schiffer und Katenleute
Schulze zu Wieck — 13 — 106

Born
Bauern- und Büdnerdorf,
12 Halbbauern, Schulze
v. Peterson, Schiedsmann
für den Darß — 230 — 1.601

Darßer Ort
Leuchtturm — 1 — 11

Wieck
Bauern- und Schifferdorf,
Domäne, 11 Halbbauern,
4 Kossäten, Schulze *Miedbrodt* — <u>174</u> — <u>1.279</u>

zusammen — **668** — **4.763**

Die Ortschaften des Darßes und Zingstes nach ihrem Grundsteuerreinertrag auf 1 Morgen
(Statistische Beschreibung des Kreises Franzburg von 1870)

Name	Acker	Gärten	Wiesen	Weiden	Total
Ahrenshoop	31	----	40	4	18 resp. 20 Mark
Born	15	29	42	8	22 „ 21 „
Wieck	17	22	32	9	19 „ 19 „
Prerow	14	15	23	10	16 „ 14 „
Zingst	18	26	21	10	15 „ 14 „
Müggenburg	15	30	18	3	16 „ 15 „
Kirr	16	---	23	9	18 „ 18 „
Sund. Wiese	14	30	14	6	13 „ 13 „
Pramort	8	30	15	3	5 „ 5 „

124

Verzeichnis der bäuerlichen und kleineren ländlichen Nahrungen in Morgen; Statistik 1870

Ortschaften	Spannfähige Bes. bis zu 30 Morgen	Kleinere Grundbes. unter 30 Morgen	Gemeinschaftl. Bes. (Weide u.a.)	Fisk. + kirchl. Besitz	Summe	Bemerkungen
Born	700	1400	1517	----	3617	
Prerow	707	600	1237	309	2538	178 Mg. Wasser 408 „ Unland
Wieck mit Bliesenrade	1500	600	115	-----	2215	1200 „ unaufgeklärt 92 „ Wasser
Zingst	704	300	1590	4	2598	79 „ Wasser 105 „ Unland
Ahrenshoop	119	187	200	-----	506	95 „ Unland

Wohnhäuser und Einwohner nach dem Handbuche für Neuvorpommern und Rügen von 1893

Amtsbezirk Zingst			Amtsbezirk Prerow		
	Wohnhäuser	Einwohner		Wohnh.	Einw.
Groß-Kirr			Ahrenshoop	39	169
Klein-Kirr			Wieck mit		
und Oie zus.	4	21	Bliesenrade	236	993
Müggenburg	9	67	Born	324	1.273
Zingst	306	1.674	Prerow	277	1.249

Aus den Tabellen Dr. Müllers über den Kreis Franzburg von 1910

Gemeinde	Einwohner	Gemarkungsfläche in qkm(1931)	Dichte auf 1qkm	Grundsteuer auf 1ha	Reinertrag 1931
Ahrenshoop	171	1,758 (230 ha)	97	7,57 Mk	(7,90 Mk)
Born	1.086	10,239 (1.052 „)	106	8,51 „	(8,67 „)
Wieck mit					
Bliesenrade	793	8,921 (914,9 „)	89	7,09 „	(7,28 „)
Prerow	1.049	10,171 (1.017,6 „)	103	6,97 „	(7,- „)
Zingst	1.299	8,982 (1.338 „)	144	6,82 „	(6,39 „)
Sund. Wiese	--	-- (2.495 „)	--	--	(4,20 „)
Müggenburg	--	-- (2.115,2 „)	--	--	(6,67 „)

Einwohnerzahlen

	1909		1912		1925	Wohnhäuser
	männl.	*weibl.*	*männl.*	*weibl.*	*männl.+ weibl.*	
Ahrenshoop	71	101	95	110	325	76
Born	412	667	426	610	1199	303
Wieck mit						
Bliesenrade	328	465	323	449	799	246
Prerow	404	645	416	584	1358	344
Zingst	489	810	517	755	1444	409
Sund. Wiese	--	--	70	70	211	36
Müggenburg	--	--	--	--	96	15

Auffällig ist das große Übergewicht der weiblichen Bevölkerung.

Ergebnisse der statistischen Aufnahmen über die Bevölkerungsverhält-nisse aus den Jahren 1895, 1905, 1925

Ortsname	Flächengröße in ha	Grundsteuer Reinertrag auf 1 ha	Wohnhäuser	Haushaltungen	Bevölkerungszahl insges.	männl.
Ahrensh.	171	—	38	48	180	85
	175,8	7,57	42	49	171	71
	230	7,9	76	90	315	114
Born	1049	--	324	352	1356	563
	1023,9	8,51	306	311	1086	412
	1052,4	8,67	303	313	1199	558
Forstbez.	5621(Wald 4720) --		7	8	51	31
Born	5664	5,17	10	11	53	25
	4966,6	4,83	---	--	---	--
Wieck mit	965	--	236	368	1148	449
Bliesenrade	892,1	7,09	216	257	793	328
	914,9	7.20	237	246	799	346
Prerow	994	--	277	378	1326	567
	1017,1	6,97	300	340	1049	404
	1017,6	7	344	393	1358	572
Zingst	926	--	306	512	1776	712
	898,2	6,82	329	424	1299	489
1925 mit Kirr	1338,7	6,39	409	450	1444	614
Kirr	349	--	4	4	21	9
	349,3	6,65	3	3	11	5
	--	--	--	--	--	--
Sund. Wiese	1605	--	31	32	178	85
	1604	5,16	27	31	173	87
	2495	4,2	36	41	211	110
Müggenburg	551	--	9	15	75	37
	--	--	--	--	--	--
	1215,2	--	15	15	96	58
Pramort	933	--	12	13	81	41
	952,7	--	13	13	79	46

Gesundheitswesen

Prerow	Arzt:	*D. Beese*, prakt. Arzt, Wundarzt u. Geburtshelfer
	Wundärzte:	*Parsenow*, Wundarzt 1. Klasse, Operateur u. Geburtshelfer *Niemeyer*, Wundarzt 1. Klasse
	Apotheker:	*Diesing*

Feuerlöschgeräte

Kirchspiel	Feuerspritzen	Kufen	Eimer	Haken	Leitern
Prerow	--(!)	4	412	80	73
Zingst	2	4	233	75	62

Ahrenshoop

1271 wird dieser Ort zuerst erwähnt, als nämlich König *Waldemar von Dänemark* die Rechte der Stadt Ribnitz abgrenzte; dann 1311, als König *Erich* diese Rechte bestätigte. 1328 wird er als Pfand genannt. In dieser Zeit ist die Schreibung des Namens sehr verschieden. Er erscheint als Arneshope, Arenshop, Arenshoft, so daß man ihn als Hof des Arne oder Arens deuten kann. *Baier* erklärte ihn als „Adlerhöhe" und dachte dabei an Barhöft und ähnliche Namen. Die spätere Form Ahrenshaupt ist eine Verhochdeutschung des niederdeutschen Hop. Nach *Detmars* lübischer Chronik ließ der Pommersche Herzog *Bogislaw VI.* dort um 1390 eine Burg anlegen (enen vasten bergvrede) und sie mit einem Graben umziehen. (Es liegt nun nahe, anzunehmen, daß damals noch ein Auslauf vom Bodden zum Meere vorhanden war und der Herzog hier einen natürlichen Hafen befestigte, um den verhaßten Seestädten zu schaden.) Die Befestigung sollte wohl ein Gegenstück zur Hertesburg sein. Diese Anlage war nun besonders den Rostockern ein Dorn im Auge, und im Sommer 1395 schickten sie

„1.000 wehrhaftige Männer" aus, zerstörten die Feste und „dämmeten" den Graben zu. Damit war ihr Schicksal besiegelt. Kein Wunder, daß die Sage daraus einen Schlupfwinkel der Seeräuber machte. Von der Gründung einer Stadt war im übrigen nicht die Rede. Eine alte Schanze östlich vom Dorfe in der Nähe des Boddens, vom schwedischen Landmesser „Koningsborg" genannt und noch heute erkennbar, kann ein Überrest der alten Feste sein. Die Schwedische Landesaufnahme bringt folgende Bemerkung: Arentzborg ist in alter Zeit eine Stadt gewesen. Ihre Einwohner betrieben Seeräuberei. Dafür zerstörten die Lübecker die Stadt größtenteils. Als aber die Überlebenden von ihrem Handwerk nicht abstehen wollten, kamen die Rostocker und haben die Stadt bis auf einen Aschenhaufen niedergebrannt. Es scheint, daß die Stadt an der Stelle gelegen hat, wo heute Acker ist.

Ähnliche Schilderungen, wohl aus Detmars Chronik entlehnt, finden wir in *Thomas Kantzows* Chronik von Pommern, in dem 3. Bande der 6 Bücher vom alten Pommerlande von *Micraelius* und in der Pommerania.

Danach hören wir lange nichts von dem Orte.1532 wird er nicht als Wohnort aufgeführt. Bei den Grenzstreitigkeiten von 1569 wird er Arenshuep genannt und als nördlicher Grenzpunkt ein verschwundener Malbaum am Boddenort mit „Arensburg" bezeichnet neben einer Arensbrücke am Ahrenshooper Gehölz. Auch diese Brücke bestand damals nicht mehr. 1591, als die strittige Grenze endgültig festgelegt wurde, wird der „Vittenzaun" zur Grenzlinie gemacht. Nach *Prof. Schwarz* war der Vittenzaun noch nach dem 30 jährigen Kriege vorhanden und erneuert worden, was er durch „Inaugenscheinnahme" bestätigen konnte. Später wird Vittebrook als Wohnstätte angegeben. Dort befand sich also sei alter Zeit eine Vitte, d. h. eine Niederlassung zum Bergen der Heringsfänge. Auf Lubins Karte von 1618 finden wir das übliche Ortszeichen, aber keine Verbindung zum Meere, sondern nur einen Einlauf vom Saaler Bodden. Schwarz erzählt dann weiter noch, daß „das Fischerdorf Vitte" 1625 von der Flut hinweggerissen worden und ein breiter, tiefer Durchlauf entstanden sei. 1663 verzeichnet das Kirchenbuch „die Möllersch von Arenshoft" als Pate bei der Taufe eines Töchterleins des Holzvogts *Mons Brego Mörths*. 1696 wohnte hier der „Heidereuter" *Christoph Janick*. Als der „Loop" noch offen war, bestand noch eine Fähre. 1696 wohnte in dem „Fährkaten" ein Leineweber.

Im einzelnen berichtete der schwedische Landesvermesser: Der teils sandige, teils lehmige Acker, 21 Morgen 60 Ruten umfassend, wurde mit Roggen und Gerste bestellt. Der Heidereuter säte 6 Drömt aus. (1 Drömt = 12 Scheffel) Die Wiesen (124 Morgen 60 Ruten) lieferten 20 Heulasten (Fuder). Die Weide lag am Binnenwasser (Koningsborg), am Loop, am Boddenort, am Bökesberg längs des Meeres und an der Mecklenburgischen Landstraße, vom Darß kommend, und im Arentzhaupter Holz, das mit Eichen und Buchen bestanden war, unmittelbar nördlich des Forsthauses. Das Weidegebiet mit Kronwald war 1441 Morgen 40 Ruten groß. Der Heidereiter konnte sich 4 Pferde und 26 Stück Rindvieh halten.

Auf die Weide am Boddenort trieben die Mecklenburger Bauern von Althagen vom Frühjahr bis zum Herbst ihr Vieh und zahlten dafür 8 Reichstaler Weidegeld. Nach Aussage des Forstbeamten waren es 100 Pferde und 200 Stück Klauenvieh (Kühe und Schafe), 100 Schweine und einige hundert Gänse. Auch holten sie aus dem Ahrenshooper Walde ihr Brennholz, wovon der Heidereiter Nebeneinkünfte bezog. (Wieviel ist nicht angegeben.) Alle Bauern des Fischlandes benutzten die Gewässer, wofür sie eine jährliche Pacht an das Barther Amt entrichteten.

1710 meldet das Kirchenbuch einen Einlieger namens *Schomann*. Der wichtigste Teil des Ortes war der alte Hof. Er war früher von den Heidereitern gepachtet und wurde deswegen auch der Heidereiter - oder Försterhof genannt. 1744 zahlte der Heidereiter *Hartwig Christian Graedner* 65 Reichstaler Pacht. Der Hof umfaßte 1767 mit dem Gehölz 48 Hufen, 9 Morgen und 30 Ruten.

Im 18. Jahrhundert siedelten sich in Ahrenshoop verschiedene Seeleute an, die im benachbarten Fischlande beheimatet waren und von Pommern aus unter schwedischer Flagge das Meer befuhren. Sie erhielten Baustellen mit Gartenland auf dem Grund und Boden des königlichen Pachthofes gegen ein jährliches Grundgeld von 4 Talern. - So entstand die sogenannte Schifferreihe mit 11 Häusern neben Vittebrook, dem älteren Ortsteil. 1767 betrug die Bevölkerungszahl 38. 1786 hatten sämtliche Einlieger 35 Taler an die schwedische Krone zu zahlen. Während der Festlandssperre, 1811, wurde bei Ahrenshoop eine Brustwehr ausgehoben. 1813 legte man weitläufige Verschanzungen an, deren Überreste heute noch erkennbar sind. 1823 beabsichtigte man, den Hof zu verkaufen. Die Gebäude schätzte man auf 840 Taler ein, den Reinertrag mit 60 Talern 9 Groschen 1 Pfennig. Die Pacht betrug 100 Taler 7 Groschen 11 Pfennig. 1825/26 wurde der Hof verkauft, und zwar für 1200 Taler und 11 Taler Grundsteuer an den bisherigen Pächter, den pensionierten Förster *Bülow*. Es gehörten damals noch 62 Morgen, 74 Ruten (159 M. 16 R. nach preuß. Maß) dazu. Steuerbare Hufen waren damals nicht dabei. Dem Pächter war bisher das Dorfschulzenamt mit Polizeigewalt übertragen gewesen. Ein Nebenerwerb war durch die „Kruglage" gegeben. Er war aber unbedeutend und brachte nur im Frühling etwas Gewinn, wenn die auswärtigen Fuhrleute Bücklinge abholten. Der Hof war also zu einer Bauernstelle herabgesunken. Die Heringsfischerei „im großen Strande" war 1825 zum Teil einzeln, zum Teil an Ortschaften (Born, Alt- und Niehagen) verpachtet. Der Prediger in Prerow hatte 2 Scheffel Roggen und der Küster 1 Scheffel Gerste zu verlangen. Ein Schulgebäude war noch nicht vorhanden. Es bestanden jedoch neben dem Hofe schon 39 Wohnhäuser. 1858 zählt Ahrenshoop bereits 151 Einwohner auf „36 Büdner- und 3 Häuslerstellen". 1893 war die Einwohnerzahl auf 169 angewachsen. 1909 zählte man 172, 1912 = 205 Einwohner. Die Gemarkungsfläche betrug 1909 = 1,758 qkm, mit einem Grundsteuereintrage von 7,57 M. für 1 ha. Vor etwa 65 Jahren ist Ahrenshoop in die Reihe der Ostseebäder getreten. Die sturmgepeitschte Westküste im Gegensatz zum stillen Boddenufer lockte viele namhafte Meister des Pinsels heran, so daß es eine Malerkolonie mit aussichtsreicher Zukunft als Seebad wurde. Das Leben und Treiben in diesem Malerdorf hat *Käthe Miethe* in ihrem Buch „Das Fischland" geschildert. 1949 bei Hinstorff in Rostock erschienen.

Born

Es ist eins unserer schönsten Boddendörfer und jetzt auch Bade- und Kurort geworden. Obgleich hier die pommerschen Herzöge ein „Jagdhaus" besaßen, fehlen urkundliche Nachrichten aus älterer Zeit. Dieses Jagdhaus, wie das bei Wieck, war wohl so einfach wie nur irgend möglich. Zu dem Jagdhause gehörte ein großer Landbesitz, der fürstliche, später königliche Bornsche Hof. 1532 wohnten in Born 10 Bauern, nämlich *Hans Janeke, Peter Brinkmann, Peter Roleff, Peter Vogelsang, Lütke Brinkmann, Kersten Lange, Asmus Janeke, Simon Gotke, Claus Ruge, Hans Ratmann.* Auf der Lubinschen Karte ist der Ort als Wohnstätte bezeichnet. 1635 nahm der schwedische Kanzler *Oxenstierna* im Namen der Königin *Christine* auch den Hof Born in seinen Schutz. Der Vogt war damals *Zacharias Martens*, der Schulze hieß *Johann Niemann*. Born war ein alter Amtssitz. Die Landesaufnahme zeigt 17 Häuser. Davon 10 am Bodden, und zwar 6 Bauern- und 4 Kossätenhäuser, diese am westlichen Ende; 3 Häuser standen am Wiecker Ende und 2 am Strandweg, der vom westlichen Ende abging.

Einwohner von Born nach dem Barther Amtsbuche von 1654.
„Allhier wohnen zur Zeit Fischersleute haben keine Hufen, nach Born gedienet und sonsten bei Jagden aufgewartet"
Bauleute:
1) *Steffen Niemann*
2) *Hans Kronow*
3) *Hans Meyfing*
4) *Klages Newmann*
5) *Klages Rieke*
6) *Peter Zipke*
7) *Peter Niemannd*
8) *Hindrich Holtfreter*

132

9) *Johann Bredegam* (Brüdgam?)
10) *Hans Zechow*
11) *Hans Rieke*
12) *Hans Brüdgam*
13) *Franz Schult*
14) *Hans Niemann*
15) *Kasten Zipke*
16) *Hinrich Vierow*
Hier liegt wahrscheinlich eine ungenaue, unvollständige Liste vor.

Die 11 Vollbauern, alle untertänig, hießen:
1) *Michel Ryk* (Riek?) der Schulze
2) *Steffen Stenort* (Steinorth?)
3) *Hindrich Sachow* (Zechow?)
4) *Remer Ziepk* (Zipke?)
5) *Peter Rohde*
6) *Peter Sadtmann* (Saatmann?)
7) *Hindrich Verow* (Vierow?)
8) *Hindrich Ryk* (Riek?)
9) *Hindrich Kiesow*
10) *Johann Kreft* (Kraeft?)
11) *Steffen Niemann*

Die 4 ebenfalls untertänigen Kossäten waren:
1) *Hans Sesow* (Zechow?)
2) *Jacob Roos* (Rose?)
3) *Hindrich Kreft* (Kraeft?)
4) *Martin Schütt*

Die Namen der 8 Einlieger waren:
1) *Jochom Hansen* (Schneider und freier Mann)
2) *Witwe Genz*
3) *Jonas Pass* (Schuhmacher und freier Mann)
4) *Hindrich Knipke* (Kniep?) (Kuhhirte, untertänig)
5) *Hans Ryk* (Riek?) (ein alter untertäniger Mann)

6) *Christian Wiedebrecht* (freier Mann)
7) *Harm Kiesow* (ein alter Bauer)
8) *Jochem Saow* (Zechow?), der noch Dienste tat

Außerdem wohnte in Born der Holzschreiber und Heidereiter *Brachmann.*

Dieses Bauern- und Fischerdorf war zur Zeit der Königin *Christine* (1632 - 54) zuerst in Hufenzahl gebracht worden, und zwar zu 14 - 15 Hufen. 1696 waren sie auf 4 herabgesetzt. Jede Hufe zahlte 3 Schilling Hufengeld. (Die Hufe war nicht mehr eine Flächengröße, sondern eine Steuereinheit.) Der Acker, 14 Sandfelder, 75 Morgen 30 Ruten groß, wovon der Heidereiter 4 frei bebaute, brachte in trockenen Jahren nichts (wohl stark übertrieben!). Der Holzschreiber säte auf dem Acker des Hofes 2 Drömt (2,12 Scheffel) aus, der Schulze *Ryk* 8 Scheffel, die anderen Bauern jeder 4 Scheffel, die Kossäten jeder 1 - 2 Scheffel. Außerdem säte jeder 1 - 2 Pfund Mohrrüben.

Die eigentlichen Wiesen lagen an der Ahrenshooper Seite. Die Hofwiese brachte 20 Fuder Heu; die Bauern und Kossäten hatten einen Heuertrag von je 6 Fuder. Wer sich mehr Vieh hielt, pachtete sich Wiesen von „Fehlsdorf" (Fuhlendorf?).

Bei der Bezeichnung des Weide- und Waldlandes kommen folgende Flurnamen vor, die vor 50 Jahren allen Darßern noch bekannt waren: Bliesenrader Ort, Barther Moor, Linder Maas, Kavelbruch, in der Leu, im Remel, Lübser Ort, Kasenort, Stoikbruch, Kirchweg.

Das Weide und Waldland umfaßte ein Gebiet von insgesamt 3.171 Morgen 180 Ruten. Jeder Bauer konnte das Jahr hindurch 4 Kühe und 4 Ochsen oder 4 Pferde durchfüttern. Der Hof besaß schönes Vieh, 2 Pferde und 16 Stück Klauenvieh.

In der „Kronheide", der staatlichen Forst, durfte sich jeder Bauer und jeder Kossät 18 Klafter Brennholz schlagen und es verkaufen. Der Zins dafür betrug 1 Schilling für 1 Klafter. Früher waren sie sogar berechtigt, je 6 Stück Zimmerholz oder Föhren für sich zu schlagen und zu verkaufen, wenn sie auf die ihnen zustehenden

18 Klafter Brennholz verzichteten.

In guten Jahren konnten 200 - 300 Schweine zur Mast in den Wald getrieben werden, wofür $^1/_2$ Reichstaler für ein Schwein zu zahlen war.

Zur Heringszeit konnten die Bauern mit 2 Netzen und Reusen im „großen Strande" Heringe fischen, wofür jeder $^1/_2$ Reichstaler Wasserpacht zu geben hatte und 12, 16 oder 20 Schillinge, sowie dem Amtmann *Sodemann* in Barth 1 Wall Heringe.

Die Dienste (Hof- Hand- und Spanndienste) galten sie durch Holzschlagen ab. Jeder Bauer mußte 30, jeder Kossät 15 Klafter Holz schlagen. Gegen Bezahlung schlugen sie auch noch die 70 Klafter, zu deren Schlag die Bauern jenseits des Boddens verpflichtet waren.

Die Einwohner von Born, Prerow und Wieck hatten außerdem Brennholz zu schlagen und für

den Präpositus (Probst) in Barth	15 Klafter
den Diakonus (Hilfsgeistlichen)	6 „
den Rektor in Barth	9 „
den Kantor „ „	2 „
den Küster „ „	3 „
den Hauptmann auf d. Schlosse	30 „
den Amtsnotar in Barth	10 „
den Landreiter „ „	6 „

Sie mußten das Holz auf eigene Kosten nach der Stadt fahren.

Der Schulze unterhielt einen Krug, wofür er 8 Mark Kruggeld zu entrichten hatte.

An Abgaben waren zu leisten: Accise (Wadensteuer): Der Schulze vierteljährlich 1 Reichstaler 42 Schilling, jeder Bauer oder Kossäte 14 Schilling, jeder Einwohner mit Hantierung 7 Schilling.-

An Kopfsteuer: Jeder Bauer und jeder Kossät jährlich 1/2 Reichstaler. An Magazinkorn lieferte das ganze Dorf 1695 48 Scheffel ab. Die Einwohner ohne Aussaat bezahlten für den Scheffel 4 oder 6 Schillinge. Der Satz für die Reiterverpflegung betrug für das ganze Dorf monatlich 3 Reichstaler 13 Schilling.-

An „Pastorenzins" hatte jeder 1 Klafter Brennholz und andere „Sachen" (Eier? Brot?) bis zu einem Betrage von 1 Reichstaler abzuliefern. Der Küster erhielt von jedem 7 Schilling. Vom Hofe erhielt der Pastor 3 Florin (Gulden), der Küster 12 Schilling. Aus dem Kronholz bekam der Pfarrer 16 Klafter Holz, insgesamt erhielt er „aus dem ganzen Lande" 66 Klafter.

1757 war die Zahl der Bauern und Kossäten die gleiche, die Zahl der Einlieger war auf 42 gestiegen, und 1767 besaß Born schon 357 Einwohner und mit dem Gute 118 Hufen 24 Morgen 270 Quadratruten Land.

Nach dem Verzeichnis der leibeigenen Untertanen von 1798 waren in Born noch 6 Bauern und 2 Halbbauern untertänig, und zwar der Schulze *Johann Jacob Sandberg, Peter Segebarth, Johann Köpke, Christoph Saatmann, Christoph Kraeft, Peter Witt*; sowie *Hinrich Schütt* und *Hinrich Niemann*. Daneben waren noch 100 Familien königliche Untertanen. Dem Berufe nach waren es zumeist Zimmerleute, Tagelöhner und Seefahrer, darunter einige Schiffer und Steuerleute, im ganzen 518 Personen, dabei wie in allen Ortschaften unseres Gebietes eine auffällig hohe Zahl von Witwen (30). In diesem Verzeichnis fehlen die sogenannten freien Leute, die 1783 durchschnittlich schon über ein Drittel der Bevölkerung ausmachten. Born wird damals über 700 Menschen beherbergt haben, eine überraschend hohe Zunahme gegenüber 1696. Ähnlich so groß ist sie bei den anderen Ortschaften.

Wie in Born verteilten sich die Bewohner auch in den anderen Orten auf die einzelnen Berufe, nur daß besonders in Prerow und Zingst der Seemann noch mehr in den Vordergrund trat.

Für 1716 sind mit Bliesenrade an steuerfreien Hufen 2 Hufen 26 Morgen 60 Ruten angegeben, die z. T. zum Hofe gehörten. Dieser wurde gewöhnlich von dem hier ansässigen Landjäger gepachtet und brachte der Krone 1786 28 Taler 40 4/5 Schilling. Die Landjägerstelle wurde in dieser Zeit zur Oberförsterei erhoben. Im siebenjährigen Krieg statteten ihr die Preußen einen Besuch ab und eigneten sich die Gewehrsammlung des Oberförsters *Niemann* an.

(1760 besetzte *Belling* mit den preußischen Husaren Ribnitz, 1761 Damgarten.) In dem 1771 neu erbauten Hause lernte Hauptmann v. Wehrs 1811 seinen späteren Schwiegervater, den Oberförster *Zacharias Erdmann Niemann*, einen geborenen Darßer, kennen und heiratete 1818 dessen Tochter Marie. Seinem Schwiegervater verdankte Wehrs viele Kenntnisse über unsere Heimat. Für seine Mitteilung über den Fürstenbesuch während des Nordischen Krieges durch *Peter den Großen* von Rußland, *August von Polen* und *Friedrich von Dänemark* fanden sich bisher keine Anhaltspunkte, noch weniger dafür, daß diese hohen Herren beinahe von *Stanislaus Leszcynski* gefangen genommen worden wären. 1803 beherbergte Born schon 74 freie und 570 leibeigene Untertanen. Um ihnen Arbeit und Brot zu verschaffen, wurde um 1818 auf dem Grund und Boden zweier eingegangener Bauernhöfe eine Zichorienfabrik angelegt, und die Darßer wurden verpflichtet, einen Teil ihres Landes mit Zichorien zu bepflanzen, bis die Verbilligung des Kaffees den Umsatz der Fabrik so herabdrückte, daß sich der Betrieb nicht mehr lohnte. Als die Gebäude 1826 abbrannten, wurde die Fabrik nicht wieder aufgebaut. Sie bestand ungefähr 8 Jahre. (Für den privaten Gebrauch bauten einige Darßer weiter bis nach 1918 ihre Zichorien an und rösteten sie im Kaffeebrenner selbst.) Die Fabrik hatte u. a. als Angestellten *v. Petersson*, den Sohn eines 1810 in Stralsund, durch den tragischen Ausgang des Schillschen Freiheitskampfes, hingerichteten Schillschen Offiziers. Nach dem Brande der Fabrik wurde v. Petersson Forstschreiber, dann Schullehrer und 1851 Gemeindevorsteher. Er starb am 10 April 1878 (Dr. Gülzow, 2 Schillsche Offiziere aus Pommern.) Sein Nachfolger war der Schulze *Waldmann*.
1819 wurde die Feldmark neu vermessen. 1824 waren 10 Halbbauern, 4 Kosten- und 170 Häuslerstellen vorhanden. Ebenso bestand damals schon ein Schulhaus. 1858 betrug die Bevölkerungszahl 1602, 1867 = 1565. 1910 umfaßte die Gemarkungsfläche 10,239 qkm mit einem Grundsteuermeßbetrag von 8,51 M. für 1 ha. -

1910 besaß Born 1086 Einwohner. Das Dorf litt, wie alle Darßer Ortschaften, unter dem Rückgang der einheimischen Schiffahrt und der damit verbundenen Heimatflucht seiner Bewohner.

Die alten Landungsplätze am Bodden waren nach dem Amtsblatt von 1822:
1.) In dem sogen. Grund beim Katen
2.) Bei dem Schulzen *Sandberg* (Sandhop)
3.) Bei dem Kossäten *Backhusen*
4.) Bei der Grabenwiese vor dem Kuhlenbruchende

Bliesenrade

Schon die Erklärung des Namens macht Kopfzerbrechen. Wehrs führt ihn auf das Blüsen zurück, eine besondere Art, Fische zu fangen. Bei windstiller Nacht befuhr man mit Polten das Binnenwasser. Auf den Polten lag eine Rasendecke, worauf man ein Kienfeuer anzündete. Dadurch wurden die Fische angelockt und konnten dann mit leichter Mühe mit Gabeln durchbohrt und gefangen werden. Näher liegt es wohl, an Blüse (Blise), ein altes Schifferwort für Feuerzeichen, zu denken. Es ist durchaus möglich, daß am Ende des langgestreckten Hakens, der von Untiefen umgeben ist, in alten Zeiten eine Leuchtbake unterhalten wurde. Der Ort wird zuerst 1380 genannt. Am 25. Januar d. Jhrs. verkaufte der Herzog *Wartislaw VI.* der Stadt Barth das Torfmoor Bliesenrade für 1.600 Mark auf 16 Jahre mit dem Vorbehalt des Wiederkaufs. Es lag nördlich der später gegründeten Ortschaft. Im nächsten Jahre wurde die Kaufsumme um 1.400 M. erhöht. Für die Gesamtsumme von 3.000 M. sollte das Herzogshaus berechtigt sein, das Torfmoor wieder zurückzukaufen. Erst im Jahre 1589 machte Herzog *Bogislaw XIII.* von diesem Recht Gebrauch. Er zahlte der Stadt 1.000 pommersche Gulden. 1532 hatte Bliesenrade 2 Einwohner, *Michel Ramm* und *Tietke Parhow*. Auf der Lubinschen Karte ist der Name ohne Ortszeichen ganz falsch, nämlich viel zu weit nach Norden gesetzt. Man sieht nichts von der Landzunge. Überhaupt ist auf dieser Karte die ganze Boddenküste fast gradlinig eingezeichnet, so daß Barther und Bodstedter Bodden wie breite Ströme aussehen. Der Ort wurde nach 1532 „wüst", d. h. unbewohnt. In den Kirchenbüchern kommt er in den ersten 1 1/2 Jahrhunderten nicht vor. Die Schwedenkarte zeigt auf dem Haken mittelgroßen Kiefernwald und am Ufer einen Weidestreifen, aber kein Haus. In der Beschreibung heißt es: *„Blysenrad, vor dem ein Dorf mit 4 Bauleuten, gegenwärtig aber wüst und der Acker mit großem Holz bewachsen."* Das wüste Dorf wurde dem Hof zu Born zugelegt. Deswegen erscheint es bei späteren Angaben immer mit Born zusammen. Unter der preußischen Verwaltung wurde es nach Wieck eingemeindet. 1729 wurde in Bliesenrade ein Windmüller angesiedelt, und zwar an der Stelle, wo schon vorher eine Windmühle gestanden hatte. Diese Mühle befand sich in königlichem Besitze und brachte 1786 der Krone eine Pacht von 201 Talern. 1741 und 1757 wird als Bewohner von Bliesenrade nur der Müller angegeben. Nach der Erbauung der Mühle haben sich hier nach und nach mehrere Schiffer, Steuerleute und „Einlieger" angebaut. So erhielt schon vorher, und zwar im Jahre 1733 *„der vormalige vieljährige Reuter in der Pommerschen Kavallerie Rudolf Wiprecht, für treue Dienste"* die Erlaubnis zum Bau eines Katens von 3 Gebind (das Fach zwischen den mit Balken verbundenen Ständern) zugebilligt. 1750 *Jochen Matz* und *Johann Rang* zum Bau eines Katens, 1778 der Steuermann *Johann Hinrich Kräft*, 1800 der Schiffer *Jahnke* und 1804 der Steuermann *Johann Schmidt* (Schwedenarchiv Rep. 10 Nr. 5790). 1767 betrug die Einwohnerzahl 29. 1798 beherbergte Bliesenrade 2 Einliegerfamilien, und zwar *Mathias Hamer* und *Hinrich Simon Kraeft*, zusammen 13 Personen, alle 13 waren untertänig. Dazu sind noch die nicht verzeichneten „frei gekauften Leute" zu rechnen. Neben der königlichen Mühle bestand hier seit alten Zeiten eine Fährstelle. Die Verbindung mit der „anderen Seite", Bodstedt, wurde von einem königlichen Fährmann aufrecht erhalten. 1817 war *Christoph Hamer* Fährmann; er war hier schon seit 1791 ansässig. Diese Familie hat den Fähr-

dienst noch jahrzehntelang versehen. Aus der Fährstelle entwickelte sich vor 100 Jahren eine regelmäßige Postverbindung
zwischen Prerow, Wieck, Born, Bliesenrade, Bodstedt und Barth,
die bis zum Bau der Eisenbahn bestanden hat. Neben der
Schiffahrt betrieben die Bewohner noch Fischerei. 1823 wurden 15
Büdner und 3 Häuslerstellen gezählt. 1858 hatte Bliesenrade mit
0,1119 qkm Gemarkungsfläche 90 Einwohner. 1865 versah der
Weber *Behrens* den Fährdienst. 1904 wurde eine Sandsteinfabrik
errichtet; sie stellte Dachziegel und Fliesen her, konnte aber nicht
lange bestehen. Heute (1934) schläft Bliesenrade wieder einen
Dornröschenschlaf. Nur selten verirrt sich ein Wanderer in diese
alte, abgelegene Siedlung.

Wieck

Der Name ist deutschen Ursprungs und bedeutet Bucht oder
Siedlung. Auch bei Wieck befand sich ein „Jagdhaus" der Herzöge; darum war in Wieck auch immer ein Heidereiter ansässig.
Die Bauern wurden in Einzelhöfen angesiedelt. Das „Jagdhaus"
wird auch in den älteren Kirchenbüchern als besonderer Ortsteil
aufgeführt. Die übrigen Ortsteile nach der „Dannwieck" zu sind
gebaut worden, als im 18. Und 19. Jhrh. die Schiffahrt aufblühte.
1532 besaß das Dorf Wieck 10 Eigentümer. Sie hießen: *Hermann
Holtfreter, Hinrik Crevet, Hans Steinort, Claus Sluter, Hans Scherf,
Steffen Vieke, Gert Glade, Claus Scharpenberch, Tewes Leddege, Hinrik
Holtfreter.* „Auf dem Jagdhaus" wohnten 5, *Claus Tammeke, Herman Rese, Claus Tewel, Claus Plene, Hinrick Nyeman.*
Auf der Lubinschen Karte steht der Ort mit Ortszeichen.- Bei der
schwedischen Landesaufnahme ist Wieck mit 11 Bauern, 4 Kos-
säten und 2 Einliegern verzeichnet. Wehrs gibt für 1757 49 Ein-
lieger an.
Aus der schwedischen Vermessung erfahren wir im einzelnen:
Die Abgrenzung der Dorfflur zu den Nachbarorten und besonders zu dem staatlichen Forst waren damals noch ungenau. Das
Dorf selbst wies 17 Häuser auf:

140

1.) Eine Reihe von 4 Häusern, vom Bodden nach Nordwesten
2.) „   „   „ 6   „   , am Bodden
3,)   3 Häuser am Jagdhaus
4.)   4   „   dazwischen

In der ersten Reihe wohnten hintereinander: *Steffen Scharpenberg* am Anlegeplatz (hier war der spätere Krug)
der Bauer *Simon Leddig*, Schulze und Freimann, damals Krüger, der sich das Bier aus Barth besorgte. Er zahlte 10 1/2 Mark als Haus- und Krugpacht und wie alle Schulzen auf dem Darß 4 Mark als Kollation (Frühstück) für den Barther Amtmann, wenn die Pacht in Born eingeholt wurde; der Kossät *Simon Ryk* und der Kossät *Hans Kreft II*. In der östlichen Reihe wohnten die Bauern *Harm Brüdgam, Jochom Scharpenberg, Peter Neumann* (Niemann), *Jochim Neumann*; im Winkel dieser beiden Reihen die Bauern *Hans Kreft*, und *Jochim Neumanns* Witwe. In der Richtung zum Jagdhaus, dem Bodden zu, lagen die Gehöfte vom Schiffszimmermann *Hans Haugenstein* (Hauenstein), der sich für 50 Reichstaler freigekauft hatte, und der Kuhhirte *Jochom San*. Alleinstehende Häuser hatten der Kossät *Zacharias Smitbrot* (Mietbrot) und am Bodden der Bauer *Jacob Steinort*. Auf dem „Jagdhause" selbst standen die Häuser der Bauern *Remer Neumann* und *Hans Holtfreter* und des Kossäten *Steffen Stenort*.
Der Schulze *Leddig* säte jährlich 10 Scheffel aus, die andern Bauern jeder 6 Scheffel, die Kossäten 1 - 4 Scheffel. An Mohrrüben säten sie je 1/2 bis 1 1/2 Pfund.
Jeder Bauer konnte 2 Pferde, 2 - 4 Ochsen, 2 junge Ochsen und Kühe durchfüttern, jeder Kossäte 1 Pferd und 1 - 2 Kühe.
Einen Nebenverdienst verschafften sie sich wie alle Darßer durch Fischfang. Im Frühjahr fischten sie mit der Wade oder dem Schleppnetz Heringe am Strande und im Binnenwasser mit Reusen. Sie zahlten dafür 2 Wall Heringe an das Barther Amt.
Die Bauern hatten „in allen Ausgaben" 6 Mark, die Kossäten 4 Mark zu geben. Das ganze Dorf versteuerte 4 1/2 „reducierte" Hufen, (früher also mehr).

An Accise versteuerten Bauern wie Kossäten vierteljährlich jeder 14 Schilling. An Kopfsteuern zahlten Bauern und Kuhhirte je 1/2 Reichstaler, an Tribunalsteuer in 2 Terminen für 1 Hufe 22 Schillinge, an Reitersteuer das ganze Dorf 3 Taler 31 1/2 Schilling. An Magazinkorn hatten sie insgesamt 1695 46 3/4 Scheffel abgeliefert, wobei 4 Mark für 1 Scheffel gerechnet wurden. An „Wolfssteuer" und Universitätszinsen waren in dem selben Jahre für jede Hufe 5 1/2 Schilling entrichtet worden. Auch hier wurden Klagen über ungebührliche Dienste für Privatpersonen laut, die ihnen der Amtmann auferlegt hatte. Der Landrat *Diekmann* beanspruchte für Überschiffung des Holzes vom ganzen Dorf 27 Schillinge. Zur Anfuhr von 3 Mühlsteinen für die Barther Mühle waren bis zum 13. 6. vom Dorf 1 Reichstaler 28 Schillinge zu zahlen. Es wurde festgestellt, daß Wieck nur zu dieser Mühle verpflichtet war, nicht zur Lüdershäger Windmühle.

Die Ackerstücke lagen in nächster Nähe der Dorfschaft und waren mit Saat (Mai 1696), auf sandigem Boden mit Mohrrüben bestellt.

Die Wiesen, 263 Morgen 120 Ruten, befanden sich zu beiden Seiten des Stromes, u. a. in Kemnitz, wo es heißt: mit grobem Heu auf hartem Grunde (mit „hartem Grund" ist der slawische Ausdruck Kemnitz erklärt). Die Weiden lagen zum kleineren Teil innerhalb der Ortschaft, dort wohl mehr als Trift benutzt, zum größeren Teil nordöstlich des Dorfes im heutigen „Ort" über den jetzigen Deich hinaus bis zum Prerowschen Vogelsee. Dazu gehörte auch die sogen. „Spanische Heide", die auch bei Wehrs erwähnt wird. Westlich davon erstreckt sich das Bültenwerk, später zum Teil Wiecker Bullenwiese genannt. Davon östlich der Lübecker Ort (Lübker Ort). Er war zu der Zeit zum großen Teil noch mit Buchen bestanden, zum anderen Teil mit alten Föhren, Eichen, Erlen und Haselbüschen. Das war der Rest des großen Waldes, der vor der deutschen Besiedelung das ganze weite Stromgebiet bedeckte.

Nach der Gesamtberechnung sollen Prerow und Wieck zusammen besessen haben:

an Acker	95 Morgen	180 Ruten
„ Wiesen	311 „	90 „
„ Wald u. Weide	2.370 „	180 „
Wüste Stellen	19 „	150 „
Fischgewässer	49 „	120 „

Wie an anderen Stellen, so scheinen auch hier Lücken zu klaffen, die schwer auszufüllen sind.

Die Vermessungskarte nordwärts von Wieck zeigt folgende Flurnamen: Stremel, Fosser Ort, Regers Stremel, Vogelsee, Renitzer Bruch; und am Wasser: Falscher Haken, Falscher Busch, die Bülten, im Kemnitz, Bawensee, Lübecker Ort. Diese Bezeichnungen leben noch heute im Munde alter Leute.

1798 saßen in Wieck als Bauern: der Schulze *Jacob Segebarth, Hinrich Holtfreter, Johann Peter Schöning, Hans Niemann, Jochim Scharmberg, Jacob Lemke, Christoph Kraeft, Hinrich Leddig, Hans Joachim Winter, Simon Kraeft und Hans Scharmberg*; als Halbbauern: *Jochem Simon Scharmberg, Steffen Steinorth* und *Hans Kraeft*. Alle waren noch untertänig. Außerdem wohnten hier noch 5 Altbauern, 4 Schiffer und 3 Steuerleute, 10 Bootsschiffer, 2 Sandbootfahrer, 1 Pehneschiffer (Peeneschiffer) und eine größere Anzahl von Einliegern, die fast alle Zimmerleute waren, im ganzen über 80 Familien mit 435 Personen. Mit den freien Leuten werden es an 600 Menschen gewesen sein.

Durch die Schiffahrt erlebte Wieck mit Bliesenrade wie die anderen Ortschaften einen Aufschwung. Das zeigen die „Grundbriefe der Büdner" von 1733 an. Die Seeleute, solange z. T. Einlieger, sahen sich instand gesetzt, ein Haus zu bauen und sei es auch nur ein „Katen". So häufen sich im 18. und Anfang des 19. Jahrhunderts die Anträge auf Erlaubnis zum Bau eines Hauses oder zum Kauf des dazu benötigten Holzes. Von 45 Antragstellern waren 19 Seeleute (11 Schiffer, 6 Steuerleute, 2 Schiffszimmerleute), 2 Bauern, 2 Handwerker (1 Tischler, 1 Weber), 5 werden als Untertanen aufgeführt, 2 als Einlieger, 1 als Einwohner, 4 als freie Leute. In mehreren Fällen wird auch die Größe des Hauses und des dazugehörigen Gartens angegeben. Die Größe einiger Häuser 20 Ellen lang, 16 Ellen breit, 16 x 15, 14 x 13 (1Elle = 0,67m, 1Rute 3,72 m) Die Größe einiger Gärten 16 Ruten lang, 14 Ruten breit, 7 x 5, 10 x 7, 10 x 9. Der Preis eines erkauften Hauses 400 Reichstaler.

Namen der Schiffer: *Christoph Nausch, Jacob Christian Ehlert, Jochim Friedrich Spiegelberg*, Marine-Fähnrich *Casten Walter, Jacob Saatmann, Christoph Wallis, Andreas Vick, Christian Daniel Matz* (Bliesenrade), *Johann Jochim Kräft* (auf der Tannenwieck, Dannwieck, wo sich auch der Kirchenvorsteher *Jochim Scharemberg* anbaute), *Jahnke* (Bliesenrade), *Michael Kräft*. Die Steuerleute: *Casper Steinorth, Jacob Bohn, Johann Hinrich Kräft* (Bliesenrade), *Johann Jacob Schmidt* (Bliesenrade) *Karl Wilhelm Giebs*. Die drei Schiffszimmerleute: *Jacob Kräft, Johann Jochim Trapp, Jürgen Steinorth*. Die beiden Handwerker: Tischler *Christoph Bainofen*, Weber *Johann Friedrich Saß*.

Als freie Leute werden bezeichnet: *Christopher Kräft, Hans Hauenstein, Casper Steinorth, Ewald Bohn*. Damit ist nicht gesagt, daß unter den Seeleuten und den anderen Berufen keine freien Leute waren. Als Untertanen werden aufgeführt: *Peter Steinorth, Johann Rieck, Johann Holtfreter, Jochim Kräft, Johann Gräning*; als Einlieger: *Johann Wessel* und *Jochim Friedrich Wessel;* als Einwohner: *Clas Scharrenberg* (Scharnberg). Besonders zu nennen wäre noch der alte *Jacob Segebarth*, der 1759 seit 27 Jahren Dorfschulze gewesen war und sein Nachfolger *Niemann*. (Rep.10 Nr. 5790)

1767 hatte das Dorf schon 386 Einwohner, 1803 mit Bliesenrade bereits 664, 200 Freie und 464 Leibeigene. 1710 führt das Kirchenbuch schon einen Schulmeister auf, *Ludwig Schütte* geheißen. In Wieck befand sich die Schmiede des Darßes. Sie war wie die Mühlen königlich und brachte 1786 der Krone 22 Taler Pacht ein. Unter preußischer Herrschaft wurde der Ort zum Marktflecken erhoben. Der Wiecker Jahrmarkt fand zum größten Vergnügen der Darßer Jugend am 2. November statt. Vor der Auflösung beherbergte Wieck 13 Bauern, 176 Büdner und 33 Häusler. Vor 100 Jahren (Buchausg. 1934) lebte hier der Unterförster *Ahrens*, wonach „Ahrensruh", eine Waldstelle am Wiecker Wege, benannt worden ist. Er starb 1836 als Greis von 90 1/2 Jahren. Die Einwoh-

144

nerzahl von Wieck mit Bliesenrade betrug 1858 = 1243, 1867 = 1330. Mit dem Niedergange der Segelschiffahrt sinkt sie in den Jahren 1891 auf 1100, 1893 auf 993, 1909 auf 793, 1912 auf 772. Zur Dorfgemarkung gehörten 1910 = 8,921 qkm mit einem Grundsteuerreinertrage von 7,09 M auf 1 ha. Der Chausseebau und die Autopostverbindung werden dem Orte einen neuen Auftrieb bringen, zumal er mit Recht und mit Erfolg die größten Anstrengungen macht, um als Erholungsort gewertet zu werden. (1934)

Alte Landungsplätze für „Böte und Polten"
1.) beim Horstbrink
2.) bei der Seescheide hinter *Backofens* Garten
3.) bei dem Bauern *Schütt*
4.) bei der Wiese des Kossäten *Scharmberg* vor dem „Jagdhäuser Ende"

In Wieck hat sich das Bauerntum am längsten erhalten. Das beweisen die Reste der Bauernwirtschaften und die alten Niedersachsenhäuser „Hallenhäuser".
Ein altes bäuerliches Vergnügen war das Tonnenfest. Man hat zu verschiedener Zeit versucht, es wieder aufleben zu lassen.

Prerow

Prerow ist das alte Kirchdorf des Darßes. Der Name kommt zuerst als Bezeichnung des Stromes vor, der die Prerow hieß. Dieses Wort mit seinem Geschlecht hat sich auf den Ort übertragen. Er bestand ursprünglich aus 2 Teilen, dem Zingster Prerow auf dem Kirchenort und dem Darßer Prerow. 1532 wohnten bei der Kirche: *Paul Witte*, der Küster *Petrus Schnubbe, Hans Sidow, Claus Gollnow.* In dem Darßer Teile wohnten: *Herman Leddig, Laurentz Prutze, Jochim Arends, Hans Backhagen, Claus Hoppe, Peter Rode, Jacob Martens, Claus Crevet, Claus Sydow.* Auf Lubins Karte sieht man auf dem Kirchenorte ein Ortzeichen zwischen 2 Häusern und auf der anderen Seite des Stromes eine Reihe mit 6 Häusern. Nach der schwedischen Landesaufnahme sollen auf der Zingster Seite 4 Häuser gestanden haben. Selbstverständlich waren es keine Bauern im vollen Sinne des Wortes, sondern arme Kätner, die notdürftig ihr Leben fristeten. Zur Zeit der schwedischen Landesaufnahme von 1696 finden wir auf der Karte die spätere Entwicklung des Dorfes schon vorgezeichnet. Südlich des Stromes gegenüber der Kirche lag der ältere Teil des Dorfes. Von hieraus liefen mehrere Wege in ziemlich gleicher Richtung zum Walde hin. Dazwischen lagen Gärten, mit Gemüse (Mohrrüben und Kohl) bebaut, und Ackerstücke, mit Sommergetreide bestellt. Diese Felder wie die nördlich davon liegenden Weiden litten unter Sandverwehungen. Die Ackernahrung war infolgedessen kümmerlich. Im einzelnen ist folgendes vermerkt: Am Strom, gegenüber der Kirche, wo sich heute das Gehöft des Hafenhotels befindet, wohnte der bereits genannte Vollbauer und Freischulze *Jacob Kreft*. Er hatte an Aussaat 15 Scheffel und besaß 11 Stück Großvieh (Pferde und Kühe). Östlich von ihm saß der Vollbauer *Caspar Neumann* (Niemann) Aussaat: 2 Scheffel; Großvieh: 6 Stück. Westlich des Schulzengehöftes finden wir das Häuschen der alten Pastorenwitwe *Anna Margarethe Jörgens* (Jörk), die 3. Frau des Pastors *Matthias Sager*. (Das eigentliche Pfarrwitwenhaus stand nördlich des Pfarrhauses.) Danach folgte im Dorf, weiter nach Westen, der Hof des Halbbauern *Hindrich Neumann*, Aussaat: 1 Scheffel; Großvieh: 2 Stück. Gegenüber, auf der anderen Seite der breiten Dorfstraße, sah man die Häuser des Einliegers *Jacob Theas* (Thies) und des Glöckners (Küsters) *Ehlert*. Daneben, weiter westwärts das Gebäude des Einliegers *Hindrich Schütt*, die Höfe der Vollbauern *Peter Neumann*, (Aussaat: 4 Scheffel; Großvieh: 8 Stück) und *Jochom Kreft*, (Aussaat: 2 Scheffel; Großvieh: 8 Stück). Am Strome abwärts lagen noch 2 Bauernhäuser, die später im Besitz der Ehlertschen Bauernfamilie waren. Damals bewohnte sie *Remer Segebad* (Segebarth), (10 Scheffel Aussaat und 9 Stück Großvieh); und nördlich von ihm *Hans Ryk* (Aussaat: 3 Scheffel, Großvieh: 8 Stück).

146

Die Wiesen, 362 Morgen 270 Ruten, lagen in der Nähe des Dorfes und auf der Zingster Seite des Stromes. Sie hatten unter der Flut von 1625 sehr gelitten. Neben dem „Roten Hause" in Zingst und den Wieckern hatte auch der Pastor von Prerow einen großen Anteil an ihnen, jährlich 100 Fuder, während des Küsters Wiese 14 Fuder lieferte, oder, wie es an anderer Stelle heißt, *als 14 Männer an einem Tage abmähen können"*. Man hatte dem Pastorat nach der großen Flut von 1625 diesen Anteil zuerkannt. Aber 1696 waren diese Besitzverhältnisse noch nicht ganz geklärt. Der Papensee erinnert noch an diesen pastoralen Besitz. Die meisten Flächen wurden nach der Aufhebung der Waldweide am Ende des 19. Jahrhunderts Kuhweide, wofür die Prerower Kuhhalter eine mäßige Pacht bezahlten. Zu der Weide am Strande kam noch die Weide im Walde. Im ganzen waren es 285 Morgen 180 Ruten. Das ganze Dorf versteuerte damals 2 1/4 Hufen.

Zu den Einkünften gehörten für jeden Besitzer 18 Klafter Holz, die er sich im „Kronwald" schlagen durfte und auch frei verkaufen konnte. Dafür zahlte er eine Gebühr von 10 Schilling an den Barther Amtmann. Wer mit seinem Schiffe Holz ausführte, entrichtete noch 6 Schillinge besonders und außerdem für jedes Fahrzeug 16 Schillinge.

Einen weiteren Nebenverdienst verschafften sich die Prerower durch die Fischerei. Mit Waden zu 16 Anteilen fingen sie im Frühjahr Heringe, wofür sie von jedem Anteil 2 Wall geben mußten. Im Sommer fischten sie nur für den Hausbedarf.

Dienst

Alle Leute, die zum Amt gehörten, also alle Untertanen, waren verpflichtet, für die „Krone" Holz zu schlagen, und zwar jeder 30 Faden. Dazu kam noch das Ausfahren aus dem Walde und das Einladen am Wasser, besonders des Bauholzes zum Aufbau verfallener Gebäude. Sodann mußten sie mit den anderen Amtsbauern des Darßes die Wiesen des Borner Hofes abmähen, das Heu werben, den Acker bestellen, sowie das Getreide mähen und bergen. Weitere Lasten waren die Reitersteuer (Reiter- oder Kavalleriesteuer) für das ganze Dorf mit 1 Reichstaler 40 Schillinge für 1 Monat. An der Accise (Warensteuer) waren *Jacob Kreft, Casper Neumann, Peter Neumann, Jochim Kreft* und *Hans Ryk* mit je 21 Schilling vierteljährlich, *Remer Segebad* mit 14 und *Hinrich Neumann* mit 10 Schilling im Vierteljahr beteiligt. Das Magazinkorn betrug für das ganze Dorf 27 Scheffel im Jahr oder 4 Mark für 1 Scheffel. Die nicht so viel Korn anbauen konnten, um für sich Brotnahrung zu haben, beklagten sich über die Höhe dieser Abgabe. (16 Sundische Schilling = 1 Sundische Mark, 4 Sundische Mark = 1 Reichstaler).

1798 werden als Untertanen angegeben: Der Schulze und Bauer *Jochim Niemann*, die Bauern *Hinrich Kraeft, Jochim Prohn, Hinrich Niemann, Jacob Ehlert* und *Michel Scharmberg*, sowie die beiden Halbbauern *Peter Scharmberg* und *Hans Kraeft*. Dazu kamen noch als leibeigene Untertanen: 1 Altschulze, 2 Altbauern, 12 Fuhrleute, 6 Fährleute, 7 Schiffer, 6 Steuerleute, 9 Matrosen, Schiffszimmerleute, „Einlieger", 10 Tagelöhner und 1 Kuhhirte, im ganzen über 110 Familien mit 497 Personen, darunter 20 Witwen. Hinzuzurechnen sind dann noch die freien Leute, so daß wir mit einer Bevölkerungszahl von rund 750 Personen rechnen können.

Die Einwohnerschaft Prerows nach dem „Inventarium" vom 14. Oktober 1723:
Danach saß auf dem Vollbauernhofe des *Jacob Kreft* (1723 Krebs) sein Sohn Heinrich mit seiner Frau Anna geb. *Prahm* und 4 Kindern. Der 84 Jahre alte Vater „lag bei ihm ein", neben der Vaterschwester. Es diente bei ihm der Knecht *Hans Neumann* „von der Wieck" und die Dirn *Ilse Neumann* von Prerow. Zu dem Hofe gehörte ein Haus von 10 Gebind (Fach) „in baulichem Stande", desgleichen eine Scheune von 5 Gebind. Der Viehbestand war: 4 Pferde, 4 Kühe, 2 Ochsen, 2 Rinder, 2 Schafe, 2 Schweine, 3 Gänse. Er säte 4 Scheffel Roggen aus und erntete 6 Fuder Heu. Er gab Pacht und Hopfenzins.- Die Heuernte war wie bei allen anderen Bauern im Verhältnis zu dem Viehbestand sehr gering. Außerdem waren die Fuhren im Vergleich zu heute erheblich kleiner.

Der Vollbauer *Jasper Neumann*, damals 60 Jahre alt, wohnt in einem Hause „an Dach und Fach in baulichem Stande" mit seiner Frau Margaretha geb. *Niemann*, 40 Jahre alt und 5 Kindern. *„Einlieger waren der Schmied Clas Neumann und seine gebrechliche Frau"*. Viehbestand: 4 Pferde, 3 Kühe, 2 Ochsen, 3 Schweine, 3 Schafe, 3 Gänse. Roggenaussaat: 2 Scheffel, Heuwerbung: 5 Fuder; die Pacht betrug 26 1/2 Schilling.

Auf dem Hofe des Vollbauern *Peter Neumann* saß jetzt der Sohn Hermann in einer „Wohnung" von 6 Gebind nebst einem Schuppen und einer Scheune, alles *„in bestem baulichen Stande"*. Er hatte eine Frau und 4 Kinder. Als „Einlieger" beherbergte er seine Schwiegermutter *Luise Scharpenberg* und seinen Schwager *Hans Krebs* (Kräft) mit Frau. Bei dem Gehöft war ein Katen von 4 Gebind, bewohnt von einem *„Freymann seiner Profession nach ein Schuster"*. Der Viehbestand: 4 Pferde, 3 Kühe, 4 Schafe, 7 Schweine. Heuwerbung: 4 Fuder; Pacht: 23 1/2 Schilling.

Auf dem Hofe des Vollbauern *Jochom Krefte* saß jetzt sein Sohn *Hans Krebs* (Kreft) 37 Jahre alt, mit seiner Frau Trine geb. *Gerow* und 3 Kindern. Haus und Scheune waren in „baulichem Stande". Sein Vater und seine Mutter Margarethe geb. *Steinorth* „lagen bei ihm ein". Viehbestand: 4 Pferde, 2 Ochsen, 2 Kühe, 2 Rinder, 3 Schafe, 6 Schweine. Roggenaussaat: 4 Scheffel; Heuwerbung: 2 Fuder.

Reimer Segebad hatte einen Vollbauernhof mit einem Hause von 7 Gebind in gutem baulichen Stande, nur nicht der baufällige Heuschuppen. *Reimer S.*, 70 Jahre alt, hatte eine 80 jährige Frau, Trine geb. *Schütt* und 5 Kinder zwischen 11 und 24 Jahren. Einlieger war sein Schwiegervater *Jochim Schütt*, 100 Jahre alt. Roggenaussaat: 4 Scheffel; Heuwerbung: 5 Fuder, Viehbestand: 4 Pferde, 3 Kühe, 3 Rinder, 7 Schweine.

Auf dem Vollbauernhof von *Hans Ryk* saß 1723 *Steffen Neumann*, 39 Jahre alt, mit seiner Frau Anna geb. *Holtz* und 4 Kindern. Das Haus von 6 Gebind und die Scheune waren in „baulichem Stande". Viehbestand: 4 Pferde, 3 Kühe, 1 Ochse, 2 Schafe, 3 Schweine, 2 Gänse. Roggenaussaat: 2 Scheffel; Heuwerbung: 4 Fuder. Pacht: 10 1/2 Schilling

Der Halbbauer *Hinrich Neumann*, 1723, 60 Jahre alt, hatte „eine gut erhaltene Hauswohnung" von 5 Gebind, zu seiner Familie gehörte die Frau 50 Jahre alt und 7 Kinder zwischen 16 und 31 Jahren. Roggenaussaat: 2 Scheffel; Heuwerbung: 2 Fuder; Viehbestand: 2 Pferde, 1 Kuh, 2 Ochsen, 5 Schweine, 2 Gänse. Die Pacht betrug 12 Schilling.

Der Halbbauer *Jochim Schöneng* besaß eine „schöne Wohnung" und wohnte darin mit seiner Frau Ilse geb. *Neumann* und 4 Kindern. Viehbestand: 4 Pferde, 3 Kühe, 4 Schafe, 4 Schweine, 3 Gänse. Roggenaussaat: 1 Scheffel; Heuwerbung: 2 Fuder; Pacht: 12 Schilling.

1723 hatte der 50 Jahre alte Halbbauer *Jacob Schult* ein Haus von 6 Gebind und eine Scheune, beide in baulichem Stande. Seine Frau hieß Margaretha geb. *Neumann*. Einlieger: das Ehepaar *Steinorth* mit 5 Kindern. Viehbestand: 3 Pferde, 2 Ochsen, 2 Kühe, 4 Schweine, 2 Gänse.

Von 1696 - 1723 erbaute „Katen"

Der frühere Einlieger *Jacob Tiers*, 60 Jahre alt, wohnte 1723 in einem Katen von 5 Gebind mit seiner 50 Jahre alten Frau Margaretha geb. *Neumann* und seinem Schwager *Peter Neumann* und dessen Frau Margaretha geb. *Prahm* und ihren beiden Kindern. Viehbestand: 2 Kühe, 2 Schweine, 2 Gänse; Heuwerbung: 1 Fuder; Grundgeld: 1 Reichstaler.

Peter Mehrungen bewohnt mit seiner Frau Ilsabe geb. *Krebs* und den 3 Kindern einen Katen mit dem Schwager *Claus Krebs* und Frau Margaretha geb. *Ilers* (Ehlert) und ihren 2 Kindern. Viehbestand: 1 Kuh, 1 Schwein. Grundgeld: 1 Reichstaler.

Einen Katen von 5 Gebind in baulichem Stande hatte der 30 Jahre alte *David Christian* mit seiner Frau Ilsabe geb. *Schult* und 5 Kindern inne. Sie hatten eine Kuh, ein Fuder Heuwerbung und entrichteten 1 Reichstaler Grundgeld.

Einen Katen von 5 Gebind, „an Dach und Fach in baulichem Stande" bewohnt *Jochen Krebs*, 43 Jahre alt, mit 3 Kindern. Die Frau war verstorben. Als Einlieger hat er seinen Bruder Steffen mit Familie, die Frau Ilse geb. *Prahn* und 3 Kinder. Zu seiner kleinen Wirtschaft gehört 1 Kuh und eine Heuwerbung von 1 Fuder. Das Grundgeld betrug 1 Reichstaler.

Einen Katen von 4 Gebind „in baulichem Stande" bewohnt *Jochim Prohm* mit Frau und 4 Kindern. Er besaß 1 Kuh und bezahlte ein Grundgeld von 1 Reichstaler.

Eine Folge der aufblühenden Schiffahrt waren die einsetzenden Bauten von Häusern, meist als Katen bezeichnet im Gegensatz zu den großen niedersächsischen Bauernhäusern. In Wieck hieß bis in die neueste Zeit ein ganzer Ortsteil „In den Katen".

Die Bautätigkeit in Prerow ist besonders durch *„Beläge über die Besitzverhältnisse"* vom Jahre 1831 nachweisbar. (Rep. 10, 65c Nr. 471) In der letzten Hälfte des 18. Jahrhunderts setzt ganz besonders eine lebhafte Bautätigkeit ein. Daneben ging der Kauf von Holz für die Baulichkeiten und der Verkauf von älteren Häusern. Nach den vorhandenen Unterlagen wurden von 1770 - 1830 56 Häuser neu gebaut, also fast in jedem Jahr ein neues Haus. Es waren viele Seeleute dabei, die sich ein Wohnhaus schaffen wollten. So erhielt z. B. der bereits erwähnte „Marine-Lieutenant Heinrich Peter Kräft" Chef des ehemaligen Matrosencorps 1799 einen Haus- und Grundbrief. Der „freie Einlieger" *Peter Kräft* will sich 1770 aus eigenen Mitteln einen Katen bauen. Weil er sich eines „sittsamen Lebens und christlichen Wandels befleißigt hat", genehmigt der Landrat *v. Stumpfeldt* zu Franzburg sein Gesuch. Der Freischulze *Christoph Kräft* bekommt 1778 in Anerkennung für vieljährigen Schulzendienst die Erlaubnis sich im „Lübker Ort" ein Haus zu bauen. So 1795 Schiffer *Klaus Nausch*, 1802 Schulze *Joachim Niemann*, weiter der Fährmann *Michael Kräft*, der Steuermann *Hans Buske*, der „freie Schiffer" *Karl Heinrich Rek*, der Einlieger *Mietbrodt*, der Schiffer *Nicolaus Jahnke*; dem Kronmatrosen *Christoph Prohn* wird ein halber Katen zugebilligt, Schiffer *Spiegelberg* ein Haus, Schiffer *Joachim Gustav Lemke* ein „Feldscheunenhaus". Die Pfarrwitwe *Iverson* will wegen beengten Raumes im Witwenhaus einen eigenen Katen haben.

So entstanden Häuser und Katen auf dem Butterberg, dem Wurzelweg, auf Lübker Ort und an anderen Stellen. Die Preise beim An- und Verkauf waren verschieden. Als höchsten Preis für einen Katen finden wir 272 Reichstaler 22 Groschen verzeichnet, für ein Haus 431 Taler.

Damals hören wir auch von einer Schmiede. Der Schmiedewitwe *Pasedag* wird der Vertrag von 1794 -1809 für 24 Reichstaler jährliche Pacht- erneuert.- 1802 erhält der Müller *Carl Lemke* die Erlaubnis zum Bau einer Mühle.

Der älteste Ortsteil ist nicht der „Berg", den *Douzette* auf seinem Gemälde als Alt-Prerow bezeichnet hat, sondern der Drümpel. Der Name und die Anlage kennzeichnen ihn als alte, geschlossene Siedlung. Ein Blick auf die Karte oder ein Rundgang lehren, daß wir hier eine Rundlingsform vor uns haben; damit soll jedoch nicht gesagt sein, daß er etwa wendischen Ursprungs sein müsse. Die Bewohner haben sich hier offenbar zusammengedrängt, weil die Erhöhung inmitten sumpfigen Wiesengeländes (Seeg) nicht mehr Platz bot.

Mit dem Drümpel hängt der „Kraugbarch" zusammen, wahrscheinlich ist er der Überrest einer abgespülten Düne. Hier wohnte der Heidereiter (Jägerkoppel), später auch der Küster (Köstergang) und vor 200 Jahren noch der Schulze, der die Schankgerechtigkeit besaß. Hier war also lange Zeit der Dorfkrug. Als spätere Siedlung schloß sich nach Osten der Krabbenort an, mit der Windmühle des Ortes. Seit 1714 war *Heinrich Kräft* Schulze, 1747 wurde sein Sohn Christoph vorgeschlagen und auch gewählt. Als er 1793 hochbetagt starb, übernahm Bauer *Johann Niemann* das Schulzenamt. 1826 erhielt es der Yachtschiffer *Hermann Peters* von Zingst, gestorben 1858. Seine Tochter hat *Baier* das Darßer Märchen vom Federfuchs zu Finkenhausen erzählt. Es ist im 3. Jahrgang der schon mehrfach angeführten Monatsschrift „Unser Pommerland" zu finden. Das Peterssche Schulzenhaus galt auch als Spukhaus. Um die Zeit des dänischen Krieges war der Schulmeister *Schmidt* Ortsschulze, nach ihm der Apotheker *Müller* und darauf viele Jahre der alte *Lange*. Der Berg, früher

„Heidebarch" und das „Andere Ende" wurden in späterer Zeit bebaut. Die Dorfstraßen waren ursprünglich viel breiter und mit Dorngesträuch eingefaßt. An den Kreuzungen dehnten sich weite Grünflächen aus. Sehr beliebt waren auch Bretterzäune „dat Gelint". 1855 gehörten die Dorfstraßen noch der Forstverwaltung, dem Rechtsnachfolger der Krone. Sie wurden dann vom Dorfe angekauft. Die wichtigsten Ortsteile waren von Osten nach Westen: Ort, Krabbenort, Krugberg, Drümpel, Dorf, Heideberg, Schmidtberg, Speck, und dann nach Norden: Das andere Ende mit Stück, Brake, Remel, Stems und Kavelhorst. Es ist die höchste Zeit, daß man diese und die anderen zum alten Eisen geworfenen ehrwürdigen Bezeichnungen, die zum großen Teil auf Flurnamen zurückgehen, wieder zu Ehren bringt, nicht bloß in Prerow, sondern in allen Darßer Ortschaften. 1757 besaß Prerow 6 Vollbauern, 3 Kossäten und 60 Einlieger, 1767 zählte es 464 Einwohner. Damals waren Mühle und Schmiede noch nicht vorhanden. Die Krone bezog von den Grundbesitzern, d. h. den Laßbauern und den Einliegern 73 Taler 47 1/2 Schilling Pacht. 1803 wohnten in Prerow 223 freie und 542 leibeigene Untertanen, 1858 waren es 1434 Bewohner. 1809 war hier schon ein Müller ansässig. 1880 befanden sich unter den Einwohnern 29 Seeschiffer, 5 Küstenschiffer, 20 Yachtschiffer, 5 bäuerliche Wirte und 10 Fuhrleute. Die Einwohnerzahlen von 1860 bis 1912 zeigen wie überall auf dem Darße den Verfall des Wirtschaftslebens: 1860 = 1517, 1864 = 1568, 1867 = 1530, 1880 = 1510, 1886 = 1500, 1895 = 1350, 1900 = 1200, 1909 = 1049, 1912 = 1000. - Die Gemarkungsfläche betrug 1910 10,1719 qkm mit einem Grundsteuerreinertrag von 6,97 M auf 1 ha.

Prerows Landwirtschaft: 1902 = 630 ha Wiesen, 95 ha Acker und Gärten, 260 ha Unland, davon 98 ha als Torfland benutzt. Der Viehbestand: 43 Pferde, 227 Stück Rindvieh, 12 Schafe, 235 Schweine.- Wie sich Prerow seit 55 Jahren zum Seebade entwickelte, wird an anderer Stelle ausgeführt.

Zingst

Die älteste Siedlung scheint das „fürstliche Gestüt", das Viehhaus, gewesen zu sein, in den Urkunden gewöhnlich „Rotes Haus" genannt. Es war wahrscheinlich aus Backsteinen aufgeführt, im Gegensatz zu den Lehmstakenhütten der Einwohner. An dieses Gehöft schlossen sich dann später nach Osten Hanshagen und nach Westen Palen, 2 getrennte Siedlungen, die jahrhundertelang als 2 verschiedene Dörfer aufgeführt worden sind. Herkunft und Bedeutung der beiden Namen ist dunkel, besonders der von Palen. Ein Ort gleichen Namens liegt im Kreise Norderdithmarschen in Schleswig. Der fürstliche Viehhof hatte 1532 ein Wohnhaus, eine Scheune und einen Stall mit einem Viehbestand von 13 *„melken und 15 güsten* (trockenstehenden) *Kühen".* 1604 steht im Kirchenbuch ein „Vogd zum Roden Haus" verzeichnet, er heißt *Peter Niemann.* Er ließ sich in diesem Jahre mit *Anna Tiedemann* trauen. 1619 übernahm der Pächter *Michel Meybohm* das Rote Haus.

Palen hatte damals in 4 Katen folgende Einwohner: *Jacob Backhorn, Herman Heppener, Georges Heppener* und *George Sandt.* In Hanshagen saßen auf 5 Höfen: *Jochim Tile, Hinrik Barfode, Hans Zempke, Herman Tile* und *Jaspar Butzow.* Auf Lubins Karte fehlt Hanshagen. Eine hohe Dünenreihe ist im Norden vorgelagert. Ein breiter Wasserlauf, Imdepe, trennt den Zingst vom Kirchenort.

Nach der Landvermessung von 1696 unterschied man noch Hanshagen und Palen voneinander mit dem „Roten Haus" dazwischen als getrennte Ortschaften „up den Zingst". Hanshagen lag am Strom gegenüber dem Kirr zwischen Müggenburger und Straminker Gemarkung auf der östlichen Seite und der Richtung Prerow liegenden Dorfgemarkung auf der westlichen Seite.- Durch den langgestreckten Ort mit seinen 10 Gehöften schlängelte sich die Dorfstraße von der Anlegestelle am Strom nordwärts bis zum Strande, dem „Mare Baltico". Die Gehöfte lagen bis auf das Hirtenhaus an der westlichen Seite der Straße.

Der erste Besitzer am südlichen Ende war der Vollbauer *Klaus Trapp.* Er säte jährlich 8 Scheffel aus und brachte in guten Jahren 3

- 4 Fuder Heu ein. Nach Norden zu folgte *Hindrich Krefte*, Freischulze und Krüger. Er zahlte 4 Mark Krugpacht. Seine Aussaat betrug 9 Scheffel, seine Heuernte 2 Fuder. Der dritte in der Reihe war *Klaus Fick*, ebenfalls Vollbauer mit 11 Scheffel Aussaat und 4 Fuder Heu. Jeder dieser 3 Vollbauern konnte 10 Stück Großvieh auffüttern. Die Vollbauern hatten sich Wiesen dazugepachtet (Trapp: Wiesen zu 7 (9) Fuder, Kreft zu 20 Fuder und Fick zu 10 Fuder). Sie zahlten für je 2 Fuder 1 Reichstaler Pacht.

Die 3 Halbbauern saßen in folgender Reihe: 4. *Hermann Willick,* 5. *Asmund Busk* (Busch), 6. *Jochim Schel.* Die Halbbauern hielten jeder 5 Stück Großvieh. Willick hatte 6 Scheffel Aussaat und erntete 4 - 5 Fuder Heu, Asmund: 4 Scheffel und 3 Fuder, Scheel: 3 1/2 Scheffel und ebenfalls 3 Fuder. Die beiden Einlieger *Jochom Kotze* und *Hans Skult* (Schulz) Nr. 7 hatten sich selber ein Haus aufgebaut, in dessen Nähe säten sie Rüben und Möhren. - Nr. 8 und 9 waren die Häuser der beiden Einlieger *Jochim Schöning* und *Hindrich Parow*. Sie hatten sich auch jeder ein eigenes Haus gebaut und dazu vom Amt Barth freies Bauholz (Balken und Bretter) erhalten. Der Kuhhirte bewohnte das Haus Nr. 10 an der Westseite der Straße. Nr. 11 scheint das „Rote Haus", auch Viehhaus genannt, gewesen zu sein. Der Pächter war *Simon Conrat*. Er gab 25 Taler Pacht, sollte aber gezwungen werden, 30 Taler und einen fetten Ochsen zu geben. Dagegen setzte er sich jedoch zur Wehr. Er war imstande, 40 Stück Großvieh zu halten. Conrat hatte 1681 die Witwe des *Casten Lorenz* geheiratet. Die ursprünglichen Gebäude waren damals schon verfallen. Die Äcker, (62 Morgen 30 Ruten) unmittelbar am Dorf gelegen, waren manchmal mit Gerste, manchmal mit Mohrrüben bestellt. Der Pächter säte 6 1/2 Scheffel Wintersaat (Roggen) und 20 Scheffel Sommersaat (Gerste) aus und 1 Pfund Mohrrüben.

Die Wiesen (371 Morgen 90 Ruten) lagen zum großen Teil in der Dorfgemarkung. Weil sie jedoch nicht ausreichten, pachteten sich die Bauern Wiesen von den Bresewitzern, Barthern und den Holländern der Sundischen Wiese hinzu. Der Pachtsatz - 1 Reichstaler für 2 Fuder - wurde bereits genannt. Der Pächter warb sein

Heu auf der kleinen Insel Brumswerder, auf den „Wellen" (Wiesen bei Timmer Ort), auf der Freesenwiese und von 2 Flächen der großen Wiese bei Prerow („Slotwisch" und „Kneckwisch").
Weideland, z. T. Waldweide, war reichlich vorhanden, im ganzen 1.370 Morgen 30 Ruten mit Palen zusammen.

Im Walde konnten sich die Bewohner frei Kiefern zu Holz schlagen; nur sollte der Schulze darauf achten, daß diese Freiheit nicht mißbraucht werde. Für das Amt brauchten die Zingster kein Holz zu schlagen. Auch verrichteten sie keinen Hofdienst; dafür gaben sie den „Dienstpfennig", jeder Vollbauer jährlich 10 Reichstaler, jeder Halbbauer 5 Reichstaler; der Schulze gab als Freischulze nichts.

An Steuern zahlten die Zingster: 1.) Kopfsteuer: je 1/2 Reichstaler; 2.) Accise: jeder Vollbauer 22 Schilling, jeder Halbbauer 14, jeder Einlieger 10 Schilling vierteljährlich; 3.)Tribunalsteuer: (Gerichtssteuer), das ganze Dorf mit Palen zusammen 2 Rtl. .

Der Pächter des Viehhauses zahlte im Jahre 1 Rtl. 14 Schilling Kopfsteuer für sich und seine Hausfrau, Accise vierteljährlich 42 Schilling, für verkaufte Mohrrüben 2 Schilling für 1 Tonne, (1 Tonne = 1,65 hl?) für verkauftes Holz 5 Schilling für 1 Faden als „Licent" (Abgabe für erteilte Erlaubnis). Das Viehhaus war wie die anderen königlichen Besitzungen verpachtet und brachte 1721 einen Betrag von 128 Talern 29 Schillingen. - 1732 machte man aus dem Hofe des Roten Hauses 4 Bauernstellen. 1768 gehörten zu dem Viehhofe 13 Morgen 210 Ruten steuerbares Land, während Hanshagen mit Palen 1 Hufe 18 Morgen und 225 Ruten zu versteuern hatte. Es waren daran 11 Bauern und 4 Kossäten beteiligt. 1710 nennt das Kirchenbuch den Schulmeister *Claus Bartels*, 1725 versah *Zohlmann* dieses Amt. - 1743 wohnte in Zingst der Heidereiter *Stoffer Kräft*. - 1767 betrug die Einwohnerzahl insgesamt 552. - 1786 stand in Zingst schon eine Mühle, die 40 Reichstaler Pacht abwarf. 1830 besaß Zingst auch eine Schmiede. Sie lieferte dem Staate einen Ertrag von 15 pommerschen Talern (oder 10 Taler 29 Silbergroschen nach preußischem Gelde).

Im Gegensatz zu dem langgestreckten Hanshagen bildete Palen

eine mehr geschlossene Dorfsiedlung, von Hanshagen durch den Pächterhof getrennt. In Palen saßen 4 Vollbauern: Sie hießen *Marcus Höppner* (mit 11 Scheffel Aussaat), *Drewes Parow* (mit 10 Scheffel Aussaat), *Michael Krafte* (Kräft) (mit 6 Scheffel Aussaat) und *Martin Prohn* (auch mit 6 Scheffel Aussaat). Sodann beherbergte das Dorf noch den Einlieger *Hindrich Häppner*, die Kossäten *Jochom Koltzow, Hindrich Prohn* und den Kuhhirten. Den Schulzen hatten beide Dörfer gemeinsam. An steuerbaren Hufen waren damals mit Palen zusammen 4 1/2 vorhanden.

Der Acker (62 Morgen 30 Ruten) war so beschaffen wie in Hanshagen. Der Kossät *Koltzow* war so arm, daß er nichts säen konnte. Die Wiesen lagen unmittelbar westlich bei dem Dorfe. Die Pahler pachteten sich ebenfalls von den Bresewitzern Wiesen dazu. Das machte für jeden etwa 7 Gulden Pacht.

Zu dem Nebenverdienst gehörte außer der Kleinschiffahrt auch die Fischerei. Ähnlich so wie die Hanshäger betrieben sie Heringsfang in großen Netzen im Frühjahr in der Ostsee. Man fischte auch im Strom. An Pacht bezahlte jeder für einen Anteil 2 Wall Heringe.

An Ackerland besaßen die 10 Bauern und Halbbauern der beiden Dörfer zusammen mit dem Pächter 62 pommersche Morgen 30 Quadratruten. Der Boden war moorig und mit Sand durchsetzt. Der Gesamtbesitz an Wiesen betrug 371 Morgen 90 Ruten, wovon den Bresewitzern bei Timmer Ort 111 Morgen 150 Ruten gehörten. Nach eigenen Angaben ergaben sie 90 Fuder Heu. Die Wiesen waren recht mager, noch magerer war die durch Sand verdorbene Weide. 1693 hatte das Eis der Sturmflut die Grasnarbe abgeschrapt.

1798 bestand die Einwohnerschaft von Zingst aus 7 Bauern, 7 Halbbauern, 5 Kossäten und über 100 anderen Familien mit zusammen 557 Seelen; darunter 33 Witwen.- Die Bauern waren: Der Schulze *Jochen Boye, Johannes Thiens, Christoph Parow, Hans Langhinrich, Michel Kreft, Martin Hannemann* und *Fritz Wilken*; die Halbbauern: *Michel Braun* (Bruhn), *Niclas Ott, Michel Schütt, Jacob Krüger, Behrend Andreas Peters, Johann Jochim Schütt, Hinrich Kraeft*

157

und *Krucker* (Kreuger, Krüger); die Kossäten: *Johann Boye, Jacob Vick, Franz Parow, Johann Dorn* und *Matthies Lademaker.*- Es wohnten hier 5 Schiffer, 9 Steuerleute, 14 Matrosen und 23 Zimmerleute. Aufgeführt werden noch mehrere Segelmacher, 1 Schneider, 1 Weber, 1 Kuhhirte, also Berufe, die auch in den anderen größeren Ortschaften nicht gefehlt haben. Zählt man zu 557 Untertanen noch die freien Leute, so kommt man zu einer Einwohnerzahl von mehr als 800. Zingst hatte besonders viel freie Leute, meist Seeleute.

1856 wurde Zingst vom Prerower Kirchspiel getrennt. Das neu gebildete Kirchspiel hatte 1858 2.035 Einwohner. Die Kirche wurde 1862 nach den Entwürfen *Stülers* fertiggestellt. Schon nach 20 Jahren war sie baufällig. Der König bewilligte zum Umbau ein Gnadengeschenk von 10.000 Mark. Die Gemeinde mußte den Rest der Bausumme, 7.000 Mark, tragen. Zu dem ersten Bau hatte der König, damals Prinzregent, 14 766 Taler bewilligt.

1867 wohnten 2170 Leute im Zingster Kirchspiel. 1893 besaß der Ort Zingst selbst 1674, 1909 = 1.299 und 1912 1.272 Einwohner. Das bedeutet in 19 Jahren einen Verlust von 400 Menschen. Zingst hat von allen Darßer Ortschaften am meisten unter dem Verfall der Segelschiffahrt gelitten. 1910 betrug die Gemarkungsfläche 8,982 qkm mit einem Grundsteuerreinertrag von 6,82 M. auf 1ha.

Straminke

Der Name tritt in den Urkunden schon 1290 auf und wird auch später bei der Abgrenzung der Besitzungen Stralsunds, Barths und der pommerschen Herzöge öfter genannt. Ob sich dort im 13. und 14. Jahrhundert eine Siedlung befand, ist nicht ersichtlich, aber wahrscheinlich. 1532 lebten hier 5 Familien, *Hans Tymm, Hermann Bock, Asmus Wolter, Peter Nyeman* und *Marcus Wentorp.* Auf Lubins Karte ist der Name Straminke ohne Ortszeichen vermerkt. Ebenso fehlt der Wasserlauf. Daß die Sturmflut von 1625 der kleinen, schlecht geschützten Siedlung übel mitspielte, wurde bereits erwähnt. 1696 war nur noch ein Pachthof, damals

Holländerei genannt, vorhanden. Ihn hatte *Titke Nommers* inne, der dafür jährlich 25 Taler Pacht zahlte. Er beackerte ein Stück Land zu 6 Scheffel Aussaat und warb von seinen Wiesen 30 - 40 Fuder Heu. Sein Viehbestand zählte 3 Pferde, 8 Haupt Rindvieh und einen Stock Immen. Für das Recht, am Strande zu fischen, lieferte er an das Amt 14 Wall Heringe. Die Karte aus dieser Zeit zeigt zwei Gebäude.

Der Acker (Sandhumus) umfaßte 4 Morgen 150 Ruten. Die 23 Morgen 240 Ruten großen Wiesen konnten bei guten Jahren 44 Fuder Heu liefern. Das Weideland mit der Weide im Osterwald war im östlichen Teile mit Buchen und Eichen bestanden und war 648 Morgen 60 Ruten groß.- An Abgaben waren nur die Accise und eine Kopfsteuer zu entrichten. Die Fischerei wurde mit großem Zugnetz oder großem Heringsgarn ausgeübt, wovon 3 Stück vorhanden waren.- 30 Jahre später waren 4 Morgen „geringes" Ackerland mit 20 Scheffeln Kornaussaat in Kultur, und die Wiesen lieferten 50 Fuder Heu. Damals waren die Heufuhren aber bedeutend kleiner als heute. 1721 bezog die Krone von dem Hof 28 Taler 8 Schilling Pachtgeld. 1767 hatte das „Dorf" sogar 33 Einwohner. Mit dem Gehölz umfaßte es 23 Hufen 12 Morgen und 30 Ruten, wovon aber nur 9 Morgen 90 Ruten steuerbar waren. 1782 wird der Ort richtiger als kleiner Hof bezeichnet und 1786 mit 155 Talern 24 Schilling Pachtertrag angesetzt. Die bare Hebung betrug jedoch nur 47 Taler 34 4/5 Schilling. Der Pfandwert wird mit 469 Talern 21 3/4 Schilling angegeben. (Ungefähr für diese Summe war Straminke 1782 an Stralsund verpfändet.) In Straminke war ein Heidereiter, Unterförster, wohnhaft. 1783 hieß er *Köpke*, 1824 *Orgel*. In dem letztgenannten Jahre waren Zingster Bauern die Pächter von Straminke. Die Pacht betrug 336 pommersche Taler (380 Taler 3 Silbergroschen preußisch). 1830 war der Zingster Schulze *Boye* Pächter von Straminke. Die Grundsteuer für 4 1/2 Hufen betrug 145 Taler 9 Silbergroschen, die ständische Steuer 27 Taler 16 Silbergroschen 6 1/2 Pfennig.

Im November 1831 kam *Suckow* auch in diese unwirtliche Gegend. Er fand ein Unterkommen bei dem Unterförster *Matzky* und schildert seine Eindrücke in folgender Weise: *„Als ich verzweiflungsvoll umherblickte, gewahrte ich einen schwarzen Katen hinter den nächsten Dünen, und nicht weit davon ragte aus einem verkrüppelten Eichenhain ein Hüttchen hervor. Ich kriegte die Karte aus dem Schubsack und wußte nun, wo ich war. So steuerte ich denn mit der letzten Kraft auf das Häuschen los, da der Katen etwas Abschreckendes hatte, und ließ bei einem Jägersmann die Anker fallen. Der gute Mann war so arm wie Hiob und hatte nichts als 7 lebendige Kinder und ein recht ehrliches Gesicht. Er hatte im Jäger- Korps 22 Jahre gedient, war in der Schlacht bei Groß - Görschen doppelt blessiert worden, durch die Brust und den Fuß, und litt eben wieder an der letzteren aufgebrochenen Wunde. In den vier hell aus den Augen schauenden Buben wallte echtes Jägergeblüt; sie spielten so leicht und behende miteinander wie junge Füchse in der Mittagsstunde vor dem Bau, neckten sich lebhaft und schlugen mit Stöcken aufeinander an, als ob sie Gewehre hätten. Sie sowie die drei kleinen Mädchen waren zwar ärmlich, aber reinlich gekleidet, und im ganzen Hause herrschte Ordnung und Sauberkeit. Die beiden Eheleute schienen sich über ihren Kindersegen christlich zu freuen und wünschten nur einzig einen weniger einsamen Wohnort, damit sie das Völklein in die Schule schicken könnten und die Mutter es nicht doppelt schwer hätte; denn sie agierte neben der schweren Wirtschaft auch als Schulmeisterin.*

Es gehört wirklich viel Resignation dazu, auf dieser Erdscholle nicht zu verzweifeln. Der Fleck Landes, zwischen dem Binnenwasser und dem wilden Meer gelegen, hängt nur am seidenen Faden mit dem eigentlichen Zingst zusammen; denn er ist auf den zwei schmalsten Stellen nicht breiter als höchstens hundert Schritt. In jeder Sturmnacht muß man fürchten mit Maus und Mann im Abgrund des Meeres begraben zu werden. Unaufhörlich wühlt und frißt die See das Land weg und das bißchen Deputatacker ist fast versandet. Derjenige Boden, welcher noch spärlich tragen könnte, ist leider Moorgrund. In einem Zeitraum von 7 Jahren hat der Strand an 6 - 7 Ruten abgenommen. Die größten Eichen verschlingt die wilde See; ein alter Obstgarten, an die Jägerei gehörend, ist bis auf die letzte Spur verschwunden, und wo noch vor 40 Jahren das alte Jägerhaus mit dem Backofen stand, gehen jetzt Schiffe und fängt

160

man Heringe. Drei Fuß steht das Wasser bei Sturm und Flut nicht sel-
ten, daß die Pferde bis an den Bauch hineinkommen und man auf Polten
zueinander fährt. Die Leute müssen dann hohe Klötze in die Stuben le-
gen und Bretter darüber decken, um wohnen und gehen zu können."
1850 gehörten zu dem Hof ohne Wald 81 Morgen 3 Ruten, worauf
ein Vierwohnungskaten, eine „ehemalige Meyerei", stand.- 1864
war hier nur noch eine Försterei vorhanden; ebenso 1875, und
zwar mit einem Wohnplatz für 9 Personen. Die Flur legte man zu
Müggenburg. Der Ort wurde nach Zingst eingemeindet und der
Förstersitz dorthin verlegt. Heute liegen 2 kleine Gehöfte still und
friedlich am Waldesrande, und der vorübergehende Badegast
ahnt nicht, wie oft die Sturmfluten über diese Stätten hinweg-
brausten. Der Wasserlauf und die Forst tragen neben der Siedlung
noch heute den alten Namen.

Müggenburg

Ähnliche Benennungen (Müggenberg, Müggenhall, Müggen-
brink) finden wir im benachbarten Festlande häufiger. 1290
schenkte Fürst *Witzlaw II.* der Stadt Barth wegen treuer Dienste eine Wiese auf dem Zingst, die von der Sundischen Wiese, dem
Wasser Straminke und einem Fußsteig, Hartanger genannt, begrenzt wurde. Die Stadt sollte dort die eine Hälfte der Gerichts-
barkeit haben und der Fürst die andere behalten. (Damit können
nur die Gefälle eines schon bewohnten Ortes gemeint sein). Bei
der Übertragung der Insel Zingst an das Kloster von Hiddensee
im Jahre 1296 wird ausdrücklich auf diese Wiese hingewiesen.
Wie schwierig es später war, zwischen dem Gewirr von Sumpf
und Moor und Gestrüpp und Gehölz die richtigen Grenzen zu
finden, zeigte der Grenzstreit von 1578.-
1532 wird Müggenburg nicht aufgeführt, da es sich nicht mehr in
herzoglichem Besitz befand. Auf Lubins Karte ist es als Ort angegeben. 1665 verzeichnet die Barther Stadtverwaltung „auf der
Müggenburg" eine Viehweide für den Sommer. Die Schwedenkarte weist 3 Häuser auf, darunter 1 Hirtenkaten. Der Pächter *As-*

mund Peters bewirtschaftete 1/4 des Landes und säte 22 Scheffel aus; *Peter Jöns* nutzte 3/4 des Landes und säte höchstens 2 Scheffel aus. Dazu kamen bei beiden noch die nirgends fehlenden Mohrrüben. Der Acker umfaßte 7 Morgen 270 Ruten. Die 108 Morgen großen Wiesen lieferten 50 Heulasten. Mit der 234 Morgen 180 Ruten großen Weidefläche war es ihnen möglich, 25 - 30 Stück fremdes und 50 Stück eigenes „Klauenvieh" durchzuhalten. Für das Durchfüttern fremden Viehes erhielten sie das Kalb von der trächtigen Kuh. Sie durften am „großen Strande" fischen und lieferten dafür 2 Wall Heringe an das Barther Amt. Peters versteuerte vierteljährlich 18 Schilling, Jöns 16 Schilling. Die Pastorengebühr betrug 1 Tonne Mohrrüben und 3 Pfund Butter.- Die Pacht betrug 22 Taler, früher 25 Taler.- Der Wald umfaßte 458 Morgen 90 Ruten und war mit Moorkiefern zwischen Heidekraut und Gagelsträuchern bestanden.- Später versuchte man, einen Teil des Landes durch einen Torfstich nutzbar zumachen. Man ließ sich 1745 einen Sülzer Torfstecher kommen, der hier auf die Torfsuche gehen mußte, um dem Holzmangel abzuhelfen. Noch 1844 wohnte hier ein Torfaufseher. Im übrigen wurde das Land verpachtet. Um 1700 war ein *Boye* Pächter, 1757 saßen *Wallis* und *Volkert* auf Müggenburg, 1770 *Bussert* und *Faeks*. Damals hatte es 2 „Baustellen" und „etliche Einlieger" und brachte 1766 der Stadt 300 Taler ein. 1767 wird es sogar als Dorf mit 37 Einwohnern aufgeführt, wozu im ganzen 27 Hufen 13 Morgen und 120 Ruten gehörten. Von Straminke her wissen wir schon, was die Bezeichnung „Dorf" eigentlich zu bedeuten hatte. Außerdem muß man sich immer wieder wundern, wie die Pächter damals so viel herauswirtschaften und abgeben konnten. 1783 heißt es von Müggenburg: *„Es hat schlechten Acker. Er umfaßt mit den besten Wiesen 364 Morgen und ist an 4 Pächter für 350 Taler verpachtet. Der Wald mit 458 Morgen und 40 Ruten wird zum besten der Stadt benutzt. Im Winter können sich die Armen der Stadt dort Holz sammeln."* 1807 wurde Müggenburg auf 20 Jahre gegen 850 Taler jährlich an *Sadelkow* und *Diews* verpachtet. 1824 werden 3 Gehöfte der Pächter aufgeführt. Viel Freude hat die Stadt jedenfalls an ihrem Besitz nicht gehabt. 1839 verkaufte sie ihn darum mit „Hoher und Niederer Jagd" und dem Verzicht auf das zu liefernde Kalb (Zehntkalb) für die stattliche Summe von 17.300 Talern, um damit einen Teil der Kriegskosten zu bezahlen.

Unter der preußischen Regierung wurde Müggenburg nach Zingst eingemeindet. 1843 wurde Gutsbesitzer *Fromm* beschuldigt, das Heu auf dem Gänsebrink eigenmächtig verkauft zu haben. 1893 hieß der Besitzer *Keding*. Neben dem Gute bestanden noch 5 Büdnereien mit einer Mühle. Der Ort zählte 9 Wohnhäuser mit 67 Einwohnern. Seitdem haben die Besitzer oft gewechselt, nicht zum Segen des Landes und der Bevölkerung.

Der Kirr

umfaßt zwei Inseln, den Großen Kirr und - von ihm durch die Bek getrennt, gegenüber der Zingster Landungsbrücke - den Kleinen Kirr. Auf dem Großen Kirr liegen 2 Gehöfte, Groß Kirr in der Mitte und Klein Kirr am Ostende der Insel. Wenn die Deutung aus dem Slawischen - Gesträuch - richtig ist, so muß die Insel zur wendischen Zeit mit Buschwerk bewachsen gewesen sein. Auf der Lubinschen Karte steht „Kiez", was mit Fischerhütte zusammenhängt, aber auch ein Schreibfehler sein kann. Die Insel erhielt ihren Wert durch den Grasbewuchs. Sie gehörte ursprünglich den *Dotenbergs* und ging dann teilweise in den Besitz einiger Barther Bürger über. 1336 kauften nämlich *Heinrich Henning, Arnold Bremer, Johann Rabeken* und *Johann Helmschläger* den 3. Teil der Insel für 30 Mark sundisch von *Nikolaus* und *Gottfried*, den Söhnen Dotenbergs. Dazu erwarb der Bürger *Duvendik* von dem Knappen *Heneke Plate* und seiner Mutter *Veralheit* den Anteil vom Kirr, der dieser Familie gehörte. So gelangte die Stadt zu einer neuen „Sommerweide". Der Rest war im Besitz der Herrschaft *Divitz*. Die Insel wurde im ganzen oder geteilt verpachtet. Die ersten Pächter scheinen von Müggenburg gekommen zu sein. 1618 trägt die Insel ein Ortszeichen, sie war demnach bewohnt. 1696 hat sie ein Gebäude. Zu Pastor Lüschows Zeiten (1680-1694) wohnten hier nacheinander *Kasten Schwietert*, der Barther Hirte, *Dietrich Simon, John Foix, Kasten Wallis* und *Johann Volkert*, 1696 *Eugen Boi*. 1700 wird außerdem noch *Martin Wallis* genannt. *Johann Volkert* war jedenfalls ein naher Verwandter (Bruder oder Sohn) des alten *Claus Volkert*, der viel zur See gefahren und 1744 hier in größter Armut gestorben war.

Verhältnisse nach der Landesvermessung: Der größere, westliche Teil gehörte der Stadt Barth, der mittlere, kleinere dem Staate und der kleinste östliche Teil der Herrschaft von Divitz und Frauendorf. Damals war der Kirr von *Kasten* und *Martin Wallis* bewohnt. Casten Wallis finden wir später im „Roten Haus" und nach dem Nordischen Kriege als Holzvogt von Straminke. Diese Stelle war damals eingerichtet worden, nachdem vorher der Zingster Schulze die Forstaufsicht ausgeübt hatte. Martin Wallis war dann lange Zeit Pächter in Müggenburg. Die beiden Brüder lebten auf dem Kirr als Hirten des Viehes, das hier auf die Weide ging. Sie hatten sich zu diesem Zweck von Barth Acker und Wiesen gepachtet und gaben dafür 12 1/2 Reichstaler Pacht.

Außer den Barthern durften die Amtsdörfer Rubitz, Kenz und Rustow Pferde und anderes Vieh auf die Weide treiben; letztere aber nur von Beginn des Frühlings bis St. Vitus (11. Juli). Im anderen Falle mußten sie für jedes Stück Vieh 1/4 Scheffel Roggen oder andere Werte geben. Auch die Besitzer von Divitz und Frauendorf hatten Weidegerechtigkeit auf der Insel, hatten sie aber seit vielen Jahren nicht ausgenützt. Für jedes Haupt hatte der Pächter von Fremden 8, von den Barthern 4 Schillinge zu fordern. Das Weidegebiet war 506 Morgen 120 Ruten groß.

Auf seinem kleinen Acker von 2 Morgen konnte der Pächter 6 Scheffel Sommerkorn und etwas Mohrrüben säen. Die Wiesen, 51 Morgen 90 Ruten, lagen teils auf dem Großen Kirr, teils auf dem Kleinen Kirr. Sie gehörten der Stadt Barth. An Heu brachte der Pächter jährlich 20 Fuder ein. Damit konnte er 20 Stück Großvieh überwintern (nach den heutigen Futterrationen und den kleinen Fudern der damaligen Zeit klingt das wenig glaubhaft, da andere Futtermittel kaum zur Verfügung standen).

164

Fischereigerechtigkeiten gehörten nicht zum Kirr. Es stand dem Pächter aber frei, gegen die gebührliche Pacht an das Amt, zu fischen. An Steuern bezahlte er die Accise und die anderen vorgeschriebenen Abgaben.-

1767 wird die Größe der beiden Teile mit 18 Hufen, 20 Morgen und 90 Ruten angegeben, darunter aber nur 4 Morgen steuerbares Land. Auf der Insel fristeten 15 Einwohner, wohl 2 Familien angehörig, ihr Leben. Der Barther Anteil betrug 354 Morgen 52 Ruten und brachte 365 Taler Pacht.-

1833 und später saß als Pächter auf dem Großen Kirr *Joachim Peter Wallis*. Den Kleinen Kirr kaufte in diesem Jahr der Schiffer *Martin Bussert*, dessen Nachkommen der Hof heute noch gehört. Er zahlte dafür an den Kammerherrn Freiherrn *Fritz von Krassow* auf Divitz 1.450 Taler, wovon er 1.200 Taler gleich entrichtete, die restlichen 250 Taler nach 4 Jahren bei 3 % Verzinsung. Für die Gebäude bekam der Pächter: für das Wohnhaus 276 Taler 18 Silbergroschen, für die Scheune 120 Taler 12 Silbergroschen 8 Pfennig, für das Stallgebäude 28 Taler 29 Silbergroschen, für Befriedigung und Brunnen 10 Taler. Sein Sohn, der Steuermann *Joachim Karl Bussert*, heiratete 1838 *Maria Wallis* vom Großen Kirr. - Groß Kirr hatte in den fünfziger und sechziger Jahren *Bernhard Prützmann* gepachtet, von 1869 ab *Horst*, der in der Sturmflut von 1872 großen Schaden erlitt. 1867 umfaßte die Insel insgesamt 1.411 preußische Morgen, wovon die Stadt Barth 905 Morgen besaß. Sie bezog damals 550 Taler Pacht. Weil das Gut abgelegen war, dazu die Pachterträge zurückgingen und die Stadt durch Unterhaltung der Deiche und der Gutsgebäude, sowie durch Grundsteuern stark belastet war, verkaufte sie 1905 ihren Anteil an den damaligen Pächter *Brookmann* aus Saatel für 30.000 Mark.- 1955 wurde das alte Bauernhaus auf dem Klein-Kirr zu einem Ferienheim für Kinder und Erwachsene umgestaltet.

Die Oie (Oe, Öhe)

Oie ist ein in der westlichen Ostsee sehr gebräuchlicher Name für eine Insel. Sie wird 1532 als unbewohnt bezeichnet und diente damals schon als Weide und Wiese und brachte 50 Fuder Heu, wenn das Wasser die Heuernte nicht vorher wegholte. Sie befand sich in staatlichem Besitze und wurde verpachtet, war aber 1618 unbewohnt. Pastor Lüschow meldet, daß 1663 der Hauptmann *Raschen* von Barth ein Haus darauf erbaut und die Insel zum Prerower Kirchspiel gelegt habe. Darauf habe sich *Peter Boye* darauf zu wohnen begeben.

Die Schwedische Matrikel von 1696 meldet, daß sie vor 20 Jahren noch keine Bewohner gehabt habe. 1696 stand dort wie schon 1658 nur eine Heuscheuer. Es wohnte hier *Jöns Fnax* (der John Foix vom Kirr, wie Lüschow berichtet). Er zahlte 40 Taler Pacht, hielt sich 4 Pferde, im Sommer 20, im Winter 16 Kühe. Auf die 14 Morgen Acker säte er 12 Scheffel Roggen aus und 1 Scheffel Gerste. Die 30 Morgen 150 Ruten großen Wiesen ergaben 30 Fuder Heu. Im ganzen umfaßte die Weide 81 Morgen 90 Ruten. Auf *Foix* folgte nach dem Prerower Kirchenbuch der Pächter *Niemann*. 1721 war der Pachtertrag 45, der Pfandwert 750 Taler. Der Flächeninhalt betrug 1782 4 Hufen 5 Morgen 240 Ruten. 1786 waren 202 Taler Pacht eingesetzt. Es kamen 191 Taler 43 1/2 Schilling ein. 1824 hieß der Pächter *Holzerland*. Inzwischen ging die Insel in Privateigentum über und befand sich 1893 im Besitz des *Herrn v. Henning* auf Carnin. Ihre Größe wurde 1867 mit 351 Morgen angegeben.

Die Sundische Wiese

Die Sundische Wiese war schon vor 1290 im Besitze der Stadt Stralsund und ist es geblieben bis zum Anfang dieses Jahrhunderts (1902). Sie wurde von der Stadt an Pächter vergeben, die hier Viehzucht betrieben und nebenbei dem Fischfang nachgingen. Schon 1548 beschwerten sich die Barther Fischer über die

Leute, die von altersher die „Wische von den Sundischen" in Pacht haben. Um diese Zeit bestand dort eine „Vitte" (s. z. B. Ahrenshoop). 1575 wurden 14 Einwohner genannt,1635 standen dort 3 Wohnhäuser, von Pächtern bewohnt, schon 1555 als Holländer bezeichnet.- Lubins Karte weist 2 bewohnte Stellen auf: „Heidmann" (wohl ein Pachthof) und die „Holländer Häuser". Die Schwedenkarte zeigt eine geschlossene Siedlung „bey den Häusern" mit 5 Häusern, aber keine Einzelhöfe. Darin wohnten 4 kleine Holländer und ein Kuhhirt. Ihre Namen sind:

1.) *Johann Heidemann* u. Sohn gleichen Namens in einem Hause

2.) *Jacob Boins* (Boye, Boi, Beu)

3.) *Johann Gerow* (Gierow)

4.) *Claus* u. *Johann Cornelius* in einem Hause

5.) *Elert Peters*, der Kuhhirt

Sie bewirtschafteten 26 Morgen 270 Ruten morastigen Acker, 994 Morgen 270 Ruten sumpfige Wiesen und einige Torfstiche. Im Sommer konnten sie 400 Stück Rindvieh und Pferde auf die Weide nehmen, das Stück für 12 Schilling. Selber besaß jeder 40 Stück Rindvieh, dazu Kälber, 4 - 6 Pferde und 4 - 6 Schafe. Einige betrieben auch Bienenzucht.

Bei Hochwasser kam die Flut bis an die Häuser. Die Sundische Wiese war also damals noch nicht eingedeicht, wie die anderen Stranddörfer. Die Eindeichung besorgte erst viel später die Stadt Stralsund. Sie legten den Dung in die Wasserlöcher. Bei hohem Wasserstande wurden dann die Flächen mit dem Dungwasser getränkt. In mittelmäßigen Jahren erntete jeder Pächter 60, in guten 100 Fuder Heu. Sie durften sowohl in der Grabow als in der Ostsee fischen. Jeder hatte im Binnenwasser 4 Reusen und zahlte für jede 2 Wall Heringe an das Barther Amt. Im „großen Strande" fischten sie auch Flundern und andere Fische mit Zugnetzen.- An Pacht gaben sie 100 Reichstaler (oder 50 Reichstaler) neben den sonst üblichen Steuern. Jochen Heidemann zahlte an Accise vierteljährlich 1 Reichstaler. Die Kopfsteuer war 1694 auf je 1 1/2 Reichstaler angesetzt worden. Die Viehsteuer betrug für das Haupt 8 Schilling.-

167

Ein Krug war nicht vorhanden. *Heidemann* verkaufte Bier an die Nachbarn.

Die Kirchenmatrikel von 1744 erzählt, daß dort früher nur ein Kuhhirte gewohnt habe und daß jetzt „*4 Wesen mit 4 Hausleuten geworden seien.*" Das Kirchenbuch nennt von 1589 bis 1615 folgende Namen: *Boye, Beck?, Evers, Frese, Heidemann, Schnider, Törke, Schomaker, Zillmann* (?). Um 1710 treten noch folgende Namen auf: *Foix, Gerow, Petersen, Wallis Wend*, noch später *Schönrogg*. Um diese Zeit besaß die Sundische Wiese schon einen Schullehrer, *Abraham Kirchhof*, dem sein gleichnamiger Sohn folgte. - Allmählich entstanden immer mehr Pachthöfe. Außer dem Dorfkern, dem Fährhause und dem Mühlengehöft, waren es vor dem 1. Weltkriege noch 15: Westhof, Wiesenhof, Kavelhof, Südhof, Holzkoppelhof, Rehhof (Rehbörgshof), Grashof, Feldhof, Dünenhof, Mittelhof, Osthof, Lübkehof, Bauhof, Ellerhof, Dreschhof. Wenn die Sundische Wiese auch 13.000 Morgen Land umfaßt, so wurde durch die Teilung die wirtschaftliche Grundlage der einzelnen Pächter doch immer schmäler, so daß man sich wundern muß, wie sie hier auf dem dürftigsten Boden, den man sich nur denken kann, so lange bestehen konnten.

1902 verkaufte die Stadt Stralsund ihren Besitz an Privatpersonen. Er wurde ein Spekulationsobjekt. Dabei verschlechterten sich die Bewirtschaftung und die Pachterträge. Der erste Käufer war ein Großgrundbesitzer. Ihm folgten nacheinander ein Fabrikbesitzer und eine Aktiengesellschaft. Man rechnete damit, daß die Fährverbindung nach Schweden von Barth aus durch die Insel an Hiddensee vorbei durchgeführt werden und dadurch der Bodenpreis ins Ungemessene steigen würde.

1931 wird der Grundsteuerreinertrag mit 4,20 Mark auf 1 ha angegeben. Damals trug das Land 36 Wohnhäuser, die 211 Einwohner beherbergten. Nach dem Sitzungsbericht des preußischen Landtages vom 1. März 1932 erwarb im Kriege eine Pflanzenfaserstoff-Gesellschaft das Land, um hier und auf Müggenburg eine Nesselzucht anzulegen. Dahinter stand ein bekannter Berliner Zeitungsverlag. Dieser Versuch mußte scheitern. Ebenso verfehlt war das

Bestreben einer Siedlungsgesellschaft, hier noch mehr Siedler in einer Zeit anzusetzen, als die Landwirtschaft sowieso gewinnlos war.

Man verfiel dabei auf die unsinnigsten Pläne. Einer wollte die Schweinezucht im Weidegang betreiben; ein anderer rief Oldenburger Marschbauern herbei, die natürlich hier nicht fertig werden konnten und zum Teil sehr bald den unfruchtbaren Sand wieder von ihren Füßen schüttelten. So verödeten weite Striche, während die Gehöfte verfielen.

Nach einer Besichtigung durch *Hermann Göring* wurde die Sundische Wiese mit Pramort zum Versuchs-Abwurfgebiet für die Luftwaffe ausersehen. Man baute eine Betonchaussee von Zingst nach Pramort und siedelte die Bevölkerung nach dem Festlande um. In Pramort blieben die Gebäude meistenteils erhalten, und 1945 kehrten einige alte Einwohner und Nachkommen der früheren Bewohner zurück. Dazu gesellten sich Neusiedler. Die Sundische Wiese blieb trotz der Autobusverbindung nach Zingst noch unbesiedelt.- Heute beherbergt sie wieder einige Siedler, die Jungvieh als Weidegäste aufnehmen; 1951 waren es 637 (622) Stück, gewiß eine viel zu große Zahl für das dürftige Weideland. Im Jahrgang 1953 der Zeitschrift für Erdkundeunterricht bringt *Th. Hurtig* einen beachtenswerten Beitrag zum *„jährlichen Viehauftrieb zu den Weideflächen des Zingst, Bock und Gellen."*

Hoffentlich gelingt es jetzt, das Land und seine schwer geprüfte Bevölkerung einer besseren Zukunft entgegenzuführen.

Pramort

Pramort hat mit Sundischer Wiese gleiche Lage und gleiches Schicksal. Er hieß die Sundische Vorderwische im Gegensatz zum Hauptteil, der Sundischen Hinterwische. Zum Darß hatte diese Siedlung stets wenig Beziehung. Sie war zum Kirchspiel Mohrdorf eingepfarrt; trotzdem wurde auf dem Prerower Kirchhofe ab und zu eine Leiche aus Pramort beerdigt. Wie der Name besagt, haben wir hier eine alte Fährstelle vor uns, die früher wichtiger

169

als heute war. Auf Lubins Karte ist der Ort nicht verzeichnet, wohl aber auf der Schwedenkarte, und zwar als Prohmort. Nach der ältesten Matrikel von Mohrdorf hieß er *„der Brannsche Ort von der Sundischen Wiese"*.- 1696 wohnten hier 4 Pächter, außerdem 1 Einlieger und 1 Kuhhirte. Ihre Namen werden nicht genannt. Der Acker (5 Morgen 210 Ruten) war dürftig, doch gediehen die Mohrrüben ganz ausgezeichnet. Die Wiesen, 433 Morgen 30 Ruten, konnten 280 Fuder Heu liefern, 1696 brachten sie 60 - 70 Fuder. Die Weide, 589 Morgen 120 Ruten ermöglichte es, bis zu 40 Stück Großvieh durchzufüttern. Die Pächter zahlten vierteljährlich 36 Schilling Pacht. Die Fischerei war ihnen in der benachbarten „Aue" erlaubt. Nach der Matrikel von 1696 hatte man das „Dorf erst vor einigen 30 Jahren aufgebaut" Die Leute waren von der Hufensteuer befreit. An Accise zahlte jeder „Holländer" (Pächter) vierteljährlich 36 Schilling.

Nach dem Mohrdorfer Kirchenbuche lebten hier um 1700 folgende Familien: *Permin, Dirck, Peters, Cornelius, Hansen, Feuks* (Foix), *Levien* und *Edams*. Hundert Jahre später wohnten hier die Familien: *Permin, Gau, Freese, Fick, Harder, Schütt, Fäks, Wolter, Tabbert* und der Lehrer *Thurow*.

Der **Werder** bestand wie der Kirr aus zwei Teilen, dem Großen Werder und dem Kleinen Werder. Der Kleine Werder zeigt 3 kleine Inseln. Davor reiht sich heute die „Insel Bock", das langgestreckte Aufspülungsgelände der alten Sandbank. Der Große Werder umfaßt heute 114 ha, der Kleine Werder 24 ha. Der lange Werder (der Große Werder) gehörte 1696 zum Amte Barth, kirchlich zu Mohrdorf. Auf ihm stand 1 Gehöft, das von dem Pächter *Adrian Volkerts* bewohnt war. Besitzer war *Kuno Paris von Hahn*, der die Insel als Brautschatz seiner Frau *Sophie Katharina* geb. *von der Osten* in Verwahrung hatte. Die Pacht betrug 17 Reichstaler. Der 2 Morgen 125 Ruten umfassende sandige oder morastige Acker wurde mit 2 Scheffeln Aussaat bestellt. Die 41 Morgen 210 Ruten große Wiese lieferte 28 - 30 Fuder Heu. Die 103 Morgen große magere, salzige Weide gestattete, 24 Pferde und anderes

Großvieh zu halten. Fischerei zu eigenem Hausbedarf war im Langendorfer Dyp erlaubt. Die Accise betrug 24 Schilling im Vierteljahr. Dazu kamen Kopfsteuer und die anderen üblichen Steuern. 1864 beherbergte der Werder eine Fischerfamilie mit 4 Köpfen. Der Eigentümer war der in Neuvorpommern begüterte *Herr von Kloth-Trautvetter*. Bis 1933 blieb das Gebiet Bestandteil des Majorats Hohendorf. Auf dem Großen Werder stand ein dürftiges Wohnhaus mit kümmerlichem Stallraum. Das Gehöft hatte keinen Deich, war aber so hoch gelegen, daß die Sturmfluten von 1872, 1904 und 1913 ihm nichts anhaben konnten. 1904 sah es aus wie ein kleiner Fleck in der tobenden Flut. Der Pächter war damals *Karl Wilken*. Der Werder blieb verpachtet und wurde als Weidewirtschaft genutzt. Das ist trotz häufiger Besitzwechsel in neuerer Zeit so geblieben. Im Sommer werden 200 Schafe und 100 Stück Jungvieh auf der Gemeinschaftsweide gehalten. Das bedeutet für den mageren Boden mit seinem dürftigen Graswuchs keine Bereicherung, sondern eine Überlastung.

Die Teerbrennerei bei Darßer Ort

Lubins Karte verzeichnet dort 3 Gebäude. Danach bestand die Teerbrennerei schon vor der Schwedenzeit. Sie war staatlich und wurde verpachtet. Nach der Schwedenkarte lag sie am Lüticke Prohmhagen (Süder Bramhagensee; Lüticke Promhagen = Kleiner Pramhagen).- Über die Einrichtung der Teerbrennerei gibt folgendes Aktenstück eine Darstellung (Rep. 6.Tit. 58 - Nr. 160 Aktenstück 2606 „Schwedenarchiv") Es wird hier abgedruckt:
„An den Generalgouverneur
Nachdem ich mich lange vergeblich bemüht, einen Teerbrenner nach dem Darß zu bringen, damit aus Stubben, Drög- und Lagerholz einige Einkommen für Königliche Majestät gemacht werden möge, habe ich endlich einen Mann, Christopher Hartwig angetroffen und mit ihm bis auf ratification Euer Exzellenz auf 12 Jahre Contract geschlossen
demütigster und gehorsamster Diener
F.Mevius
Obrist - Ober- Jägermeister

Contrakt

1.) Hartwig erhält ein Haus von 7 Gebindt auf Darßer Ort
2.) Die zum Ofen gehörigen Steine sind zu liefern
3.) Erstes Jahr keine Pacht, von Ostern 1702 - Ostern 1703 davon befreit
4.) Nur Stubben und Lagerholtz zu verwenden, keine nutzbaren Höltzer
5.) Von Contribution, Einquartierung und Hufensteuer eximiniert (be-
freit)*, Accise und*
6.) Nebenmodus sind aber zu geben
7.) 2 Pferde und 6 Häupter Rindvieh können gehalten werden, dazu
etwas Acker und Pacht zu geben
8.) Weil viel Rohr bei seiner Wohnung, so zu Bauten und reparirung der
Darßer Untertanenhäuser verwendet wird, soll er mit seinem Vieh sel-
bige Örther den Untertanen überlassen.
9.) Weil dieser Ort in der Wildbahn ist, soll er keine Büchse oder Ge-
schütz führen, seine Hüner geknüppelt halten, daß sie nicht in die Heyde
kommen mögen.
10.) Nach 12 Jahren soll er in der Nachfolge der nächste sein. Er ist ver-
pflichtet gegen Verpfändung aller seiner Haabe den Contract zu halten
          F. Mevius   Christoph Hartwig
                                        27. August 1701

genehmigt 15. Oktober 1701 in Stettin (mit sieben Unterschriften)"

Der Teerbrenner hieß damals *Peter Christoph Hartwik*. Er wird 1702
als Brautmann im Kirchenbuch genannt.- 1732 begann die Regierung Verhandlungen mit *Jochim Schütt* aus Roßkentin in Mecklenburg über eine Pachtung. Der Kontrakt sollte auf 12 Jahre laufen.
Schütt konnte sich ein Haus mit 6 Gebind bauen und sich 4 Pferde
und 4 Kühe bei freier Weide halten. Er durfte nur altes, schlechtes
Holz und Stubben verwenden, andernfalls mußte er bei Benut-
zung von grünem Holz 10 Taler, für das Anbohren 20 Taler Strafe
zahlen. Den Teer durfte er nur im eigenen Lande, nicht „in der
Fremde" verkaufen. Priester- und Küstergebühren waren zu entrichten. Falls er nach Ablauf der 12 Jahre von der Pacht zurück-
treten wollte, mußte er allen Ansprüchen, auch auf das Erbaute

entsagen. Die Pacht selbst sollte 100 Taler für 1 Jahr betragen. 1734 hat Schütt diesen Vertrag unterschrieben; aber schon 1738 blieb er die Pacht schuldig und hatte das Land mit Sack und Pack verlassen, 2 kümmerliche Pferde zurücklassend.- 1752 sah man sich nach einem neuen Pächter um, man fand ihn 1753 in *Christian Harm*. Der Kontrakt wurde auf 20 Jahre geschlossen. Die Bestimmungen waren fast die gleichen wie 1732/33, nur zahlte er 50 Taler Pacht und durfte sich 2 Pferde, 2 Kühe und 2 Schweine halten (Rep. 10, Nr. 428). 1767 wohnten in dieser Gegend sogar 14 Personen, was auf 2 Familien und 2 Teerbrennereien schließen läßt. Die Krone bezog 1786 von der Darßer Teerbrennerei 100 Taler Pacht. Damals hieß der Teerbrenner *Harms*. Der Vorgänger, sein Vater Christian, starb 1777, 84 Jahre alt.- Den Stoff zu seinem Gewerbe lieferten in der Hauptsache die Stubben der gefällten Kiefern. Wegen der Feuersgefahr legte man den Teerofen am See an. Früher befand sich der Teerofen weiter nördlich am Großen Kreysee der Schwedenkarte, dem heutigen Teerbrennersee, auf den der Teerbrennerweg von Prerow aus führte. In der letzten Zeit der Schwedenherrschaft, unter dem Statthalter *von Hessenstein*, wurde nach Wehrs dem Teerbrenner die Pacht so gesteigert, daß er nicht länger dabei bestehen konnte und der Teerofen eingehen mußte.- Heute ist an Stelle der Teerbrennerei die Harzgewinnung getreten, womit schon nach dem 1. Weltkrieg ein Versuch gemacht worden war.

12. DIE MÜHLEN

In der Heimatbeilage des Barther Tageblattes vom 25. 9. 1936 veröffentlichte *Hans Sund*, der schon öfter erwähnte Stettiner Heimatforscher, einen Aufsatz über die Darßer Mühlen. Wir ergänzen ihn aus den Ablösungsverhandlungen des 19. Jahrhunderts. Danach stand die älteste Darßer Mühle in Bliesenrade. Über ihr Alter ließ sich bisher nichts feststellen. Vorher mußten die Darßer Bauern ihr Korn auf der Bergmühle in Barth malen lassen. 1729 baute *Peter Jahnke*, höchstwahrscheinlich im Auftrage und auf Kosten der schwedischen Regierung, dort eine Mühle, wie es heißt, an der Stelle der alten. Sie wurde, wie damals fast überall, verpachtet. Nach Jahnkes Tod führte die Witwe die Müllerei weiter und übergab sie dann ihrem Sohn *Johann Martin Jahnke*. 1755 überbot ihn in der Pacht *Jochen Berg* (im Kirchenbuch als Hinrich Berg bezeichnet), ein Müllerbursche aus Saal.- Zur Mühle gehörten damals ein Wohnhaus, ein Stall, ein Backofen und ein Garten. Berg wollte die höhere Pacht aber nur geben, wenn sie die einzige Mühle auf dem Darß bliebe. Sie brachte 1786 einen Ertrag von 201 Talern.

Der Zingst hat 1748 eine eigene Mühle erhalten, und zwar durch den Müller *Johann Classen*. Bei der Anlage bereitete ihm das „Kloster" zu Barth Schwierigkeiten, da die Zingster als Mahlgäste dorthin gehörten.

Beide Müller litten im siebenjährigen Krieg unter dem Einfall preußischer Reiter. Von dem Bliesenrader erhoben einige Dragoner 6 Scheffel Roggen oder Hafer, 12 Scheffel Häcksel und 18 Bund Heu, 1 Bund zu 12 Pfund. Classen behauptete, ein preußischer Obristlieutenant von den Malochowsschen Husaren habe außer den gewöhnlichen Steuern 5 - 6.000 Reichstaler Brandschatzung vom Darß erzielt (das Kirchenbuch meldet 1761, daß ein preußischer Husarenunteroffizier im Prerower Strom ertrunken ist).

Bergs Nachfolger wurde 1771 *Christian Trost*. Zum Zeichen seines Besitzes „setzte man ihm einen Stuhl". 1786 übernahm *David Tönnies* die Mühle.-

174

In Prerow erhielt 1802 der Müller *Carl Lemke* die Erlaubnis zum Bau einer Mühle. Er bekam dazu 1/2 Morgen Land (am Ende des Krabbenortes, damals der alte Weg nach Wieck) und durfte sich 2 Pferde, 1 Fohlen, 3 - 4 Kühe und ein Kalb halten. 1834 meldete *Jochen Lemke* seine Zahlungsunfähigkeit an. Die Mühle stand auf dem Krabbenort. 1867 wurde das „Dominialmühlenwesen" verkauft.

In Born stellte 1818 der Müllergeselle *Welzien* bei der Regierung den Antrag, in Born eine Mühle bauen zu dürfen, und zwar in Verbindung mit der kleinen Wirtschaft der Witwe *Bohn*. Die Regierung sagte unter der Bedingung zu, daß ihm der Schulze *Sandhop* dazu ein Stück Land anweise. Als Welzin darauf nicht einging, erbot sich *Friedrich Schulz* aus Divitz, auf dem Behnkeschen Bauerngut eine Mühle zu errichten. Die Regierung befürwortete den Plan, während der Landrat die Regulierung abzuwarten wünschte. Nicht lange nach diesen Verhandlungen scheint dann die Mühle gebaut worden zu sein.

Die Zingster Mühle, so lange verpachtet, sollte schon 1854 verkauft werden. Der Pachtmüller *Schlüter* übertrug sie an *Fischer*, der 1859 seine Zahlungsunfähigkeit anmeldete. Als man sie öffentlich aufbot, übernahm sie der Müllergeselle *Schlüter* aus Damgarten als Pachtmühle. Die Pacht betrug damals 52 Taler.- Von 1864 - 67 hatte sie der Schulze *Parow* für 30 Taler in Pacht. Dann fragte der Arbeiter *Ewert* an, ob er die Mühle in Erbpacht übernehmen könne. Weil man das merkwürdigerweise gesetzmäßig nicht für zulässig ansah, verpachtete man sie von neuem für das Meistgebot von 10 Talern wieder an Schlüter. Die Mühle muß damals sehr baufällig gewesen sein. Kein Wunder - bei dem Hin und Her der Verpachtungen. 1868 endlich verkaufte man sie mit 7 Morgen 92 Ruten Land für 138 Taler an Vick aus Zingst.

Um 1900 standen auf dem Darß und dem Zingst: In Ahrenshoop 2 Mühlen, in Born 3, in Wieck 4, in Prerow 3, in Zingst 3, in Müggenburg 1, auf Sundische Wiese 1: eine überreiche Zahl von Mühlen, die sich nur dadurch längere Zeit halten konnten, daß sie zum großen Teil mit einer Bäckerei verbunden waren. Heute ist in den meisten Orten höchstens noch eine Mühle vorhanden.

13. DER WALD

Der Darß ist ohne den Wald nicht zu denken. Dieser bedeckt zwei Drittel seines Bodens. 1696 wird die Größe der „Kronheide" (also ohne die Waldstücke, die damals noch zu den Dörfern gehörten) mit 2.928 Morgen 150 Ruten angegeben. Wehrs schätzt den Wald (den ganzen Wald) auf 5.950 Morgen (rund 15.000 preußische Morgen). 1870 umfaßt die „große Nadelforst auf dem Darß" 19.542 preußische Morgen, die Waldungen auf dem Zingst: Freesenbruch, Forst Straminke, Stralsunder Stadtwald und Privatwaldung 4.640 preußische Morgen.

Kurz vor dem letzten Krieg erwarb die Forstverwaltung für einen geringen Preis einen großen Teil der bei den Ablösungen abgetretenen Waldländereien wieder zurück, meist ertragarme Wiesen, Torfstiche und Ödland mit Buschwerk, um sie wieder aufzuforsten und um den Elchen einen weiten Auslauf zu verschaffen. Es handelt sich hierbei um 5.400 Morgen.

Obwohl der Wald schon häufig herangezogen worden ist, verdient er doch eine besondere Würdigung. Durch die Jahrhunderte hindurch zeigt sich die Verbundenheit der Bevölkerung mit ihm. Er lieferte ihr nicht nur das nötige Brenn-, Bau- und Nutzholz, die Pfähle und Bretter zu den vielen Zäunen um Hof, Gärten und Felder, womit man, wie Wehrs grimmig und übertreibend sagt, ganz Neuvorpommern umziehen könnte, sondern er brachte ihr auch Arbeit und Gewinn durch Holzeinschlag, Holzabfuhr, durch Verfrachtung mit ihren Schiffen und durch den zeitweilig schwunghaft betriebenen Holzhandel. Auch hätten sie ohne die Waldweide schwerlich ihr Vieh durchhalten können.

Auf diese Weise lernte der Darßer im „Holt" gut Bescheid; er kannte darin jeden Weg und Steg und auch alle Spukstellen. Diese waren u. a. der „Spälmannsbarch" und der „Ellenbogen" am Wege von Prerow nach Wieck, „Slaten Krauch" und „Peiters Krüz" am Weg von Prerow nach Born; der „Mönchsgraben" (am neuen Ahrenshooper Weg) und die „Undeg-Speck" am Born - Ahrenshooper Wiesensteig.

Eine Geschichte des Darßer Waldes zu schreiben ist zur Zeit schwierig. Die alten Akten der Oberförsterei in Born sind im vorigen Weltkrieg als „Altpapier verwertet" worden. Eine zusammenhängende, umfassende Darstellung muß in ruhiger Zeit von einem Fachmann vorgenommen werden. Hier folgen nur einzelne geschichtliche Bemerkungen.

Die erste Schilderung gibt die „Deskreption" (Deskription, Beschreibung) von 1658. Dort heißt es: *„Ein herrlich Kleinod von Hölzung, ein überaus schönes Gehege von hohem und niederem Wald, wie dergleichen in Pommern nicht zu finden. Es können bei vollkommener Mast 1.000 Schweine feist werden".* 1696 lesen wir von den „Darßer Wäldern": *„Im Innern meist mittlerer Kiefernwald, gegen die Küste zu Eichen und Buchen, in den tiefer gelegenen Stellen Erlenbruchwald. Am Darßer Ort stehen grasbewachsene Dünen. Die Seen waren gute Fischwasser, sie enthielten schöne Karauschen, besonders der Heidensee. Um die Seen zum Dachdecken geeignet Röhricht, das im Winter gemäht wurde."* Nach diesem Bericht konnten 200 - 300 Schweine zur Mast in den Wald getrieben werden. Der Bestand an Eichen und Buchen muß damals viel größer als heute (1962, d.Hg.) gewesen sein.

Eine ausführliche Schilderung findet sich in dem schon oft herangezogenen Buch von Wehrs. Er hatte den Darßer Wald in sein Herz geschlossen. Außerdem besaß er einen guten Gewährsmann, nämlich seinen Schwiegervater, den verdienstvollen Oberförster *Zacharias Niemann*. Beim Lesen seiner Ansichten über die Forstwirtschaft kommt es einem so vor, als höre man den alten erfahrenen Forstmann sprechen.

Wehrs meint, der Darß sei die natürliche Holzkammer für Neuvorpommern. Die Kiefer war damals schon der verbreitetste Waldbaum. Die Buche noch „ziemlich häufig" vorhanden, hatte aber ein „kümmerliches Ansehen". Dabei erwähnt er die schönen hohen Buchen am Weststrande, deren letzte Vertreter heute ihrer Vernichtung entgegensehen. Die Eiche sei „kaum des Anführens wert" außer in dem Zingster und Ahrenshooper Walde. Bei den häufiger auftretenden Birken weist schon Wehrs auf die maleri-

sche Schönheit der windgeschorenen Bäume am sturmgepeitschten Weststrande hin. Die Brüche waren schon damals mit Erlen (Ellern) bestanden. Wildes Obst (Holzbirnen und -äpfel) waren schon recht selten geworden. Um so reichhaltiger waren wilde Rosen und Brombeersträucher vertreten. Er führt 2 Dutzend verschiedene Namen für den Wacholder an, auf dem Darß Knirk genannt. Selbstverständlich findet auch der Hülsenstrauch (die Stechpalme) Erwähnung. Die Preiselbeere nennt er Kronsbeere. Die Darßer nennen sie Mehlbeere und meinen mit der Kronsbeere die Moosbeere. Dabei erzählt er, daß die Rostocker ihre Preiselbeeren solange einzig und allein vom Darß bezogen, bis der Oberförster *Niemann* sie darauf aufmerksam machte, daß sie auch in der Rostocker Heide in reichen Mengen vorkämen. Auch fehlt bei Wehrs nicht der Hinweis auf „manche seltene Pflanze". Leider nennt er nicht die Namen. Im Heimatbuch von 1937 wird der Baumbestand mit folgenden Zahlen angegeben: 85 v. H. Kiefern, 10 v. H. Erlen, der Rest: Buchen, Birken, Eichen, Fichten.
Vom Wild des Waldes nimmt der Edelhirsch den ersten Rang ein, nur er trug infolge der schlechten Äsung minderwertiges Geweih. In den Strandgegenden hielt sich das Reh auf. An Wildschweinen war kein Mangel. Im Durchschnitt konnte der Darß jährlich 50 - 60 Stück Hochwild abgeben. Hasen waren selten und mehr in den Dünen anzutreffen. Dafür stieß man mehr auf Reineke Fuchs, aber nicht auf Grimbart, den Dachs. Ebenso gab es keine Eichhörnchen. Auer- und Birkhähne waren ohne Erfolg ausgesetzt worden. Wegen seiner Sümpfe und Seen war der Darß reich an Schnepfen und Enten aller Art. Von den vielen Drosseln, die besonders zur Zugzeit den Wald bevölkerten, fing der Ahrenshooper Förster in einem Herbst bis zu 80 - 100 Dutzend (d. h. über 1000 Stück). Sehr ausführlich beschreibt Wehrs die Jagd auf die zahlreich im Binnenwasser versammelten Singschwäne, die an Grausamkeit dem Fang der Singvögel nicht nachstand. Bemerkenswert ist folgende Bemerkung: *„Auch der schwarze Storch, der mehrere alte Fischadlerhorste in Besitz genommen hatte, wird nur noch selten angetroffen. Der weiße Storch nistet gar nicht auf dem Darß".*

178

Vor 60 Jahren gab es jedoch noch mehrere Nester des weißen Storches.

Im allgemeinen trifft seine Schilderung des Darßer-Waldes noch heute zu. Daß Wehrs die Verwüstungen beklagt, die dieser Wald im Laufe der Jahrhunderte erlitten hat, ist selbstverständlich. Besonders in den Kriegszeiten mußte der Wald bluten; aber auch zu anderen Zwecken hatte er das Holz zu liefern. Als 1487 die Stadt Barth ausbrannte, gab der Herzog den Bürgern *„den Wald Zcing auf dem Darze etliche Jahre frei, damit sie sich behelfen und pauen"* konnten (Pomerania II, 30). Als 1577 das Kloster zu Ribnitz ein Kornhaus anlegte, wurden „aus dem Dasse" 30 Stück Holz, Balken und Sparren und 600 Latten in einem Floße herangeschafft. Als man 1652 in Barth mehrere alte Frauen als Hexen verbrannte, nahm man das Holz dazu aus dem Darßer Walde. 1667-69 benutzten die Brandenburger die Gelegenheit zum Holzschlagen. Der Große Kurfürst schenkte der Stadt Stralsund, die er zu behalten hoffte, Holz zum Wiederaufbau. Als der Polenkönig *Stanislaus Leszcynski* 1710 und 1711 als Flüchtling, aber als Schützling *Karls XII* von Schweden, 7 Monate lang mit seinem Gefolge - 400 Personen und 200 Pferden - in Barth weilte, mußte der Darß das nötige Holz für die unerbetenen und höchst unbeliebten Gäste liefern. Als die Dänen im Nordischen Krieg den Darß von 1715 - 20 besaßen, nützten sie diese Gelegenheit in einer Weise aus, daß man nur von Raubbau sprechen kann. Nach Wehrs waren oft mehr als 1.000 Arbeiter beschäftigt, um die Stämme zu fällen, sie zu Masten und Balken zu behauen oder in Planken zu zersägen und die Beute nach Dänemark zu bringen. Kopenhagen soll zu großem Teil mit Darßer Holz wieder aufgebaut worden sein. - Nach dem dänischen Raubzuge erschien eine Verordnung der Schwedischen Regierung *„Holzanweisung zur Wiederbebauung der durch die feindliche Invasion veranlaßten Ruinen"* und die Verfügung, *„die Darßer Holzung zum Behufe der Stralsund - Wismarschen Fortification zu reserviren und zu schonen und an andere Personen nur soviel zu verkaufen, als übrig bliebe."* Die Forstverwaltung hatte jahrzehntelang zu tun, um die Kahlschläge wieder anzupflanzen. Die Erlenbrüche ließ man durch Gräben neu einteilen und entwässern. Dazu mußte jeder Einlieger, ob untertan oder frei, soweit er einen eigenen Katen besaß, 20 Ruten jährlich graben, und 12 Ruten, wenn er bei einem Bauern wohnte. Jeder Heiratslustige hatte ebenfalls 12 Ruten zu schaffen; eher durfte er von dem Prediger nicht getraut werden. Zur Schonung des Eichennachwuchses sollte zu den Innenbauten (Zimmern) der Königlichen Güter im Amte Barth statt Eichenholz Buchenholz verwendet werden. Die Darßer Bauern sollten ihren Acker nicht mit geklöbten Fichtenplanken (Kiefern) befriedigen, sondern mit Zäunen. Damit das Fall- und Leseholz endlich aufgebraucht würde, mußte ein Teil des Deputatholzes statt in grünen, frisch abgestämmten Fichten (Kiefern) in Fallholz geliefert werden, und zwar für die Barthsche Deputation und den Prediger zu Prerow die ganze Menge, und für die Darßer Untertanen neben 7 1/2 Faden frischen Holzes 15 Faden Fall- und Leseholz. Verbote wegen Holzdieberei mußten oft erlassen und die Strafen verschärft werden. So 1731 und 1767, weil die „Stehlerei" überhand genommen hätte und die Darßer einen schwunghaften Handel mit dem gestohlenen Holz getrieben hätten. Es wurde verboten, den Darßer Einwohnern Bauholz und Latten abzukaufen. Die Darßer sollten mit Leibesstrafen büßen, die Hehler und Aufkäufer bei den Wasseranwohnern jedoch in der Weise, daß jeder Baum 2 Reichstaler, jede Latte 1 Reichstaler und jeder Faden Brennholz 2 Reichstaler Strafe kostete, wenn ein Freier ertappt würde. Leibeigene Untertanen seien „ohnfehlbar" am Leibe zu strafen und die vorgefundenen Hölzer in jedem Falle zu beschlagnahmen. - Der Nachwuchs war noch nicht schlagreif, da nahte neues Verderben. Bei der französischen Besetzung von 1806 - 1813 mußten die Holzbedürfnisse der Besatzung zum großen Teil aus dem Darßer Wald befriedigt werden - : „Und man forderte mehr, als man brauchte, um die Überschüsse an wirkliche und christliche Juden für einen Spottpreis zu verschleudern und in die eigene Tasche fließen zu lassen." Böse Beispiele verderben gute Sitten. Die verarmten Einwohner machten sich die Gesetzlosigkeit dieser Zeiten zu nutze, und „weil es unter den Schweden an strenger Aufsicht fehlte, gewöhn-

180

ten sie sich das Holzstehlen an." (Wehrs)

In der Schwedenzeit waren vielfach die Dorfschulzen als Holzvögte verpflichtet, über die ordnungsgemäße Handhabung des Holzschlages und der Abfuhr zu wachen. Die Einrichtung bewährte sich aus leicht ersichtlichen Gründen nicht. Darum setzte man später besondere Beamte ein, sogenannte Heidereiter. Sie treten unter diesem Namen bei verschiedenen Umständen im Kirchenbuch auf, im 18. Jahrhundert unter der Bezeichnung Jäger und Förster.

Erst die preußische Verwaltung wurde des Mißstandes Herr. 1818 brachte das Amtsblatt der Regierung Stralsund eine verschärfte Wiederholung der Verordnungen von 1731 und 1767. Dem „Denunzianten" sagte man die Hälfte der Strafgelder zu. Stubbenroden und Holz sammeln erlaubte man nur schwächlichen Leuten, und das auch nur an bestimmten Holztagen. Alle Steuer- und Polizeibeamte, auch die Strandreiter in Zingst und Barhöft und natürlich die Forstbeamten, hielt man zu größter Wachsamkeit und Strenge an.

Im August 1819 ertappte der Unterförster *Wendel* im Freesenbruch bei Zingst mehrere Holzdiebe mit geschwärzten Gesichtern. Als er sie feststellen wollte, überfiel ihn einer derselben, warf ihn zu Boden und betäubte ihn mit Hieben des Axthelmes. So entkamen die Diebe unerkannt. Daß Wilddiebereien und Holzdiebstähle häufig waren, das beweisen die Forstakten von 1818 - 1862. Schon in alten Zeiten war der Darß wegen seines Wildreichtums ein beliebtes Jagdgebiet, vornehmlich der pommerschen Herzöge „bis zu den hohen und höchsten Herrschaften" der neuesten Zeit. Alle erbauten sich „Jagdhäuser" für kürzeren oder längeren Aufenthalt. Das Oberförsterhaus in Born ist nach Wehrs um 1780 unter dem Fürsten *Hessenstein* erbaut worden.

1864 gehörten zur Oberförsterei Darß die folgenden Beamten: Revieroberförster *Brunst* zu Born, Förster *Ouvrie* zu Born, Förster und Dünenwärter *Wurm* zu Ostprerow, Förster *Schierbaum* zu Wieck, Förster und Dünenwärter *Daude* zu Straminke, Forstaufseher *Kluge* zu Zingst, Forstaufseher *Danke* zu Westprerow, Forstrendant *Lappe* zu Born.- 1868 gab die Oberförsterei Born folgenden Wildbestand an: 250 Rotwild und 30 Stück Rehwild, Fuchs häufig, Dachs selten. Schnepfen wurden 300 - 400 Stück geschossen, Enten 400 Stück. Der Abschuß von Rotwild betrug 50 - 60 Stück, an Rehwild 15 - 20 Stück, wofür insgesamt 300 Taler in die Forstkasse flossen. Die Niederjagd, von jeher unbedeutend, war für 4 Taler 28 Silbergroschen verpachtet.

Hundert Jahre nach Wehrs fand der Darßer Wald eine Würdigung im Darßheft von 1926 durch den damaligen Oberförster *Mueller*. Hier wird der Aufbautätigkeit des Forstmeisters *v. Raesfeld* (1890-1910) gedacht, die hauptsächlich in Aufforstungen, Verbesserung des Wildbestandes durch eine kräftigere Äsung und der Kultivierung der Moorwiesen bestand. Über seine Erfahrungen mit dem Darßer Hirschbestand berichtet Raesfeld: Als er 1891 die Oberförsterei übernahm, fand er einen gänzlich verkommenen riesigen Wildbestand mit viel zu vielen Hirschkühen und Kälbern vor, 1.100 - 1.200 Stück. Diese Zahlen erscheinen übertrieben (man vergleiche damit die Zahlen von 1868 mit 250 Stück). Auch seine Angaben über die Größe der Försterei stimmen mit den amtlichen Angaben nicht überein. Durch Abschuß der minderwertigen Tiere und der vielen Kälber erzielte er in 20 Jahren einen „erfreulich stolzen Wildbestand", so daß sich 1906 im Winter im Heidegebiet ein Rudel von 30 starken Hirschen zusammenfand.- Nach Muellers Angabe an anderer Stelle war der Bestand an Wild nach den unruhigen Jahren von 1918 - 1922 auf 30 Hirsche, 5 Sauen und 100 Stück Rehwild zurückgegangen. Unter seiner Leitung begann ein neuer Aufbau durch planmäßige Anpflanzungen, Entwässerungsgräben und Einführung einer sechsjährigen Schonzeit für das Wild.- Raesfeld fand 1930 seine Ruhestätte im Darßer Walde. Dabei soll nicht verschwiegen werden, daß bei seiner Forstwirtschaft die Bevölkerung bis auf die Hauptverkehrswege aus dem Walde gedrängt wurde. Selbst der schöne alte Mecklenburger Weg an der Großen Buchhorster Maase war wegen der Wildhegung gesperrt. Drahtgitter und die zahllosen Tafeln mit der Aufschrift: „Holzabfuhrweg! Für Unbefugte verboten!" zeigten an, daß man den Wanderer und Naturfreund als „Störenfried einer

182

geordneten Forstwirtschaft" ansah. Ein alter Förster nach dem anderen kehrte dem Darß den Rücken. Der Darß wurde wieder „Jagdrevier hoher und höchster Herrschaften." Das Wild im Walde war die Hauptsache, der Anteil des Volkes am Walde war unerwünscht! (Wie sich doch die Bilder gleichen!)
Zu einer Berühmtheit gelangte nun der Darßer Wald, als auf eine Befürwortung *Bengt Bergs* 1932/33 der Gedanke auftauchte, den ganzen Darß mit dem Zingst zu einem einzigen Naturschutzgebiet, zu einem „Nationalpark" zu gestalten, und als man daran ging, selten gewordene Wildtiere, wie Wisente, Elche und Mufflons zu hegen, und Uhus auszusetzen, da setzten sich Dutzende von Federn in Bewegung, um das „Urwaldparadies" mit seinen großartigen Aussichten in Wort und Bild auszumalen. Das immer wiederkehrende Gerede vom „Darßer Urwald", das sich zwar romantisch anhört, erklärt sich aber daraus, daß man sich bemüht, die Schilderungen recht abenteuerlich zu gestalten - darum: „Urwald", „ kleine Fischerdörfer", „Strandräuber".
Diese Schilderungen, in dem sattsam bekannten Stil gehalten und von wenig Sachkenntnis getrübt, sollen hier nur erwähnt und die Namen der Verfasser verschwiegen werden. Wer sich darüber unterrichten will, was geplant und ausgeführt wurde, der lese Forstmeister Muellers Aufsatz in Heft 5 „Deutsches Weidwerk" 38. Jahrgang, und die Flugschrift „Der Naturschutz auf dem Darß" von *Prof. Dr. Schoenichen*, früherem Direktor der Staatlichen Stelle für Naturdenkmalpflege (Verlag Neumann - Neudamm 1933).
Die romantische Bezeichnung „Urwald" spielt bei den angedeuteten Schilderungen nun eine beinahe Gruseln erregende Rolle. Der Darßer Wald ist selbstverständlich kein Urwald - vielleicht war er es vor 1.000 Jahren - , sondern in seinem größten Teile ein bis in die jüngste Zeit leider nach alten Grundsätzen (Kahlschlag, einheitliche, gleichförmige Bepflanzung) bewirtschafteter Forst; aber er zeigt an manchen Stellen eigentümliche, urwüchsige Schönheiten, besonders in dem Seestreifen an der Westküste von Darßer Ort bis Ibenhorst. Diese Eigenarten wurden schon früh erkannt,

von Malern und Naturfreunden. Um sie zu erhalten oder wenigstens zu schonen, gingen schon 1924 und 1925 ausführlich begründete Anträge an die zuständigen Verwaltungsstellen, die dort mit Verständnis aufgenommen und auch berücksichtigt wurden.- Was ist nun von den Herrlichkeiten des „Naturschutzparkes" übrig geblieben? Es darf hier nicht verschwiegen werden, daß einer der Hauptschuldigen unseres Unglücks, der „Reichsjägermeister" der Hitlerzeit, sich hier auch ein Jagdhaus erbauen ließ. Aber die Einsamkeit und das rauhe Klima des Darßes sagte ihm und besonders seiner noch mehr verwöhnten Frau nicht zu. Wir sind der Ansicht, daß das Recht des deutschen Volkes an dem Walde, an seinem Walde, nie wieder durch Absperrungen zugunsten „hoher Herren" geschmälert werden dürfte. So ähnlich schrieben wir im Mai 1907 im „Barther Tageblatt" gegen einen Aufsatz eines Herrn *von Oehlschläger*, in der „Post" unter der Überschrift: *„Das Jagdrevier des Prinzen Eitel Friedrich"*, der die völlige Herausdrängung des Volkes aus dem Walde durch die Raesfeldsche Forstpolitik begrüßte und verteidigte, wobei es nicht ohne Seitenhiebe auf die böse Darßer Bevölkerung abging.

Das Recht des Volkes, im Walde Freude an der Natur und Erholung von den Mühen der Arbeitstage zu suchen, läßt sich sehr wohl mit einer geordneten und vernünftigen Forstwirtschaft verbinden.

Über die Vogelwelt des Waldes und des Darßes überhaupt berichtete 1929 ganz kurz *Paul Robien* im Darßheft und ausführlicher *Joachim Profst* im Darßer Heimatbuch. Über die Darßer Pflanzenwelt unterrichteten *Ernst Holzfuß* im Darßheft und *Willi Panknin* im Heimatbuch. Umfassender sind die Abhandlungen darüber in dem Buch von *F. Günther* „Der Darß", Urania Verlag 1957 und vor allem von *F. Fukarek* „Die Vegetation des Darß und ihre Geschichte" 1961. Wer *Marssons* „Flora von Neuvorpommern und den Inseln Rügen und Usedom" kennt, kann feststellen, wieviel seltene Pflanzen inzwischen verloren gegangen sind. Auch das Forstbotanische Merkbuch von *Winkelmann* aus dem Jahre 1905 gehört hierher.

14. DIE ENTWICKLUNG ZUM SEEBADE

Die Stranddörfer wurden viel früher von Badegästen besucht, als man gewöhnlich glaubt. Wenn Prerow 1927 sein 50 jähriges Bestehen als Bad feierte, so hätte es mit demselben Recht sein 75 jähriges feiern können, ebenso Zingst. In seinen „Rückblicken aus Leben und Amt" erzählt uns *Dr. Bindemann*, ein Sohn Barths und später Superintendent von Grimmen, daß er 1854 seinen Erholungsurlaub mit seiner Familie in Prerow und 1858 in Zingst verlebt habe. Das erste Mal reiste er von Barth über Bodstedt. Von dort ging die Fahrt in einem Segelboot über den Bodden nach Wieck. Weil Windstille herrschte, mußte gerudert werden. Die Gegend machte auf ihn den Eindruck einer holländischen Landschaft -: Windmühlen; wie im Wasser schwimmende, weidende Kühe; friedliche Dörfer usw.- Von Wieck ging die Reise mit einem Fuhrwerk durch den mit hohen Farnkräutern geschmückten Wald nach Prerow. Damals war Prerow noch ein stilles Stranddorf, von Schiffern, Steuerleuten, Matrosen und Fischern bewohnt. Von der Hohen Düne aus sah er die englische Flotte vorbeisegeln - es war im Krimkriege -. Ein Spaziergang führte ihn nach Darßer Ort, wo er Seeadler kreisen sah und Hirsche bei der Tränke belauschte. Vom Leuchtturm ging es weiter an die sturmzerzauste Westküste mit dem vom Winde geschorenen Pflanzenwuchs. Vier Jahre später wählte er Zingst zu seinem Sommeraufenthalte. Die Reise dorthin war bequemer, denn man fuhr mit dem „großen, neuen Dampfschiff Barth". Reisegefährten waren mehrere Mädchen, die auch in Zingst baden wollten. Prerow erschien ihm schöner, Zingst aber angenehmer wegen der größeren Nähe des Badestrandes. Er wohnte bei einem Schiffer am Zingster Strom. Der Gottesdienst wurde damals noch in der Schule abgehalten. Spaziergänge unternahm er zur Försterei Straminke und auf den Deichwällen des Binnenwassers nach Müggenburg. In Straminke aß er einmal zu Mittag und bekam Dorsche vorgesetzt, vier große Fische für einen Silbergroschen und drei Pfennig. *Bindemann* schied mit dem Wunsche, in Zingst einmal seinen Lebensabend zu beschließen. - Man badete von Zelten und Buden aus, die am Strande aufgestellt wurden. So berichtet auch der erwähnte Romanschriftsteller *Galen*, der 1861 auf dem Darße weilte. Ein richtiger Badeverkehr entwickelte sich jedoch erst nach der Sturmflut von 1872. Durch dieses große Unglück wurde unser Ländchen mit einem Schlage in ganz Deutschland bekannt, und allmählich lernten Erholungsuchende seine Stranddörfer mehr und mehr schätzen. *„Es ist der Mühe werth, in schönen Sommertagen auch diese für den Fremdenverkehr, der an ihnen vorüber nach Rügen fluthet, so entlegenen Küstenstriche einmal aufzusuchen. Zwar können sie sich an malerischen Effekten weder mit Stubbenkammer noch mit Arkona messen, doch fehlen ihnen keineswegs die landschaftlichen Reize. Unter den alten Eichen des 'Freesenbruchs' bei Zingst, mit dem Blicke auf das blaue Meer, träumt sichs wunderschön, wenn die nahe Brandung ihr monotones Lied dazu rauscht; und der Freund der Waldeinsamkeit, der die überfüllten Badeorte flieht und es vorzieht, mit einigen Dutzend genügsamer Familien die primitiven Badevorrichtungen von Zingst und Prerow zu benutzen, findet den tiefsten Waldfrieden in den Wäldern des Darßes, wo der Fischadler ungestört horstet, der Edelfalke geräuschlos durch die Baumwipfel neben dem stillen grünen Waldwege gleitet, und nicht selten sogar noch ein Sechzehnender in der Lichtung äsend umherspaziert. Dem Freunde von Wasserpartien aber ist reichliche Gelegenheit geboten, auf einem kleinen Dampfer von Barth nach Zingst und Prerow Abenteuer zur See zu erleben, wenn er es nicht vorzieht, einem tüchtigen Fährboote sich anzuvertrauen, wie sie auch die Verbindung zwischen Bootstede und Wieck, Ribnitz und Wustrow vermitteln, und sich bei einer steifen Brise aus Osten von den Spritzwellen ein wenig abkühlen zu lassen."* So schrieb 1876 Konrektor *Denecke* aus Barth im „Globus", Bd. 19.

In „Unsere Ostseeküste", Herausgeber *Kleinfeldt* 1961 S.112 heißt es: *„Im großen Waldgebiet des Darß finden Jahr für Jahr Tausende Erholung und Entspannung."* Einige Beispiele dafür: Prerow zählte 1840 seine ersten Badegäste; 1880 waren es 85, 1950 = 8.576 Gäste und 1960 verbrachten, ausschließlich der Zelt- und Ferienlager, 70.000 Menschen am schönen breiten und weißen Strand dieses

186

Badeortes ihren Urlaub. In Prerow befindet sich ein Ferienheim des Freien Deutschen Gewerkschaftsbundes. Zwischen Kirche und Hoher Düne ist ein Internationales Pionierlager.

Als Gründer des Prerower Badewesens muß der 1886 verstorbene Gastwirt *Hermann Scharmberg* angesehen werden. Um 1876 errichtete er im Sommer einige Buden am Strande gegenüber der Kirche. Um den Weg zum Strande abkürzen zu können und den Badegästen den „Brückenzoll" zu ersparen, machte er 1878 eine Eingabe an die Regierung zu Stralsund, daß sie den Bau einer Holzbrücke über den Strom und die Anlegung eines Weges durch das Dünengelände erlaube. Die Bitte wurde ihm erfüllt, wie überhaupt die Behörde das Bad früher stets begünstigte. So entstand die erste Brücke über den Strom, und damit wurde die Verlegung des ganzen Badelebens in die Gegend des späteren östlichen Damenbades eingeleitet. Gastwirt Scharmberg sorgte dann für den Bau einer Badeanstalt und für die Pflasterung der sandigen Dorfstraßen. Dabei hatte er anfangs mit dem Widerstande seiner Landsleute und des Ortsschulzen zu kämpfen, die nur mißtrauisch an diese Dinge herangingen. 1880 erschienen schon 80 Badegäste. Sie kamen auf Leiterwagen über Zingst. Es bestand damals schon eine Dampferverbindung mit Barth, aber der Schraubendampfer „Möve" verkehrte nur einmal, später zwei- bis dreimal in der Woche. Nach der kleinen „Möve" übernahm 1859 der Dampfer „Fortuna" des Kapitäns *Johann Niemann* die Fahrten. Die Anlegebrücke befand sich am Krabbenort am Rakowschen Grundstücke. Seit 1884 vermittelte der Dampfer „Barth" unter Kapitän *Eduard Scharnberg* den regelmäßigen und täglichen Verkehr zwischen Prerow, Zingst und Barth, während die Dampfer „Zingst" und „Fortuna" Born und Wieck mit dem Festlande verbanden. Sie gehörten der Barther Dampfschiffskompagnie, die dann später noch den Dampfer „Stephan" einstellte. 1881 zählte Prerow schon 221 Kurgäste, 1882 waren es 335. Zur Hebung des Badewesens bildete sich eine Badegesellschaft. Der Vorsitzende war Pastor *Dr. Hückstädt*. Durch Anteilscheine von 20 Mark und durch eine Anleihe von 300 Mark versuchte man, sich die Gelder zum Bau einer Badeanstalt zu verschaffen. 1884 ging die gesamte Badeeinrichtung in den Besitz der Gemeinde über. Sie zahlte als Kaufpreis die ausgegebenen Anteilscheine zum Nennwert aus, im ganzen 2.800 M, und deckte auch die Anleihe. Wie gering der Unternehmungsgeist der Dorfverwaltung aber sonst war, geht daraus hervor, daß sie 1883 ein Angebot der Forstverwaltung unter Oberförster *Schmidt*, das Waldgelände bei Hagensdüne auf längere Zeit zu pachten, aus Mangel an Geld ablehnte. Darauf pachtete *Abs*, der Besitzer des neu erstandenen Strandhotels, einen kleinen Teil des Geländes und erbaute darauf ein kleines Warmbad, welches sein Badewasser aus dem damals noch offenen Strom bezog. Ähnlich entwickelte sich das Badeleben in Zingst. Die treibende Kraft zur Einrichtung des Zingster Seebades war der Gastwirt *Christian Ramin*. Das erste Warmbad war ein Privatunternehmen des Schiffers *Johann Theodor Wallis*. 1883 veröffentlichten die beiden Orte schon Fremdenlisten im „Barther Wochenblatt":

	Prerow	Zingst	
1883	566	284	Badegäste
1884	673	463	"
1885	675	365	"

Bei Prerow stiegen dann die Zahlen in folgender Weise:

1890	1895	1900	1905	1910	1927	1934
1000	1250	1704	2480	3630	5000	5700

Zu gleicher Zeit hielten sich hier im Sommer verschiedene Künstler auf, besonders Landschaftsmaler, wie *Douzette, Flickel, Müller-Kurzwelly, Müller-Kaempff*. Wir nennen auch noch *Schultze-Jasmer* und *Schäfer-Ast*. Auf die „Kunsthütte" von *Schultze-Jasmer*, im Gebäude des alten Warmbades sei hier hingewiesen. Dieser Maler hat mit seinen Bildern die eigenartigen Schönheiten der Landschaft festgehalten.- In der Nationalgalerie zu Berlin hingen die bekannten Gemälde „Alt-Prerow" (Der Berg) von Douzette und *Flickels* „Buchen von Prerow".

Mit Wehmut werden die überlebenden alten Kurgäste, wie die alten Prerower und Zingster, an diese schöne, stille, hoffnungsfrohe Zeit der aufblühenden Badeorte zurückdenken. An diese Zeit erinnert auch das Denkmal an der Waldstraße, Ausgang der Hülsenstraße (früher Kleiner Mittelweg), das von einer Verehrerin dem Dorfe Prerow gewidmet worden ist. Es ist von Hülsen (Stechpalme, Ilex) eingerahmt. (Im letzten Krieg zur Einschmelzung demontiert, blieb es im Gemeindeschuppen stehen. Nach Kriegsende wieder aufgestellt, mußte es in der DDR erneut weichen, da der Spruch am Sockel *„Gott durch Deine Güte, Prerow stets behüte"* nicht in die Zeit passen wollte. Der Sockel ist verschollen, Figur und Schrifttafeln befinden sich im Darß-Museum Prerow.) Damals waren unsere Ortschaften noch unberührte Fischer und Schifferdörfer. Leider ist es nicht so geblieben. Sie sind, besonders Zingst, Prerow und Ahrenshoop, durch Anbauten und landschaftlich fremde, stillose Neubauten verschandelt worden. Das Schicksal der Modebäder ist ihnen jedoch erspart geblieben. Sie waren stets der Aufenthalt der wirklich erholungsbedürftigen breiten Schichten unseres Volkes und der Großstadtkinder. Sie gewähren heute der gesamten werktätigen Bevölkerung Ruhe, Freude an der schönen Natur und Erholung.

Bei dieser Gelegenheit sind auch die früheren „Ferienkolonien" der Berliner Schulen zu erwähnen, die alle Jahre vielen schwächlichen Kindern Groß-Berlins Gelegenheit gewährten, sich an dem breiten Strand und in dem weiträumigen Dorfe zu tummeln und Stärkung ihrer Gesundheit zu erlangen. Genannt sei besonders auch das Berlin-Steglitzer Ferienheim an der Ecke Strandstr. - Hafenstr. An einem schönen alten Park gelegen, der nach dem letzten Krieg wegen der Anlage eines Fußballplatzes abgeholzt wurde. Eine anschauliche Übersicht über die Entwicklung zum Badeorte zeigt das Prerower Darß-Museum.

15. SCHRIFTENVERZEICHNISSE

In der 1. Auflage waren diese den jeweiligen Kapiteln vorange-
stellt.

Schriftenverzeichnis:
zu *„Erdgeschichtliches"*

Dr. Otto: *Der Darß und Zingst.* Ein Beitrag zur Entwicklungs-
geschichte der vorpommerschen Küste, Greifswald 1913
Dr. Kurd v. Bülow: *Wie der Darß entstand.* Unser Pommerland, 11.
Jahrg. Heft 6/7, Stettin 1926
Abriß der Geologie von Mecklenburg, Berlin 1952
Allgemeine Küstendynamik und Küstenschutz an der Ostsee, Geolo-
gie, 2.Jhrg. 10. Beiheft 1954
Prof. Dr. Deecke: *Landeskunde von Pommern,* Leipzig 1912
v. Wehrs: *Der Darß und der Zingst.* Ein Beitrag zur Kenntnis von
Neuvorpommern, Hannover 1819
Heinrich Reinhard: *Der Bock.* 251. Ergänzungsheft zu Petermanns
Geographischen Mitteilungen 1953
Theodor Hurtig: *Die Mecklenburgische Boddenlandschaft,* Deutscher
Verlag der Wissenschaften, 1954
M. v. Wedelstädt: *Der Darß.* Natur und Heimat 1952 Jahrbuch
S. 74-78

zu *„Vorgeschichtliches"*
Petzsch: *Münzfunde Pommerns.* Greifswalder Mitteilungen V 1930
Dr. L. Janssen: *Die Mikrolithen von Prerow.* Präh. Zeitschrift 1925,
Bd. 16.1
Prof. Dr. Deecke: *Kleine Beobachtungen in dem Gebiete des Darß.*
Monatsbl. der Gesellsch. Für Pommersche Gesch. und Altertums-
kunde 1906 Nr. 12.
Baltische Studien Bd. 14,1 (1850), Bd. 27 (1877) und 39. Jahresbe-
richt, Bd. 34, 36
Mitteilungen aus dem Vorgesch. Seminar zu Greifsw. Hft.11/12

Friedr. Carl Bath: *Die Vorgeschichte der Kreise Stralsund und Franzbg.-Barth.* Dissertation, Greifswald 1941.
Heimatbuch Stralsund-Franzburg 1937

zu *„Dänisch-wendische Kämpfe"*
Kombst: *Die Seeschlacht auf dem Darß.* Balt. Stud. 1. Bd. 1832
F. W. Barthold: *Geschichte von Rügen und Pommern.* Hambg. 1839- 45
Fabricius: *Urkunden zur Geschichte des Fürstentums Rügen.* Stralsund 1841- 49
L. L. Giesebrecht: *Wendische Geschichten.* Berlin 1843
L. Quandt: *Waldemars und Knuts Heereszüge im Pommerlande.* B. St. 10,2, 1844
O. Fock: *Rügensch-Pommersche Geschichten.* Berlin 1861- 72
P. Wehrmann: *Geschichte von Pommern.* Gotha 1919
Derselbe: *Geschichte der Insel Rügen.* Greifswald 1922
Baetke: *Die Geschichten von den Orkaden, Dänemark und der Jomsburg.* Sammlg. Thule, Jena 1924
O. Eggert: *Die Wendenzüge Waldemars I. und Knuts II. Von Dänemark nach Pommern und Mecklenburg.* B. St. N F. 29, 1927
Derselbe: *Dänisch-Wendische Kämpfe in Pommern und Mecklenburg.* Stettin 1929
A. Haas: *Geschichte der Insel Rügen*
Derselbe: *Geschichte der Insel Hiddensee*
Erwin Aßmann: *Die Schauplätze der dänisch-wendischen Kämpfe in den Gewässern vor Rügen.* Balt. Stud. Neue Folge Bd. 43, 1955

zu *„Die Besiedlung"*
Außer den schon angeführten Schriften von *Barthold, Fock, Wehrmann, Fabricius, Wehrs*
Hoogeweg: *Geschichte des Klosters Hiddensee.* Stettin 1924
Geschichte der Germanisierung des Herzogtums Pommern. Leipzig 1896
Bülow: *Chronik der Stadt Barth.* Barth 1922
Dähnert: *Pommern. Und Rügen.* Landesurkunden, Stralsund 1765-1803

Gadebusch: *Schwed. Pomm. Staatskunde.* Greifsw. 1786-88
Reichenbach: *Patriotische Beyträge.* Greifsw. 1774-87
E. M. Arndt: *Versuch einer Geschichte der Leibeigenschaft in Pommern.* Berlin 1803
C. J. Fuchs: *Untergang des Bauernstandes.* Straßburg 1888
D. Rahn: *Orts- und Flurnamen des Stadt- und Landkreises Greifswald.* Greifsw. 1923
Kohls: *Orts- und Flurnamen des Kreises Grimmen.* Greifswald 1930
E. Mucke: *Wörterbuch der Niederwendischen Sprache.* Prag 1928
Joh. Segebarth: *Darß und Zingst.* Prerow 1900
Peters: *Das Land Swante-Wustrow.* Neuauflage 1884
Monatsblätter 1933, Heft 1
Hagemeister: *Beiträge zur Geschichte des Kreises Franzburg.* 1861
E. R. Müller: *Beiträge zur Siedlung Neuvorpommerns und Rügens.* Greifswald 1912
R. Baier: *Geschichte der Kommunalstände.* Stralsund 1881
Außerdem: *Statist. Beschreibung des Kreises Franzburg.* 1870
Handbuch für Neuvorpommern und Rügen. 1893
Die Separationsverhandlungsberichte im Staatsarchiv zu Stettin
Die Prerower Kirchenbücher
Dr. Kurt Müller: *Barther Personennamen im Spätmittelalter*
Dr. v. Groß: *Alte Familiennamen auf dem Darß.* Heimatbeilage des Barther Tageblattes
Verzeichnis der im Amt Barth befindlichen Untertanen, aufgenommen am Schluß des 1798er Jahres
Reinhold Trautmann: *Die Elb- und Ostseeslawischen Ortsnamen.* Akademieverlag 1948
Fritz Curschmann: *Matrikelkarte von Vorpommern 1692-98, Distrikt Barth.* Rostock 1944
Techen: *Chroniken des Klosters Ribnitz.* 1856

zu „*Die Hertesburg*"
Neben den bereits angeführten Schriften von *Dähnert, Barthold, Fock, Fabricius, Peters*
Wehrmann: *Das Mecklenburgische und das Pommersche Urkundenbuch*
Kosegarten: *Rüg.-Pomm. Geschichtsdenkmäler*
A. G. Schwarz: *Geschichte der Pomm. und Rügensch. Städte.* Kurtze Einleitung zur Geographie des Norder-Teutschlands. Greifsw. 1745
K. Koppmann: *Claus Störtebecker* in Hans. Geschichtsbl. 1877
Fr. Techen: *Die blaue Flagge.* Hans. Volkshefte, Bremen 1923
Zeitschrift d. Vereins für Hambg. Geschichte. 1847 2Bd.
Hans Sund: *Beiträge zur Geschichte vom Darß-Zingst im 16. Und 17. Jahrh.*, Monatsbl. 1933, 1. Heft
Baltische Studien V,1; XI,2; XIV,1; XV, 2
Lübeckische Chronik. 4 , 3
Neue Pomm. Provinzialblätter 3. Bd. Stettin 1828
Unser Pommerland. Der Darß 1926
Prof. Dr. Curschmann: *Die deutschen Ortsnamen im Norddeutschen Kolonialgebiet.* Stuttgart 1910

zu „*Kirchliches*" und zu „*Schulwesen*"
Die Prerower Kirchenbücher mit Register von 1638, Matrikel von 1744 und Memorabilienbuch von 1826
Die Zingster Kirchenchronik
M. Wehrmann: *Die Kirchenbücher in Pommern.* Baltische Studien 42 (1892)
Balthasar: *Erste Sammlung einiger zur Pommerschen Kirchenhistorie gehörenden Schriften.* Greifsw. 1723
Biederstedt: *Beiträge zur Geschichte der Kirchen und Prediger in Neuvorpommern.* Greifswald 1818
Haselberg: *Die Baudenkmäler des Regierungsbezirks Stralsund* Heft 1
C. v. Scriba: *Der Zug Schills nach Stralsund.* 1884
Eckart: *Handbuch der plattdeutschen Literatur* 1911
Breitsprecher, Seminardirektor: *Das ev. Schullehrerseminar zu Franzburg.* 1891

Statistische Beschreibung des Kreises Franzburg. 1870
F. Schultze: *Grabdenkmäler auf dem Kirchhofe in Prerow.* Berlin 1906
F. Adler: *Deutsche Volkskunst.* Bd. 11, Pommern
W. Pleß: *Die Kirchen auf dem Darß.* Wartenburg-Verlag 1954
G. Holtz: *Kirchen auf dem Land.* Ev. Verlagsanstalt 1953

zu „ *Fischerei und Schiffahrt"*
Außer den angeführten Schriften von *Dähnert, Reichenbach, Gadebusch, Wehrs, Hagemeister, Segebarth, Müller* und den Prerower Kirchenbüchern:
E. M. Arndt: *Erinnerungen aus dem äußeren Leben*
Galen: *Nach zwanzig Jahren*
Suckow: *Winterliche Reisebilder*
Sundine, Jahrgang 1830 -1844
Th. Schmidt: *Beiträge zur Geschichte des Stettiner Handels* (Balt. Stud. XXI, 2)
Hans Sund: *Beiträge zur Geschichte der Darß-Zingster Schiffahrt* (Monatsblätter 1931, 5)
R. Pahl: *Das Ostseebad Prerow.* Barth 1902
R. Eckart: *Handbuch der plattdeutschen Literatur.* Bremen 1912
K. Jagow: *Die Heringsfischerei an der deutschen Ostseeküste im Mittelalter.* Merseburg 1915
H. Ihlenfeld: *Die See- und Küstenfischerei in Neuvorpommern.* Greifsw. 1925
M. Canzmer: *Das Fischereigewerbe und der Fischhandel in Mecklenburg vom 12. bis 14. Jahrhundert.* Merseburg 1915
E. Gülzow: *Johann Segebarth.* Stettin 1939
Unser Pommerland. 21. Jahrg.,Heft 5- 6 Vorpommersche Schiffahrt im 18.Jahrh. v. Hans Sund

zu „*Das Leuchtfeuer Darßer Ort"*
Landesarchiv Greifswald, Reg. 10 Nr. 2419
Paul Bierhals: *Die älteren pommerschen Monatsblätter* 54 Jahrg. Nr. 46. 1940

zu *„Die Sturmfluten"*
Außer den angeführten Schriften von *Schwarz, Bülow, H. Sund, Reinhold, Otto,* Sundine 1830 - 41 und den Kirchenbüchern:

C. Denecke: *Die Neuvorpommersche Küste.* „Globus" 29. Jahrg., Nr. 1 und 2, Braunschweig 1876

C. H. F. Koch: *Strand und See.* Swinemünde 1874; Die Sturmflut vom 13. Nov. 1872; Zusammenstellung aus den Berichten der Schleswig- Holsteinischen Küste

D. Krüger: *Über Sturmfluten an den deutschen Küsten der westlichen Ostsee.* XI. Jahresbericht der Geogr. Ges. in Greifswald 1907/08

G. Quade: *Die Sturmflut von 1872.* Rostock 1872

Baensch: *Die Sturmflut vom 12./ 13. Nov. an der Ostseeküste* Globus 25. Jahrg.

Brückner, Boll: *Geognosie der deutschen Ostseeländer.* Neubrandenburg 1846

Thurow: *Die Sturmflut vom 13. Nov. 1872.* Franzburger Kreiskalender 1910

Die Zingster Kirchenchronik

Koch: *Die Sturmflut vom 12. u. 13. Nov. 1872.* Unser Pommerland 7. Jahrg. Heft 12, 1922

Kolp, Otto: *Sturmflutengefährdung der Ostseeküste zwischen Trave und Swinemünde*

Asmussen, Georg: *Ostseesturmflut vom 13 Nov. 1872.* Die Ostsee (Deutsches Land und Volk) 1908

Ackermann, Karl: *Ursachen und Bedingungen der Ostseeflut vom 12./13.Nov.* Die Ostsee (Deutsches Land und Volk 1908)

zu *„Die Ortschaften"*:
Dieses Schriftgut entspricht dem der *„Besiedelung"*.

Außerdem:
Matrikelkarte von Vorpommern 1692-98, Teil 1 bearbeitet von F. Curschmann, Rostock 1944

2.) Größe, Bewohner und Einwohnerzahlen aus verschiedenen Jahren

3.) Verzeichnis von 1870
4.) die Ortschaften von 1870
5.) Wohnhäuser und Einwohner 1893
6.) Aus den Tabellen Dr. Müllers 1910
7.) Einwohnerzahlen nach Volkszählungen
8.) **Theodor Hurtig**: *Die Mecklenburgische Boddenlandschaft* (s. Erdgeschichte)
9.) **Heinrich Reinhard:** *Der Bock* (s. Erdgeschichte)
10.) **Landesarchiv Greifswald**: *Acta specialia* betr. Das Dorf Prerow a. d. 650 Nr. 470 mit dem Inventarium der Dorfschaft Prerow von 1723
11.) Beläge zu den im Jahre 1831 zu Prerow aufgestellten Nachweisungen über die jetzigen Besitzverhältnisse der dortigen Einwohner
12.) Bauernschicksale auf der Sundischen Wiese von Ernst Zahnow

zu *„Der Wald"*
Außer den betreffenden Schriften der vorangegangenen Teile:
Fritz Curschmann: *Matrikelkarte von Vorpommern*, Teil I 1944
Amtsblatt der Regierung zu Stralsund
Provinzialkalender für Neuvorpommern und des Fürstentums Rügen 1864
F. v. Raesfeld: *Über Wald und Wild der Oberförsterei Darß* (Wild und Hund, Jhrg. 32 Nr. 18/19)
Derselbe, *Die Hege in der freien Wildbahn* 1925
Franz Mueller: *Der Darßwald*, Unser Pommerland, 11.Jhrg. Heft 6/7 Darß- Zingst
„Naturschutzgebiete der DDR", Stand v. 31.12.1957 Deutsche Akademie der Landwirtschaftswissenschaft zu Berlin 1958
Stadtbücherei Ka 520 91
91 **H. Bernitt:** *Der Darß, Land an der Ostsee*, Natur und Heimat 1952
127 **v. Bülow:** *Wie Darß und Zingst entstand*, Darßer Heimatbuch 1938 H. 4
137 *Darß und Zingst*, Kosmos 1936, 32
139 *Allgemeine Küstendynamik und Küstenschutz an der südlichen*

Ostsee zwischen Trave und Swine, Geologie 1954, Buch 10

147 **G. Clodius:** *Ausfb. v. d. Darß,* Mschr. 1896, 21

165 **H. Dathe:** *Herbstbeobachtungen v. Limikolen auf der Darßhalbinnsel* Ver. Schr. 1944, 29

186 **E. Duis:** *Wanderungen auf dem Darß,* Unser Pommerland 1926 fl.

220 **Föppel:** *Bilder vom Darß,* Schwerin 1954

261 **F. Geißner:** *Hydrogeographie und Hydrobiologie der Brackwässer Rügens und Darß,* Kieler Meeresforschungen 1937 B. 1

299 **Gobra:** *Beitrag z. Entstehung des Neudarß und die Entwicklung der Hohen Dünen auf dem Darß und Zingst,* Wasserwirtschaft Wassertechnik 1954, 4

300 **dgl.:** *Dünen am Seegatt zwischen Ostsee und Bodden,* Neue Mecklenburger Monatshefte 1956 H. 2

320 **F. Günther:** *Vom Werden und Leben des Darß,* Jena 1957

322 **dgl.:** *Am Weststrand des Darß,* Naturschutz 1929/30

440 **Th. Hurtig:** *Die Bedeutung des Darßwaldes für die Harzgewinnung,* Uns´ Kalenner 1952

442 **dgl.:** *Die mecklenburgische Boddenlandschaft und ihre entwicklungsgschl. Probleme,* Berlin 1954

490 **Kasten:** *Der Darß, Urwald zwischen Meer und Bodden* 1952

457 **dgl.:** *Mecklenburg will das Meer bezwingen,* Heut und Morgen 1950

16. LITERATURBESPRECHUNG

Aus der Vorbereitung des Autors zur 2. Auflage

Das Erscheinen der zweiten Auflage der längst vergriffenen ersten Auflage ist durch den zweiten Weltkrieg und seine Folgen verhindert worden. Sie hat verschiedene Erweiterungen erfahren, u. a. durch eine ausführliche Behandlung der Schwedischen Landesaufnahme und durch die Aufsätze über das Leuchtfeuer, die Mühlen und den Wald.

Zu Dank verpflichtet für Hinweise und Aufsätze bin ich dem Stettiner Heimatforscher *Hans Sund* (Paul Bierhaus), *Dr. Peters* in Greifswald, dem zu früh verstorbenen Gelehrten *Dr. Gülzow* in Barth, *Fritz Strübing* in Britz, *Max Wolter* in Preetz bei Stralsund und *Hermann Scheel* in Anklam. Durch freundliches Entgegenkommen des Landesarchivs Greifswald bin ich in die Lage gekommen, eine ganze Reihe von Archivalien aus dem Schwedenarchiv durchzusehen und für die zweite Auflage zu verwerten.

Zur Richtigstellung eines immer wiederkehrenden Irrtums (vgl. Vorwort zur ersten Auflage): Die ersten wertvollen Nachrichten über den Darß und den Zingst stammen von *Dr. Baier*, dem verdienstvollen Gründer des Stralsunder Museums. Er veröffentlichte sie gelegentlich einer Besprechung des gänzlich verunglückten und wertlosen Büchleins von Seminarlehrer *Genz* „Die Halbinsel Darß-Zingst" von 1882. Diese Nachrichten schrieb *Johann Segebarth* in seiner Schrift „Die Halbinsel Darß-Zingst" 1911 Pastor *Dr. Hückstädt* zu. Der Irrtum wurde verschiedentlich unbesehen, trotz meines Hinweises, übernommen. Schließlich hielt man Johann Segebarth selbst für den Verfasser. Daß das Buch von Hauptmann v. Wehrs „Der Darß und der Zingst" von 1819 immer wieder abgeschrieben wurde, ist verständlich. Es ist z.T. in dem 1925 erschienenen „Darßbuch" von Merklinghaus wörtlich abgedruckt. Es sei wiederholt: Die Berichte des Hauptmanns über seine Zeit sind wertvoll, aber nicht über die weiter zurückliegenden Zeitabschnitte.

Dasselbe gilt für Erzählungen alter „Kronzeugen": Als alter Mensch kann man sich, zurückblickend, leicht irren. Diese Warnung sollte auch von Verfassern der Heimatbücher beachtet werden, damit nicht so oft „Dichtung und Wahrheit" durcheinander wirbeln.

Dafür nur einige Beispiele: Da ist das Gerede von „Darßer Urwald". Es beginnt in der Hitlerzeit, als unter Befürwortung Bengt Berg´s der Darßer Wald zum Nationalpark erklärt werden sollte. Noch gewaltiger war die Steigerung bei der Schilderung des Schicksals der Darßer Eiben. Das Holz sollen die Dänen nicht nur zur Täfelung ihrer Schlösser, sondern zu deren Bau und schließlich zum Wiederaufbau ihrer abgebrannten Hauptstadt Kopenhagen benutzt haben. Quellen zu dieser Fabelei haben sich nirgends gefunden. Auch Wehrs erwähnt die Eiben nicht. Die grausame Ausübung des Strandrechtes durch die Küstenbewohner, besonders der Darßer, mußte gebührend herhalten, ohne daß man sich die Mühe machte, die alten Quellen zu lesen oder sie richtig zu verstehen. So teilte Herr *v. Oehlschläger* 1907 den schaudernden Lesern der freikonservativen „Post" mit, daß die Darßer in gerader Linie von Strandräubern abstammen. Die Antwort erhielt er darauf im Mai desselben Jahres im „Barther Tageblatt". Zur Erheiterung drucken wir eine kleine Betrachtung ab, die sich in einem Bildkalender allerjüngster Zeit (1953) fand.

Auf der Rückseite des Bildes vom Innern der Prerower Kirche heißt es: *„In solchen Schifferkirchen beteten - lang, lang ist´s her - die Strandbewohner um einen guten Strand. Und außerdem setzten sie Irrlichter, um fremde Schiffe auf ihren Strand zu locken, dort scheitern zu lassen, die Schiffsmannschaft zu erschlagen und sich der Schiffsladung zu bemächtigen. Dann verscharrten sie die Erschlagenen und gingen zur Kirche, um Gott für den guten Strand zu danken".* Nebenbei bemerkt, die dort abgebildete Kirche, wo die frommen Strandräuber vor und nach dem Raube ihre Gebete verrichteten, ist erst 1726-28 erbaut worden. So erstreckt sich die dürre Hand der falschen Nonne in der Sage von den beiden Königskindern bis in die neueste Zeit hinein, bis zu den Heimatkalendern und Heimatbüchern.

Herodot Micraelius und *Thomas Kantzow* haben es sich gewiß nicht träumen lassen, daß sie zu den doch wohl ernst gemeinten Schilderungen Darß-Zingster Verhältnisse immer noch herangezogen werden. Den Anfang machte Wehrs; ihm folgten seine ahnungslosen Ab- und Ausschreiber. Man könnte ein ganzes Buch füllen, um all den Unsinn zu widerlegen, der über den Darß und den Zingst geschrieben worden ist.

Die Landschaft und das Schicksal ihrer Bewohner sind es wert, ernsthaft behandelt zu werden. Eine Würdigung des verdienstvollen Johann Segebarth findet sich unter den „Pommerschen Lebensbildern" Bd. III. Sie stammt von dem bereits erwähnten Schriftsteller *Erich Gülzow*.

Wer Sinn für Volkskunst hat, der nehme das Buch von *Fritz Adler* über „Deutsche Volkskunst in Pommern" zur Hand (Delphin - Verlag - München). Dort findet sich zu den entsprechenden Hinweisen eine große Anzahl von Bildern: Niedersächsisches Bauernhaus in Wieck, Giebelzeichen von Prerow, Wieck und Born, Haustüren von Prerow und Wieck, Darßer Wohnstühle, ausziehbares zweischläfriges Bett, desgleichen eine ausziehbare gepolsterte Schlafbank u. a. Darßer Möbel, sowie ein Vogel vom Darßer Vogelschießen. Hierher gehören auch die Schätze des Darßer Heimatmuseums in Prerow.

Berlin - Weißensee

Gustav Berg

17. ÜBER DEN AUTOR

Gustav Berg wurde am 16.8.1882 in der Boddengemeinde Fuhlendorf, Kreis Franzburg, in Vorpommern, geboren. Er entstammte väterlicherseits einer Zingster Lehrersfamilie, mütterlicherseits einer Wiecker Seemannsfamilie.

Glückliche Jugendjahre in Prerow, wo sein Vater Hauptlehrer und später auch seine Schwester als Lehrerin über viele Jahre streng, aber hochgeschätzt waren und Generationen von Schülern unterrichteten, legten den Grund zu einer großen Heimatliebe.

Gustav Berg entschied sich, wie sein Vater, für den Lehrerberuf. Nach der Schul- und Studienzeit erhielt er zunächst eine Lehrerstelle auf Rügen. Dann zog er nach Berlin und war viele Jahre Lehrer im damaligen Dorf Hohenschönhausen, wo er auch seine Frau, die Tochter des Schmiedemeister Wegner, kennenlernte. Mit ihr zog er nach Berlin - Weißensee, als er dort eine Lehrerstelle erhielt. Nach Kriegsende 1945 wurde er für kurze Zeit als Schulleiter an der Schule eingesetzt, an der er unterrichtet hatte.

Über den Lehrerberuf hinaus entwickelte er großes Interesse für die Vorgeschichte und Geschichte Berlins, besonders für die Ortschaften, in denen er wohnte und seinen Beruf ausübte, also für Hohenschönhausen und später auch für die Geschichte von Berlin-Weißensee.

Gustav Berg hielt Vorträge über seine Forschungsergebnisse und übernahm ehrenamtliche Führungen im „Märkischen Museum" zu Berlin. Auch an Ausgrabungen in Berlin und Umgebung war er beteiligt.

Sein größtes Interesse aber galt seiner Heimat, vor allem dem Darß und dem Zingst. Er las nahezu alle Literatur darüber, arbeitete jedes Buch kritisch durch und forschte in den Archiven am Quellenmaterial. Außerdem durchwanderte er die Landschaft und schrieb über deren Natur- und Besiedlungsgeschichte.

Jahrzehnte hindurch verbrachte er die Ferien auf dem Darß und widmete seine ganze Freizeit der Erforschung der Geschichte des Darßes und seiner Bewohner, deren größter Kenner er wurde.

Daheim am Schreibtisch entstanden seine Aufsätze, die im „Barther Tageblatt" erschienen, dazu die „Beiträge zur Geschichte des Darßes und des Zingstes", die hier geschlossen in der 2. Auflage vorliegen. Sie legen ein beredtes Zeugnis seiner großen Heimatliebe und -kenntnis ab.

Die „Beiträge zur Geschichte des Darßes und des Zingstes" sind nach dem Urteil von Experten die bisher fundierteste Darstellung dieser Art. Durch Gründlichkeit und Zuverlässigkeit ist diese Arbeit für historische Fragen unentbehrlich.

Gustav Berg starb an den Folgen eines tragischen Verkehrsunfalls am 20.4.1970 in Berlin.

Ruth Frischat
Nichte des Verfassers und Verwalterin des Erbes.

Weitere regionale Titel des SCHEUNEN-VERLAGES (Auswahl):

Friedrich Schulz: *„Im Zeichen der Eule"*
(Skizzen zur Geschichte des Naturschutzes im Gebiet des heutigen National-
parks Vorpommersche Boddenlandschaft)
Die Mecklenburgisch-Vorpommersche Boddenlandschaft zählt zu den schönsten Naturlandschaften unserer deutschen Heimat, mit hohen Steilküsten, wild-
romantischen Abbruchufern, endlos weiten Dünen- und Sandstränden der Aus-
gleichküste zur offenen See, zu der die zerklüfteten Ufer der insel-, bülten- und
buchtenreichen Boddenkette einen reizvollen Kontrast bilden. In dieser Broschüre verfolgt der kenntnisreiche Autor den Weg von der Idee bis zur Durch-
setzung des Nationalparkprojektes, das vor gut zehn Jahren begann.
ISBN: 3-929370-32-X; 9,80 DM

Ursula Brandt: *„Darßwandern"*
(Aus dem Tagebuch einer Ahrenshooper Wanderleiterin)
In mehreren kleinen Erzählungen entführt uns die Ahrenshooper Autorin quer-
feldein durch eine der schönsten Landschaften Deutschlands. Zwei Jahrzehnte
führte die inzwischen fast neunzigjährige Frau Urlaubergruppen und Einheimische über den Darß und zeigte ihnen die Sehenswürdigkeiten der Region.
Wer die Broschüre zur Hand nimmt, wird sich nicht nur an den kleinen Erleb-
nissen der Wanderleiterin erfreuen können - so ganz nebenbei lernt er auch ein
paar Routen quer durch und über den Darß kennen...
ISBN: 3-929370-50-6; 9,80 DM

Horst Scheufler: *„Die Insel Kirr"*
(Über Vögel, Menschen und Boddenwiesen)
Die Boddeninsel Kirr liegt nur wenige Hundert Meter südöstlich des bekannten
Ostseebades Zingst. Dennoch wußten bis vor kurzem nur wenige Menschen von
ihr. Obwohl sie, bezogen auf ihre Fläche, wesentlich größer als der berühmte
Helgoländer Felsen ist, blieb sie über viele Jahrhunderte geheimnisvoll unbe-
kannt. Dies rettete sie mit ihrer hochinteressanten Pflanzen- und Tierwelt, deren
Wurzeln tief in das Mittelalter reichen, bis in unsere Zeit.
Einmal entdeckte Schätze wollen sorgfältig behandelt und geschützt werden,
ihrer selbst wegen; aber auch, um sie vielen Menschen zeigen zu können. Weit-
sichtige Naturfreunde und Behörden in Greifswald und Rostock sowie das Mee-
resmuseum in Stralsund beschlossen deshalb, diese Landschaft für die Zukunft
zu erhalten. Ein paar Idealisten übernahmen 1972 den Auftrag, auf der Insel Kirr
kleine Schritte hierfür zu gehen. Einer dieser Menschen ist der Autor der mit vielen sehenswerten Bildern versehenen Broschüre. Horst Scheufler, Biologiepro-
fessor in Halle, gehört zu den profundesten Kennern der Vogelwelt auf der Insel.
ISBN: 3-929370-73-5; 19,80 DM